Moreno, o mestre

CIP-BRASIL. CATALOGAÇÃO NA PUBLICAÇÃO
SINDICATO NACIONAL DOS EDITORES DE LIVROS, RJ

G98m
    Guimarães, Sérgio
    Moreno, o mestre : origem e desenvolvimento do psicodrama como método de mudança psicossocial / Sérgio Guimarães ; tradução Lizandra Magon de Almeida. - São Paulo : Ágora, 2020.
    312 p.

    Tradução de: Moreno, el maestro : origen y desarrollo del psicodrama como método de cambio psicosocial
    Inclui bibliografia
    ISBN 978-85-7183-262-6

    1. Moreno, Jacob Lévy, 1889-1974. 2. Psicodrama I. Almeida, Lizandra Magon de. II. Título.

20-62498   CDD: 616.891523
                                                               CDU: 616.8-085.851

Vanessa Mafra Xavier Salgado - Bibliotecária - CRB-7/6644

Compre em lugar de fotocopiar.
Cada real que você dá por um livro recompensa seus autores
e os convida a produzir mais sobre o tema;
incentiva seus editores a encomendar, traduzir e publicar
outras obras sobre o assunto;
e paga aos livreiros por estocar e levar até você livros
para a sua informação e o seu entretenimento.
Cada real que você dá pela fotocópia não autorizada de um livro
financia o crime
e ajuda a matar a produção intelectual de seu país.

Moreno, o mestre

Origem e desenvolvimento do psicodrama
como método de mudança psicossocial

Sérgio Guimarães

EDITORA
ÁGORA

MORENO, O MESTRE
Origem e desenvolvimento do psicodrama como método de mudança psicossocial

Copyright © 2020 by Sérgio Guimarães
Direitos desta edição reservados por Summus Editorial

Editora executiva: **Soraia Bini Cury**
Assistente editorial: **Michelle Campos**
Tradução: **Lizandra Magon de Almeida**
Projeto gráfico: **Crayon Editorial**
Capa: **Alberto Mateus**
Diagramação: **Santana**

Editora Ágora
Departamento editorial
Rua Itapicuru, 613 – 7º andar
05006-000 – São Paulo – SP
Fone: (11) 3872-3322
Fax: (11) 3872-7476
http://www.editoraagora.com.br
e-mail: agora@editoraagora.com.br

Atendimento ao consumidor
Summus Editorial
Fone: (11) 3865-9890

Vendas por atacado
Fone: (11) 3873-8638
Fax: (11) 3872-7476
e-mail: vendas@summus.com.br

Impresso no Brasil

— *Thank you so much, Doctor [Moreno].*

— *Muchísimas gracias, Zerka [Toeman Moreno].*

— *Gracias, Mónica [Zuretti].*

Sumário

Introdução 9

1. Romênia, o cenário da primeira infância 13

2. Alemanha, século XIX: o psicodrama antes de Moreno 31

3. Na Viena do fim do século, um menino "muito,
   muito ativo" 44

4. Adolescente e tutor: da rebeldia à grande decisão 56

5. O jovem Jakob Levy e os encontros: começar
   com as crianças 69

6. Entre a religião do encontro, as prostitutas e
   a universidade 80

7. Um encontro com o Dr. Sigmund Freud 97

8. No campo de concentração, os germes da sociometria 121

9. Revolução no teatro: espontaneidade ou improviso? 138

10. Médico de aldeia, "o que brinca de Deus" e
    o teatro terapêutico 156

11. Mudança radical de cenário: a transição
    para o Novo Mundo 173

12. Da escola de meninas ao teatro *impromptu* 188

13. O caso Morris, a prisão de Sing Sing e
a psicoterapia de grupo 211

14. As adolescentes de Hudson: do filme mudo à sociometria ... 225

15. Beacon: finalmente, um teatro para o psicodrama 240

16. Os Moreno e a sistematização do método
psicodramático 267

17. Conclusões: agir, aprender e mudar atuando 294

Referências bibliográficas 299

Introdução

Em uma constatação facilmente observável, depois de mais de 40 anos da morte de seu criador, Jacob Levy Moreno, o psicodrama continua sendo objeto de confusões elementares. Esse problema pode ser detectado não apenas com o público em geral, mas também por parte de estudiosos da psicologia e da psiquiatria e até dentro da denominada comunidade psicodramática. O próprio Moreno apresenta dados aparentemente contraditórios tanto sobre sua história (Capítulo 1) quanto sobre a origem do método psicodramático (Capítulo 2).

Além das confusões, a vida do psiquiatra romeno e a evolução de seu método foram marcadas também por indícios claros de desconhecimento. É o caso de Jacques Lacan, por exemplo, que em 1947 referiu-se ao psicodrama de Moreno como "uma terapia instaurada na América e que deve ser situada também nas *psicoterapias de grupo*, de inspiração psicanalítica" (Lacan, 2016, p. 130). Anos depois, Jules Chaix-Ruy equivocadamente afirmou que Moreno "passou muitos anos em Viena como discípulo plenamente convicto do dr. Freud, a ponto de descartar todas as outras psicanálises divergentes" (Chaix-Ruy, 1961, p. 33; Chaix-Ruy, 1966, p. 40). Um terceiro exemplo de equívoco é oferecido pelo editor argentino de *Sociometría y psicodrama*, que apresentou o próprio autor como "um eminente psicanalista" (Moreno, 1954a) (veja o Capítulo 7).

Nem o dicionário de psicologia da *American Psychological Association* (Associação Psicológica Americana) escapa de desacertos e imprecisões. Apesar de Moreno ter vivido a maior parte de sua vida (1925-1974) nos Estados Unidos e de ter sido nesse país que ele sistematizou seu método, a primeira edição do dicionário, publicada em 2007, informa erroneamente que o criador do psicodrama "nasceu na Áustria", além de reduzir o método a uma "técnica de psicoterapia" e de

Sérgio Guimarães

limitar seus cinco componentes (cenário, protagonista, diretor, ego-auxiliar e público) a apenas três, ao observar que "o processo envolve: a) um *protagonista*, ou *cliente* [...]; b) *egos-auxiliares* treinados [...]; c) um *diretor*, ou terapeuta" (VanderBos, 2007, p. 749-50).

Os inúmeros erros, confusões e imprecisões sobre o psicodrama revelam uma falta de conhecimento básico sobre um método que, apesar de ter sido concebido há quase um século, ainda é pouco estudado na psicologia. Por um lado, esse desconhecimento dificulta a compreensão clara de sua gênese e de seu desenvolvimento como área temática. Por outro, a falta de informação e as escassas pesquisas sobre o tema contribuem para que o método psicodramático mantenha uma posição marginal na área acadêmico-universitária, o que limita tanto a formação dos estudantes quanto a especialização dos profissionais nessa modalidade de trabalho.

Para superar esse conjunto de dificuldades, é preciso voltar às origens da criação do psicodrama, na primeira metade do século XX, e tentar entender os contextos nos quais ele aparece e as circunstâncias que levaram à formulação e ao desenvolvimento do método, de seus conceitos básicos, suas funções e sua aplicação nos processos de mudança psicossocial. Foi o que consegui fazer nesta pesquisa, utilizando recursos do próprio método psicodramático para a montagem da estrutura teórica será apresentada ao longo dos capítulos. De fato, este livro apresenta os conteúdos essenciais de minha tese de doutorado, orientada pela médica psicodramatista argentina Mónica Zuretti e apresentada à Faculdade de Psicologia da Universidade de Buenos Aires (UBA). Ao fim da defesa pública, realizada em 20 de setembro de 2017, consegui felizmente obter, por unanimidade, a qualificação de 10 com louvor.

Moreno é o protagonista e seus textos – sobretudo os escritos inéditos, como a maior parte de sua autobiografia, e vários originais da coleção *J. L. Moreno Papers* (Documentos de J. L. Moreno) arquivados na Universidade de Harvard – orientam a reconstituição do caminho, que vai de suas experiências à formulação de ideias e propostas de ação. Deveras, em um de seus documentos, ele declara: "Minha autobiografia é indispensável para a compreensão de meu trabalho; portanto, é importante estudar minha vida em todos os seus desenvolvimentos concretos" (Moreno, s/d, p. 274). Assim, constroem-se os cenários que ajudam a explicar as circunstâncias nas quais atua o protagonista,

Moreno, o mestre

apoiado por vários autores-chave, seus egos-auxiliares, que aportam os dados complementares na composição de sucessivos "panos de fundo" contextuais.

Em relação às quatro etapas do método psicodramático (aquecimento, dramatização, compartilhamento e processamento), é preciso considerar parte da primeira o conjunto de atividades preparatórias da investigação: os cursos específicos sobre psicologia, psicodrama e metodologia da pesquisa pelos quais passei; as consultas presenciais e on-line a diferentes bibliotecas públicas e universitárias; a documentação fotográfica de 53.672 imagens, das quais 43.983 estão em Harvard; as entrevistas com membros da família Moreno e seu principal biógrafo etc. A pesquisa que levou a esta versão abreviada tentou alcançar sobretudo os seguintes objetivos:

1. reconstruir resumidamente os contextos históricos, políticos, econômicos, sociais e culturais em que o romeno Jacob Levy criou o psicodrama;

2. situar a concepção do psicodrama com base nas vivências do jovem Jacob Levy, sobretudo no teatro experimental e na literatura, ou seja, fora do âmbito terapêutico;

3. mostrar que, na visão de seu criador, o psicodrama não se limita a objetivos apenas terapêuticos, mas também educativos e experimentais, concebido para ser útil a qualquer pessoa;

4. apresentar o psicodrama como parte de uma cosmovisão, com elementos de filosofia, das ciências sociais – psicologia, sociologia, antropologia, educação e política, em sua interdisciplinaridade –, além de componentes teológico-religiosos presentes em suas origens.

Por ora, o que realmente importa é que você, que está começando a ler este livro, aceite o convite para um encontro espontâneo e produtivo com Moreno e possa participar até o fim desta série de "psicodramas virtuais". Diante da gravidade dos problemas contemporâneos que afligem grande parte da humanidade, incluindo as subestimadas doenças mentais listadas pela Organização Mundial de Saúde (OMS), vale a pena conhecer mais detidamente as propostas do médico de Bucareste, para melhor aplicá-las em uma perspectiva interdisciplinar.

1. Romênia, o cenário da primeira infância

"O psicodrama de minha vida precedeu o psicodrama como método" (Moreno, 1989, p. 32). Já no segundo capítulo de sua autobiografia – que ficou inacabada e cujo texto permaneceu inédito em sua maior parte até 2019 –, o médico psiquiatra romeno Jacob Levy Moreno indica o caminho a seguir para o estudo de uma de suas criações. Seria necessário buscar, sobretudo em seu próprio relato, os momentos mais significativos para a reconstrução de sua trajetória de vida.

O tema central de seu último testemunho escrito aparece no início do capítulo introdutório, dedicado aos "primeiros anos". Nele, Moreno conta que "foi na primeira parte de nosso século [XX] que um jovem tratou de se transformar em Deus". No entanto, acrescenta:

> O extraordinário não é a história de como um homem se torna Deus. Muitos tentaram e fracassaram. O extraordinário é que um cuidadoso registro dos acontecimentos internos e externos tenha sido publicado por seu principal protagonista. É extraordinário, por sua vez, já que descreve não só a transformação de um homem em Deus, mas, inversamente também, a retransformação de Deus em homem. Nele se descreve a forma como subiu a colina e então a forma como a desceu, vendo-se em ambos os sentidos, sendo seu próprio controle. Por fim, é extraordinário porque o homem que passou por essa expedição cósmica era "normal" a todo momento e, discordante das teorias psicológicas correntes, voltou ileso, tornou-se mais produtivo e passou a estar em melhores condições para responder às exigências da vida do que fora antes. (*Ibidem*, p. 15)

De fato, em várias ocasiões, incluindo em sua autobiografia (Moreno, 1953, p. XV-XVI), Moreno refere-se criticamente à falta de compreensão

Sérgio Guimarães

quanto a suas posições filosóficas. Aludindo especificamente ao período vivido em Viena, Moreno conta que, depois da Primeira Guerra Mundial, ele escreveu a *Filosofia do aqui e agora* e *Las palabras del padre* (sic), que indicam sua posição religiosa. "Eu nunca a abandonei", diz, e acrescenta:

> Minha filosofia foi totalmente mal compreendida. Não tomaram conhecimento dela em muitos círculos religiosos e científicos. Isso não me impediu de continuar desenvolvendo técnicas mediante as quais minha visão do que poderia ser o mundo se estabeleceu em fatos. O curioso é que essas técnicas, a sociometria, o psicodrama, a terapia de grupo, criadas para colocar em prática uma filosofia subjacente de vida, foram quase universalmente aceitas, enquanto a filosofia subjacente foi relegada aos rincões obscuros das estantes das bibliotecas ou totalmente deixada de lado. (Moreno, 1974, Cap. 4, p. 12)

Ele mesmo oferece "uma explicação simples para isso":

> Em geral, aceitou-se que um cientista possa ter dois compartimentos, um para sua religião e outro para sua ciência, sempre e quando o cientista for, como Copérnico, Kepler, Mendel ou Darwin, um físico, um químico ou um biólogo. Mas há um preconceito profundo contra cientistas sociais com dois compartimentos. No entanto, os dois compartimentos podem ser mantidos separados. De fato, as pessoas são capazes de fazer uma triagem de consciência e não deixar que uma atividade interfira na outra. Em resumo, o cientista social se entrega a jogos de papel. É preciso acrescentar que a religião positiva que apresentei estava igualmente em contradição e oposição às religiões oficiais da época, assim como diante das doutrinas agnósticas psicológicas e políticas da época. (*Ibidem*, p. 12)

Trata-se, portanto, de começar pelo período de sua primeira infância, vivida na Romênia, onde o pequeno Jacob Levy, filho de pais judeus sefarditas – como conta seu biógrafo René Marineau –, "recebeu instrução religiosa do rabino Bejarano, em Bucareste" (Marineau, 1995, p. 30). "Não há dúvidas", comenta o biógrafo, "de que o jovem Jacob muito se impressionou pelos ensinamentos oferecidos" (*Ibidem*, p. 31) "por esse pro-

Moreno, o mestre

fessor e intelectual sefardita, Haim Moshé Bejarano" (Sefardiweb, s/d).
"Quando tinha 4 anos", conta Moreno, "comecei a ir a uma escola bíblica sefardita, a qual frequentei por vários meses. Fui exposto à Bíblia pela primeira vez, o livro do Gênesis. [...] Essa foi provavelmente a primeira vez que aprendi a ler – em hebraico" (Moreno, 1974, Cap. 1, p. 11). E um dos resultados evidentes dessa formação precoce é ilustrado pelo próprio Moreno em "O berço do psicodrama", primeiro capítulo de *Psicodrama*, seu principal livro sobre o tema:

Quando eu tinha 4 anos e meio, meus pais moravam em uma casa perto do rio Danúbio. Em um domingo, tinham ido fazer uma visita, deixando-me sozinho com crianças da vizinhança no sótão de casa. [...] Estava vazio, com exceção de uma grande mesa de carvalho, no centro. As crianças disseram: "Vamos brincar". Uma me perguntou: "De quê?" "Já sei", disse: "Vamos brincar de Deus e seus anjos". As crianças perguntaram: "Mas quem é Deus?" Respondi: "Eu sou Deus e vocês são meus anjos". Concordaram. Todos disseram: "Temos de construir o céu primeiro". Arrastamos para o sótão todas as cadeiras existentes nos demais cômodos da casa, colocamo-las sobre a mesa e começamos a construir um céu depois do outro, amarrando várias cadeiras juntas em um nível e colocando mais cadeiras em cima delas, até chegar ao teto. Então todas as crianças me ajudaram a subir até que cheguei à cadeira que estava mais acima, e me sentei nela. As crianças começaram a dar voltas em volta da mesa, usando seus braços como asas, e cantando. De repente um menino me perguntou: "Por que você não voa?" Estiquei os braços, tentando fazer isso. Um segundo depois caí e me vi no chão, com o braço direito fraturado. Esta foi, até onde posso lembrar, a primeira sessão psicodramática "privada" que dirigi. (Moreno, 1993, p. 23)

Como ele mesmo explica, essa cena de criança teria repercussões fundamentais para o desenvolvimento do método. De um lado, trata-se de uma das primeiras aplicações da inversão de papéis, técnica básica do método psicodramático. De outro, a forma do palco em quatro níveis, que Moreno vai projetar no Teatro de Psicodrama de seu sanatório de Beacon, Nova York, em 1936, por exemplo, "pode ter vindo muito bem dessa experiência pessoal", afirma:

15

Sérgio Guimarães

Os céus até chegar ao teto podem ter preparado o caminho para minha ideia dos diversos níveis do palco psicodramático, de sua dimensão vertical: o primeiro nível como nível da concepção, o segundo, como nível do crescimento, o terceiro, como nível da consumação e da ação, e o quarto – a galeria –, o nível dos messias e dos heróis. (Moreno, 1993, p. 23)

A inspiração buscada por Moreno em sua primeira formação religiosa o leva a uma reflexão-chave sobre o fenômeno da criação:

Desde que era criança tentava fazer um desenho de como Deus se via no *primeiro* dia da criação em minha mente. É possível que tenha sido onisciente e sábio, um ser que podia penetrar com seus olhos os abismos do universo, muito como um sacerdote budista ou um psicanalista. Então comecei a me dar conta de que a mente de Deus não funcionaria como a mente de um sacerdote budista ou a de um psicanalista. Ao passar por cima do caos no primeiro dia, estava ali para criar, não para dissecar ou analisar. Ele pode ter se tornado mais um analista à medida que os dias da criação avançavam, ou depois que tudo estivesse terminado, nos momentos de sonolência ou nos momentos de desilusão com os resultados. Portanto, cheguei à conclusão de que Deus foi primeiro um criador, um ator, um psicodramatista. Ele teve de criar o mundo antes que tivesse o tempo, a necessidade ou a inclinação para analisá-lo. (Moreno, 1974, Cap. 4, p. 13-14)

Na segunda edição de seu livro *Psychology of religion* (Psicologia da religião), publicado em 1959, o então professor da matéria na Universidade de Boston, Paul E. Johnson, reconhece a contribuição de Moreno para essa nova área do conhecimento:

Moreno é mais conhecido por seu trabalho pioneiro na sociometria, no psicodrama e na terapia de grupo. O que não é tão conhecido e, no entanto, fica bem claro em seus escritos é que a motivação básica para toda sua obra é religiosa. (Johnson, 1959, p. 42)

Moreno, o mestre

"Sua ideia de Deus", comenta Johnson (1959, p. 42), "era a do Criador no primeiro dia da criação, atuando espontaneamente para gestar um mundo novo. E a espontaneidade se tornou, para ele, o princípio básico motivador do comportamento na ação criativa". Como veremos, a criatividade e a espontaneidade são dois conceitos fundadores de toda a obra moreniana.

***

Em sua autobiografia – na parte inédita, exatamente –, Moreno sempre aporta ainda mais elementos sobre sua religiosidade:

> Sempre senti que tenho uma relação especial com Deus. Apesar de se supor que todos somos filhos de Deus, com frequência tive o poderoso sentimento de que sou um filho predileto de Deus. Quando era muito jovem, a ideia de morte, de minha própria morte, nunca me passou pela cabeça. [...] Assim como muitas pessoas, pensei que ia viver para sempre. Tinha uma boa saúde e raramente adoecia. Sentia que estava protegido de ficar doente, mas que, se adoecesse, me recuperaria por completo e rapidamente. Eu sabia que era sempre guiado e que nada poderia acontecer que me impedisse de ter uma vida significativa. Estava em comunicação direta com Deus. Falava com ele e ele falava comigo. Tínhamos um contrato de silêncio, o que eu esperava que ele mantivesse. (Moreno, 1974, Cap. 1, p. 15)

Sobre a relação entre sua religiosidade e sua futura atividade científica, Moreno explica:

> Como eu tinha crescido em duas culturas opostas, primeiro uma existência centrada no sacro-religioso de Bucareste, e depois uma existência secular, mundana, em Viena, pude passar sem dificuldades do pensamento religioso para o científico. (1974, Cap. 4, p. 18)

De fato, afirma, "eles me parecem duas faces da mesma moeda" (*ibidem*, Cap. 4, p. 18).

É verdade que a dimensão religiosa da obra de Moreno tenha recebido até o momento pouca atenção acadêmica. Mesmo assim, pelo

Sérgio Guimarães

menos dois pesquisadores latino-americanos publicaram trabalhos sobre o tema: de um lado, o psicodramatista argentino Cesar Wenk, com *Raíces del sicodrama* (*sic*), e, de outro, o médico brasileiro Benjamim Waintrob Nubel, com *Moreno e o hassidismo*. Wenk realiza um amplo panorama histórico do hassidismo, começando pelas primeiras dispersões judaicas em 722 e 586 a.c., posteriormente às conquistas assíria e babilônica, depois nos impérios de Alexandre Magno (323 a.c.) e Ptolomeu (270 a.c.) e à época da revolta dos Zelotes (66-73 d.c.). Para chegar à família de Moreno, Wenk passa pelas relações entre os judeus e o Islã (750 d.c.) e pelas sucessivas expulsões (1000-1500), incluindo a da Espanha, de onde partem os ancestrais de Jacob Levy rumo ao Império Otomano (1492). Sua análise das fontes religiosas do psicodrama leva o pesquisador argentino à construção de um detalhado paralelismo "entre a concepção psicodramática [*sic*] e a hassídica" (Wenk, 1987, p. 35).

Sobre o período vivido pelo menino em Bucareste, Wenk observa que "aparentemente, Moreno teria recebido pouca instrução religiosa" (p. 30). O que diz Moreno sobre sua primeira infância, no entanto, aponta a uma direção diferente. De um lado, ao comparar sua experiência religiosa na Áustria com a da Romênia, ele afirma que,

> apesar de minha vida familiar não ter enfatizado o desenvolvimento de uma identidade judaica inquebrantável, tive um *Bar Mitzvah* no templo sefardita de Viena. Só tenho uma vaga lembrança do evento e da instrução religiosa inevitável que deve tê-lo precedido. Lembro-me do rabino sefardita de Bucareste muito mais vividamente. (Moreno, 1974, Cap. 1, p. 20)

"De qualquer maneira", reconhece Wenk (1978, p. 30), "a religião foi parte importante do pensamento de Moreno ao longo de toda a sua vida, especialmente durante os anos que viveu na Áustria".

A propósito, mais adiante em sua autobiografia, Moreno comenta:

> Tive sorte, em minha própria vida, de ter experimentado e de ter atuado, em primeira mão, na transformação de uma ordem mundial sagrada em uma cultura secular, um processo que normalmente po-

Moreno, o mestre

deria ter demorado séculos para acontecer. O sistema sociométrico ganhou em profundidade e clareza, e me foi possível combinar os dois extremos dominantes das culturas humanas: o concreto e ativamente mágico-poético com o objetiva e metodicamente científico. (Moreno, 1974, Cap. 4, p. 18)

O médico brasileiro Nubel, por sua vez, informa que "em Bucareste, segundo os costumes judaicos da época, todas as crianças que já falavam corretamente (entre 3 e 4 anos) eram enviadas à *Cheder* [escola religiosa para crianças] para aprender a ler e escrever". Foi então que "Moreno se familiarizou com o Antigo Testamento e a ideia de Deus. Estudou a Torá, o livro sagrado dos judeus, e também a Cabala e o Zohar" (Nudel, 1993, p. 22-23). Mais adiante, comenta, é preciso levar em conta que "o Talmude considera o homem um sócio de Deus na obra da criação. A ideia aqui é a do homem como criador, mas também auxiliar de Deus na criação. "Agora sim", explica ele, "a ideia do indivíduo-Deus de Moreno começa a assumir seu verdadeiro significado e se torna mais clara" (*ibidem*, p. 26).

É verdade que, como diz Moreno quando relata sua saída para os Estados Unidos em 1925, com o tempo sua religiosidade vai se tornando cada vez menos evidente:

Queria enterrar meu passado, não por me envergonhar dele, mas porque tinha chegado ao clímax possível. Eu tinha só duas alternativas: ou bem ser Deus e viver como Deus, como o Cristo da segunda vinda, ou começar do zero, ser um homem comum como todos os outros, abandonar todo o mistério, ser apenas um cara normal. E foi isso que aconteceu. (Moreno, 1974, Cap. 8, p. 3-4)

No entanto, o fundamento religioso de sua vida e de sua obra, ainda que de forma latente, acompanhou-o até o fim. Tanto que a versão abreviada de sua autobiografia, editada por seu filho Jonathan D. Moreno e publicada na revista da Sociedade Americana de Psicoterapia de Grupo e Psicodrama em 1989, reproduz um fragmento do último texto escrito por Moreno para o livro *Healer of the mind – A pschiatrist's search for faith* (Curador da mente – A busca da fé por um psiquiatra). Nessa obra, que reúne artigos autobiográficos de caráter religioso escritos por 11 psiquia-

Sérgio Guimarães

tras dos Estados Unidos, Moreno divide seu artigo "La religión de Dios--Padre" em duas partes, e começa a primeira, "El psicodrama de Dios", afirmando: "Já me perguntaram muitas vezes: ainda é válida a ideia de Deus em nosso tempo? Sim, é" (Moreno, 1972a, p. 197).

***

O segundo componente central para a compreensão inicial do pensamento de Moreno aparece na versão que ele mesmo dá a seu próprio nascimento:

> Nasci em uma noite de tempestade em um barco que navegava pelo mar Negro, do Bósforo a Constança, na Romênia. Era o alvorecer do Sábado de Aleluia e o nascimento ocorreu justamente antes da prece inicial. Meu nascimento em um barco se deveu a um erro honroso. A desculpa: o fato de que minha mãe de apenas 16 anos tinha pouca experiência na matemática da gravidez. Ninguém sabia a identidade da bandeira do barco. Era grega, turca, romena ou espanhola? [...] Nasci como cidadão do mundo, como um marinheiro deslocando-se de mar a mar, de país em país, destinado a atracar um dia no porto de Nova York. (Moreno, 1974, Cap. 1, p. 2)

Durante decênios, essa foi a versão aceita por vários autores, incluindo a psicodramatista francesa Anne Ancelin Schützenberger, que, em seu *Précis de psychodrame* [Compêndio de psicodrama (1970, p. 18)], afirmava: "Moreno nasceu em um barco, em 1892". Apenas depois da morte do psiquiatra soube-se a verdade histórica oficial. Conta Marineau que "o menino nasceu às quatro da tarde, aos 18 de maio de 1889, na casa de seus pais, na rua Serban Voda" (Marineau, 1995, p. 27), em Bucareste.

O biógrafo canadense informa também que os registros encontrados na Europa "indicam que Jacob Levy (Moreno) atribuiu sempre o verdadeiro lugar e data de nascimento nos documentos oficiais". No entanto, comenta, "ele sentiu claramente uma necessidade de criar uma nova história ao chegar a Nova York" (*ibidem*, p. 28). Efetivamente, em uma nota explicativa ao livro *The first psychodramatic family* (A primeira família psicodramática), assinado por ele, sua esposa Zerka e seu filho Jonathan, Moreno observa:

As histórias contadas neste livro se esforçam para ser psicodramáticas e poeticamente precisas, assim como existem na mente das pessoas envolvidas e contadas por elas. Elas não lutam pela precisão histórica. Uma biografia psicodramática difere nesse sentido de uma biografia historicamente analítica. (Moreno, Moreno e Moreno, p. 7)

Desde o princípio, Moreno tenta introduzir um conceito de verdade diferente da oficial, a "verdade psicodramática", que corresponde à percepção do protagonista e tem para ele a mesma importância que a verdade "historicamente analítica". Por esse ângulo se estende uma das definições dadas por ele a seu método, que aparece no segundo volume de *Psychodrama – Foundations of psychotherapy* (Psicodrama – Fundamentos da psicoterapia): "O psicodrama explora a verdade por meio de métodos psicodramáticos" (Moreno, 1975, p. 191; Moreno, 1995, p. 307).

Apesar da confusão sobre a data e o local de seu nascimento, é verdade que Moreno tinha consciência da diferença entre sua versão do mar Negro e a de Bucareste, ou seja, entre sua "verdade psicodramática" e a chamada "realidade objetiva". Ele mesmo comenta:

Minha mãe nunca confirmaria essa história fantástica de meu nascimento; ela fez alguns comentários e modificações: "Foi uma noite de tempestade. Foi na madrugada do Sábado de Aleluia. Você navegava em um barco, mas o barco era meu corpo, que te pariu". Daí que a história de meu nascimento se transferiu ao reino do mito. (Moreno, 1974, Cap. 1, p. 2)

***

Ainda sobre o período inicial de sua vida na Romênia, o terceiro elemento apresentado por Moreno se relaciona com seus pais, "de ascendência judia sefardita" (*ibidem*, 1974, Cap. 1, p. 3), e, mais detalhadamente, com sua mãe. Como veremos, a mistura de elementos judaico-cristãos de Pauline terá influência decisiva na formação do jovem Jacob.

Minha mãe era uma órfã criada por seus dois irmãos mais velhos. Quando chegou à adolescência, foi enviada a um colégio católico romano. As freiras exerceram uma grande pressão para convertê-la

Sérgio Guimarães

ao cristianismo. [...] Meus tios temiam que ela se convertesse, então conseguiram um casamento para ela aos 15 anos. Um casamento tão precoce não era nada raro naqueles dias. Minha mãe tinha uma atitude estranha e confusa diante da religião. Combinava elementos de sua educação judaica e de seus dias no convento. Também era supersticiosa, uma firme crente na interpretação dos sonhos e na adivinhação. (*Ibidem*, 1974, Cap. 1, p. 3)

A presença dos ciganos é também patente na primeira infância de Jacob Levy, começando pelo que ele conta sobre seus problemas com o raquitismo, com 1 ano de idade:

Quase não tinha apetite, perdi peso. Minhas pernas e pés estavam deformados. Não conseguia caminhar. Fui de médico em médico, mas nenhum de seus remédios funcionava. [...] Um dia minha mãe estava estendendo a roupa comigo em nosso quintal quando uma velha cigana se aproximou. [...] "O que o pequeno tem?" Minha mãe chorou e contou minha história à mulher. A cigana balançou a cabeça e me apontou com seu dedo indicador ossudo. "Chegará o dia", parecia estar olhando para o futuro, "em que será um grande homem. Pessoas de todas as partes do mundo virão vê-lo. Ele será um homem sábio e amável. Não chore." [...] "Faça o que te digo. Vá e compre um carrinho grande de areia e espalhe a areia no quintal. Ao meio-dia, quando o sol estiver mais quente, coloque o bebê na areia e o sol curará o bebê de sua doença." Minha mãe seguiu as instruções da velha cigana. Em poucos meses, eu estava curado. (*Ibidem*, p. 3)

Como comenta Marineau (1995, p. 37),

a história tem suma importância porque desenvolveu na mente da mãe a ideia de que seu filho não era um menino comum. Dali em diante teve a convicção de que Deus tinha lhe designado a tarefa de devolver--lhe a saúde e preará-lo para sua futura missão.

O que Marineau não diz, e que parece também ser muito claro em termos psicodramáticos, é o papel central de "ego-auxiliar" desempenhado por Pauline nesse primeiro período da vida de Jacob Levy.

A propósito, sua relação estreita com grupos marginalizados como os ciganos, por exemplo, e sua tendência a caminhar pelas ruas – que terão também implicações diretas na formação de suas ideias e métodos – começam muito cedo:

> Quando quebrei o braço fomos a uma famosa curandeira cigana para tratá-lo. Ela utilizou unguentos, cataplasmas curativos, massagens e tratamentos à base de ervas. Dia após dia eu tinha de voltar para o tratamento, fosse a pé, fosse de "bicicleta", um veículo de quatro rodas anterior às bicicletas e triciclos de hoje. Naqueles dias, eu tinha uma tendência a sair de casa e fazer um passeio pelos grandes bulevares de Bucareste. Um dia, quando não voltei na hora certa, meus pais se assustaram e chamaram a polícia para ir me buscar. No fim me encontraram em um acampamento de ciganos, brincando tranquilamente com as crianças dali. Essa não foi a única vez que me afastei de casa. (Moreno, 1974, Cap. 1, p. 13)

A propósito dos ciganos, no capítulo de seu livro *History and myth in Romanian consciousness* (História e mito na consciência romena), dedicado "aos romenos e aos outros", o historiador Lucian Boia analisa "três arquivos confidenciais":

> Quando o "outro" está dentro da cidadela, com frequência apresenta mais características de diferença, e estimula em grande medida todo tipo de inquietude, que o "outro" exterior. Nesses casos, o processo de mitificação pode ir muito longe. Isso é o que aconteceu e continua acontecendo, no entorno da Romênia, com três grupos étnicos específicos: os ciganos, os húngaros e os judeus. (Boia, 1997, p. 170)

Boia apresenta dados sobre pesquisas feitas desde 1989, segundo as quais "dois terços dos romenos não gostam dos ciganos". Para o historiador, essa alta porcentagem sugere a existência de "uma verdadeira psicose". Ele comenta que na Romênia se atribuem muitas coisas aos ciganos, desde a insegurança da vida cotidiana, com seus assassinatos e roubos, até a imagem negativa do país no exterior.

Já o que apresenta o professor Zoltan Barani, da Universidade do Texas, nos Estados Unidos, em seu livro *The East European gypsies* (Os

Sérgio Guimarães

ciganos do Leste Europeu), são elementos históricos que explicam a origem do problema: centenas de milhares de ciganos, desde 1348, foram escravos nos principados da Moldávia e Wallachia, e sua emancipação total ocorreu apenas em 1864 (Barani, 2002, p. 86).

***

São visíveis também desde o princípio, no relato autobiográfico de Moreno, sua preocupação com os sonhos e, a partir daí, sua intenção constante de diferenciar-se da escola psicanalítica:

> Tenho lembranças vívidas das cenas que remontam ao meu segundo ano. Elas estão tão claramente marcadas em minha memória que parecem ter ocorrido ontem. Mas, por incrível que pareça, não tenho memória dos milhares de sonhos noturnos que devo ter tido em meus primeiros anos. Tentei explicar isso a mim mesmo. Há duas possibilidades: ou eu suprimi meus sonhos, ou os fundi tão completamente em minha vida de vigília que nenhum rastro deles restou em minha memória.
>
> O argumento em favor da supressão de meus sonhos diz que eu não quero permitir nenhuma das criações de um estranho daimon ["gênio", "espírito", do grego] inconsciente entre meus desenhos para a vida. Eu não quis e não quero receber interferências de uma força fora de mim mesmo. Quero ser meu próprio mestre.
>
> Mas, por outro lado, minha vida desperto era, desde o princípio, tão cheia de ideias e de ações criativas que nenhum material restava para a noite, para os sonhos. Dormir era, para mim, um aquecimento para meu tempo acordado. O homem cuja noite estava cheia de sonhos, que entravam em sua consciência perturbada, era o homem que estava apto a inventar a interpretação dos sonhos. Mas o homem cujo dia estava cheio de acontecimentos exuberantes e no qual cada minuto era um fervedouro de ações, para que nada alheio tivesse lugar nele, estava apto a inventar o psicodrama. Minha fome de ação nesses primeiros anos marca o ritmo de minha vida futura e assim me tornei um psicodramatista. (Moreno, 1974, Cap. 1, p. 7)

***

Moreno, o mestre

Outro componente básico do pensamento moreniano – sua visão cósmica – aparece também na época romena de sua vida, na figura de Piroshka, que atuou não apenas como ego-auxiliar, mas também no papel de mestra:

> Naquele tempo não tínhamos banheiros modernos, como os das demais casas da vizinhança. Tínhamos uma latrina externa. Piroshka, nossa empregada húngara, me levava à latrina a intervalos regulares e me familiarizou com os mistérios da micção e da defecação. Fazia um frio intenso. Havia neve sobre a terra. Minha visão de Piroshka era a de uma guru do animismo místico. Ela me explicou que a urina entra na água, no rio, no lago. As fezes entram no solo, na terra, nas colinas dos arredores. Ela me deu um profundo respeito, não só por ela [a terra] como também pelos eventos cósmicos primitivos e por meu lugar no universo. (*Ibidem*, p. 11)

A propósito de Piroshka, o próprio Moreno estabelece uma relação direta entre seu papel de "alguém que brinca de Deus" e sua vida amorosa. Começa por afirmar que "alguém que brinca de Deus é mais um Deus na fantasia do que na realidade". Assim:

> Em consequência, sua vida amorosa é, quando muito, se não mais, na fantasia. Ele vive de sonhos diurnos. Foi o que aconteceu em minha própria vida. Minha vida amorosa foi muito intensa. Amei muito e também fui amado com muita frequência. [...] Tinha uns 4 ou 5 anos. Piroshka [...] tinha uns 15. Já era uma mulher. Tentou fazer amor comigo de uma maneira muito física, como talvez pudessem ter praticado com ela. (*Ibidem*, p. 14)

Mais adiante, Moreno esclarece que soube dos costumes existentes, entre os camponeses dos Bálcãs, de iniciar relações sexuais com crianças muito cedo na vida: "O que, nesta cultura, se considera patológico [...] era padrão habitual naqueles tempos e entre aquela gente", afirma (idem).

***

Depois dessa apresentação sumária que Moreno faz de sua primeira infância em sua autobiografia como protagonista, ele mesmo se encar-

Sérgio Guimarães

rega de descrever os principais elementos do cenário, que será um dos cinco componentes fundamentais de seu método psicodramático, juntamente com o *protagonista*, o *diretor*, os *egos-auxiliares* e o *grupo*:

> Meus primeiros cinco anos passei em Bucareste, Romênia. Vivíamos em uma pequena casa à margem do rio [...]. A Romênia é principalmente um país agrícola. Seu milho é famoso, o melhor que já comi. O terreno é relativamente plano, tornando-se montanhoso perto da fronteira húngara. O rio Danúbio atravessa a Romênia em seu caminho para o mar Negro, e o delta do Danúbio é responsável pela riqueza agrícola romena. (*Ibidem*, p. 5)

Sobre seu país natal, Moreno observa:

> A Romênia sempre foi uma região de grande importância estratégica. Foi parte do império romano e, depois, do império otomano. Chegou a ser absorvida pelo império austro-húngaro. A língua romena é de origem latina com alguns elementos eslavos. Por isso, a Romênia é considerada uma nação latina, diferentemente das nações eslavas que a rodeiam. Assim, a Romênia se considera superior às nações vizinhas. (*Ibidem*, p. 6)

Além disso, comenta que sua cidade natal, Bucareste, "foi muitas vezes chamada de 'pequena Paris' pois a influência francesa era muito forte".

> Assim, passei os primeiros anos em um estranho ambiente cultural: a civilização de Paris e a mentalidade camponesa pré-literária; o fermento cultural de uma cidade na intersecção de um grande Império e o provincianismo de um remanso agrícola. Cresci com essas contradições. (*Ibidem*, p. 6)

O historiador Lucian Boia confirma que, a partir de 1830, o idioma francês "se impôs como a língua da cultura, eliminando de forma permanente o grego, enquanto o traje oriental abriu caminho para a moda parisiense" (Boia, 1997, p. 161).

Moreno, o mestre

Para sua história de vida, esse ponto é importante não apenas porque explica o fato de Moreno ser chamado de *Jacques*: "Meu nome bíblico era Jacob. Meu nome laico era Jacques" (Moreno, 1974, Cap. 1, p. 34). É também graças à influência francesa, conta Jane S. Gerber, professora de história judaica da Universidade da Cidade de Nova York, que o sefardita Abraham de Camondo tinha liderado no império otomano um movimento de reforma educacional:

Assim como a maioria de outros reformadores judeus do século XIX, ele acreditava nos poderes de transformação da educação moderna e ampliava a esperança, compartilhada por muitos nessa época otimista, de que os judeus estavam avançando para um futuro cada vez mais brilhante. (Gerber, 1992, p. 220)

Vale a pena considerar o que informa Marineau sobre Pauline, ela mesma nascida na Romênia: órfã de pai "sendo ainda criança", seus dois irmãos mais velhos a enviaram "a um convento católico em Bucareste, onde tomou contato com a cultura e a língua francesa, e quase se converteu ao catolicismo" (Marineau, 1995, p. 26).

De qualquer maneira, no cenário em que o criador do psicodrama aparece no início de sua vida, o povo romeno vive seus primeiros tempos de independência (Tratado de Berlim, 1878) depois da guerra russo-turca de 1877-1878. O mais completo relato sobre esse período é feito provavelmente pelo romeno Gottlieb Benger, então cônsul-geral em Stuttgart, com seu *Rumania in 1900* (Romênia em 1900), escrito depois de uma expedição exploratória feita no reino de Carol (Carlos) I, "no outono de 1892" (Benger, 1900, p. VI).

Benger situa seu país em uma nova época de progresso econômico. Seu povo é estimado então em "6.100.000 almas": "4.800.000 pertencem à Igreja Ortodoxa Grega, 154 mil são católicos ou protestantes, 490 mil, judeus e 143 mil, maometanos". Além disso, "graças à constante imigração de Rússia e Galícia desde 1880, os judeus aumentaram em 55%" (*ibidem*, p. 2).

O que o cônsul romeno não analisa − e que constitui um sério problema em seu país − é a questão judaica. Em seu relato de 1885 sobre a perseguição dos judeus na Romênia, David F. Schloss comenta que eram submetidos a um "elaborado sistema de opressão", além de

Sérgio Guimarães

continuarem sendo tratados como estrangeiros. Por lei, podiam pedir a nacionalidade romena, mas

no ano passado (1884) nem sequer um único judeu obteve a naturalização. O número total dos súditos judeus na Romênia é estimado em aproximadamente 265 mil, e posto que, em cinco anos, menos de 1.100 dessas pessoas receberam naturalização, está claro que os romenos conseguiram praticamente eludir o disposto no artigo 44 do Tratado de Berlim, pelo qual foram submetidos à obrigação de outorgar direitos plenos e livres da população a todos os sujeitos da Romênia sem distinção de credo. (Schloss, 1885, p. 9)

Além disso, informa Schloss, o fato de um judeu poder se naturalizar não implica que seus filhos já nascidos passem a ser romenos: "Eles continuam sendo 'estrangeiros'" (idem). Por isso se entende que, em sua autobiografia, Moreno tenha afirmado ter nascido

em uma noite de tempestade em um barco que navegava pelo mar Negro [...]. Ninguém conhecia a identidade da bandeira do barco. [...] O anonimato da bandeira do barco foi a origem do anonimato de meu nome e de minha cidadania. (Moreno, 1989, p. 15-16)

***

Tentando encontrar elementos que ajudem a entender melhor esse período no qual "o mundo foi cortado em espaços nacionais", Boia se refere a um estudo publicado em 1907 por Dumitru Draghicescu, *From the psychology of the Romanian people* (Da psicologia do povo romeno). Para Draghiecscu (*apud* Boia, 1997, p. 144-45),

o conteúdo de nossa alma étnica é formado, em sua maior parte, de fragmentos e retalhos emprestados de povos vizinhos, sem assimilar, sem digerir, e não homogeneizados. A influência do Oriente, em geral daninha, tem como coordenadas "a despreocupação, a preguiça física e mental, ou seja, a falta de iniciativa, a resignação, a falta de confiança em si mesmo, e sobretudo o fatalismo, a crença cega na sorte, no destino".

Moreno, o mestre

O que poderia aproximar a percepção de Moreno de alguns traços apontados por Draghicescu seria a descrição que fazia de sua mãe. Pauline, segundo Moreno, era "supersticiosa, uma firme crente na interpretação dos sonhos e na adivinhação". E sobre seu primeiro grande ego-auxiliar, ele completa:

Era um espírito amistoso. Onde quer que fosse, falava com as pessoas e vice-versa. Tinha um bom senso de humor e, sempre que a vida se complicava, dizia: "O que se pode fazer? Virar as costas e rir". Também gostava de fofocas e histórias. Era ingênua e doce, de bom caráter e maternal, sempre mais jovem do que sua idade. (Moreno, 1974, Cap. 1, p. 3-4)

***

Ainda na construção do cenário romeno em que se movimentou inicialmente nosso protagonista, o escritor britânico Israel Cohen, já em 1914, com seu *Jewish life in modern times* (Vida judia em tempos modernos), é ainda mais explícito:

Estabelecidos no país há mais de 1500 anos – muito antes da chegada dos condenados romanos que foram introduzidos por Trajano para povoar a terra fértil dos dácios –, os judeus são tratados como delinquentes e submetidos a uma massa de restrições persecutórias e humilhantes, apesar da obrigação do Tratado solene celebrado pela Romênia em 1878. [...]
Aos judeus nativos na Romênia não se permite possuir terras ou mesmo cultivá-las como trabalhadores contratados. Foram expulsos dos distritos rurais e conduzidos às cidades, onde a maioria dos caminhos para uma vida honesta é fechada para eles. Estão excluídos da administração pública e das profissões médicas, legais e de ensino. [...]
O caminho para a educação também se vê impedido. Os judeus são excluídos das escolas secundárias e universidades. [...] As crianças judias não são admitidas em escolas públicas gratuitas até que tenha sido encontrado alojamento para todas as crianças cristãs, e só depois do pagamento de honorários exorbitantes. (Cohen, 1914, p. 159-62)

Sérgio Guimarães

Em um país eminentemente agrícola, a proibição de que os judeus trabalhassem na agricultura era uma restrição severa, à qual se juntavam também as interdições aos setores de governo, bancos e outros já mencionados, restando-lhes apenas a opção, na prática, do comércio. A isso se dedicava justamente Nissim Moreno Levy, pai do menino Jacob Levy.

Se a este quadro se acrescentam os inúmeros casos de perseguição e crueldade contra os judeus reportados por Schloss na Romênia durante essa época, fica fácil a explicação dos motivos pelos quais muitas famílias decidiram emigrar.

Howard M. Sachar, professor de história moderna da Universidade George Washington, em sua *A history of the Jews in the modern world* (Uma história dos judeus no mundo moderno), corrobora as afirmações de seus colegas citados. E também observa:

> No fim do século XIX, os judeus nesta empobrecida e xenófoba nação balcânica estavam experimentando a provação mais dura de toda a população judaica do mundo, com cada nova administração de Bucareste rivalizando sua predecessora na concepção de novos tormentos para sua desprezada minoria judia. Em 1899, para desviar a atenção pública de uma recessão econômica profunda, o governo romeno começou a deportar um grande número de vendedores ambulantes judeus "socialmente inaceitáveis" pela fronteira com a Hungria e a Rússia. No fim do século, dezenas de milhares de judeus romenos fluíam para o oeste, locomovendo-se a pé, de trem e de carro, para Viena, e em última instância para os portos do mar do Norte. (Sachar, 2005, p. 211)

Este será o destino do primeiro filho de Nissim Levy e Pauline Iancu com sua família, como conta Marineau (1995, p. 42):

> Em 1895 ou 1896, a situação econômica em Bucareste era muito difícil. Aproveitando essas circunstâncias, Moreno Nissim se transferiu para a Áustria para trabalhar em uma companhia cuja sede central estava em Viena. Jacob tinha então 6 ou 7 anos.

2. Alemanha, século XIX: o psicodrama antes de Moreno

A origem do psicodrama continua sendo objeto de controvérsias, e o próprio Moreno contribuiu para que a confusão se instalasse. A primeira vez que o termo apareceu na literatura científica de língua inglesa foi em um extenso artigo de 70 páginas assinado por ele, com o título *"Inter-personal therapy and the psychopathology of inter-personal relations"* (A terapia interpessoal e a psicopatologia das relações interpessoais) e publicado também por ele, no primeiro número de sua revista *Sociometry*, em 1937.

No entanto, no primeiro volume sobre o tema, *Psychodrama*, editado nove anos depois, seu próprio criador afirmava que "o psicodrama nasceu em 1º de abril de 1921, entre as 19 e as 22 horas" (Moreno, 1946, p. 1). Posteriormente, em *O psicodrama – Terapia de ação e princípios da prática*, terceiro volume da trilogia dedicada ao tema, ele informava que "na realidade, quando o psicodrama entrou em cena, em 1911, se opunha tanto ao teatro legítimo como à *Commedia del'Arte*. Foi provavelmente a rejeição mais radical ao teatro desde Sócrates e Platão". Em outro momento, Moreno mencionava "o advento do psicodrama em 1923" (Moreno, 1948, p. 127; Moreno, 1954a, p. 13). Afinal, 1911, 1921 ou 1923?

Nem os dicionários, de fato, servem como fontes úteis. O prestigioso *Webster's New International Dictionary of the English Language*, por exemplo, em sua segunda edição, traz o termo "psicanálise" (Neilson, 1940, p. 2000), mas nenhuma referência a "psicodrama". Já o famoso *Oxford English Dictionary* (OED) registra erroneamente esse termo como utilizado pela primeira vez em 1932, associado ao nome de J. L. Moreno, supostamente na contracapa da monografia *Group method and group psychotherapy* (Método de grupo e psicoterapia de grupo) (OED, 2016). Um dos editores do dicionário *Merriam-Webster*, consultado por e-mail

Sérgio Guimarães

sobre a fonte dessas informações, reconheceu que vinha do OED e que, como não conseguiu reconfirmá-la, preferiu passar a estabelecer com mais segurança 1937 como o ano no qual o termo *psicodrama* foi usado pela primeira vez em inglês (I. Davidovich, comunicação pessoal, 8-9 de outubro, 2013).

Em paralelo, sem mencionar data, o psiquiatra estadunidense Samuel Kahn, em seu livro *Psychodrama explained* (Psicodrama explicado), informa que "a palavra *psicodrama* foi cunhada pelo dr. J. L. Moreno a partir das palavras gregas *psyche*, significando mente ou alma, e *drama*, com o significado de fazer ou atuar" (Kahn, 1964, p. 1). A introdução vem assinada pelo próprio Moreno, que não faz nenhum comentário sobre a afirmação de Kahn. Uma referência clara por parte de Moreno aparece apenas no artigo "The religion of God-Father" (A religião de Deus-Pai), publicado anos antes de sua morte:

> O passo seguinte teve início em 1925, com minha mudança da Europa para os Estados Unidos da América, estabelecendo-me com um nome secular, J. L. Moreno, e tornando-me um filósofo e cientista, tentando continuar com a psicoterapia de grupo, o psicodrama, a sociometria e os grupos de encontro, ao que tinha dedicado minha vida religiosa anterior. Cunhei os termos terapia de grupo, grupos de encontro e psicodrama, e defini sociometria como "a ciência da medição das relações interpessoais". (1972, p. 213)

O ano de 1937, portanto, parece ser a primeira data na qual o termo aparece em inglês, já relacionado ao nome de Moreno. O elemento surpresa ocorre, no entanto, quando vertido ao alemão. Na tradicional enciclopédia alemã que o editor Friedrich Arnold Brockhaus começa a publicar a partir de 1811, e que seus herdeiros continuarão editando por mais de um século sob o título *Brockhaus Konversationslexikon, 1902-1910*, a página 496 traz:

> **Psicodrama**: (grego), uma poesia [*Dichtung*] monologada que apresenta uma ação dramática agitada e que se distingue especialmente do monodrama ou da cena unipessoal pelo fato de ser interpretada sem nenhum recurso cênico. O fundador do "Psicodrama" é Richard von

Moreno, o mestre

Meerheimb, nascido em 14 de janeiro de 1825 em Grossenhain, na Saxônia, e que desde 1872 vive em Dresden como coronel. Além de outras poesias, publicou: "Mundo de 'psicodramas'" (4ª ed., Berlim, 1887) e dois pequenos volumes de "Psicodramas" (na "Biblioteca universal" de Reclam). Uma coleção de "Poesias 'psicodramáticas'" (Bremen, 1893) foi editada por F. Hähnel. Em Bremen, aparece desde 1893 uma revista, "Mundo de 'psicodramas'".

A existência de outra forma de psicodrama anterior ao nascimento de Moreno não é registrada, até o momento, em nenhuma das obras sobre o tema consultadas em inglês, espanhol, francês ou português. Não se trata, todavia, de uma descoberta inédita. Ao contrário, já em 1986 o professor dr. Horst Gundlach, do Instituto de História da Psicologia Moderna da Universidade de Passau, na Alemanha, tinha publicado um artigo sobre o tema na revista *Geschichte der Psychologie* (História da Psicologia).

Com o título *Psychodramen — Zur Geschichte der psycho-trivia* (Psicodramas — Sobre a história do psicotrivial), Gundlach apresenta a notícia como se estivesse se dirigindo a seus alunos:

Uma pergunta do caderno de exames poderia ser a seguinte: QUEM inventou o psicodrama?

A resposta que supostamente haveria de ser assinalada com uma cruz: Jakob Levy MORENO, 1892-1974. Resultado: falso, zero, estudou segundo as anotações.

Muito antes de Moreno, um tal Richard von MEERHEIMB propagou algo que achou adequado chamar de psicodrama. Era uma nova forma artística de interpretação e script, no qual uma só pessoa entrava em cena. Para o fomento do psicodrama fundou *ex profeso* uma sociedade e uma revista especializada. Já a partir dessas três proposições é possível notar que Meerheimb se propunha a coisas diferentes de Moreno, para quem o psicodrama não era nem uma nova forma literária nem, de forma nenhuma, um empreendimento unipessoal.

Por que motivo deveria, então, a história da psicologia se preocupar com esse Meerheimb e seu psicodrama? Não é certo demonstrar que possivelmente Moreno deve ter guardado em seu inconsciente, da

Sérgio Guimarães

época em que viveu em Viena, a expressão de Meerheimb, para depois voltar a oferecê-la ao mundo, modificada. Se isso pudesse ser demonstrado, despertaria algum interesse, mas não de grande importância. (Gundlach, 1986, p. 27)

Depois de oferecer uma série de dados biográficos sobre "o fundador do psicodrama", incluindo a fundação de uma sociedade literária, assim como de um "órgão oficial da Sociedade Literária de Psicodrama e uma revista para os amigos da literatura contemporânea", Gundlach termina seu texto afirmando que "Meerheimb falece em 1896, o título da revista muda, a expressão 'psicodrama' empalidece na memória coletiva, até que Moreno a redescobre ou retoma" (Gundlach, 1986, p. 30).

Anexo a seu artigo, Gundlach apresenta o fac-símile do frontispício de *Psychodramen – Material für den rethorisch-deklamatorischen Vortrag, von Richard Meerheimb* (Psicodramas – Material para a interpretação retórico-declamatória, de Richard Meerheimb), ainda apresentado em alfabético gótico, estilo *fraktur*, e editado em Leipzig em 1888, ou seja, no ano anterior ao nascimento de Moreno.

O livro de Meerheimb traz 13 psicodramas – cinco em prosa, oito em poesia – introduzidos por um prólogo de Carl Friedrich Wittmann. Tentando definir essa "nova forma literária", Wittmann explica sua visão:

Por psicodramas (dramas para interpretar) o autor propõe que se entendam interpretações que, pronunciadas por uma única pessoa, expõem de maneira discursivamente plástica a ação progressiva de um ou vários indivíduos. [...] O intérprete não narra, constrói a ação diante do ouvinte. Não exige nenhum dispositivo cênico; são, antes, dramas ou cenas dramáticas que, com base na ação progressiva de vários [personagens], visíveis única e exclusivamente para o olho do espírito, se caracterizam apenas por meio de um único personagem que fala e que contesta (replica), com o qual a alma do que ouve em certa medida se compenetra com o drama que está se desenvolvendo *nesse mesmo momento*. Trata-se de uma nova forma, e sem dúvida muito frutífera e revitalizante que – bem posso afirmar – encontrou a

Moreno, o mestre

partir de agora um reconhecimento incontestável: uma forma na qual a palavra falada excita e dá asas em tal medida à fantasia do ouvinte – uma fantasia que está à escuta – que as figuras atuantes, sem ser visíveis, aparecem, no entanto, plasticamente diante da alma. (Wittmann, 1888, p. 5-6)

Wittmann procura incluir ainda mais detalhes, afirmando que "no psicodrama, por meio de um único personagem, se constrói e se desenvolve a ação diante dos olhos da alma do ouvinte. No pensamento, o intérprete se coloca totalmente no lugar de quem atua". Além disso, explica o autor do prólogo, não se trata de uma "entrada em cena". Ou seja, esses textos não exigem do intérprete, "que pode estar sentado ou de pé atrás de sua mesa de interpretação", "nenhuma outra coisa para sua encarnação a não ser os instrumentos linguísticos que são operados entre a língua e os lábios, o domínio dos sotaques espiritual, lógico e musical no *arte do discurso*" (*ibidem*, p. 7).

O livro a que Gundlach se refere não foi o primeiro publicado por Meerheimb sobre o assunto. Dois anos antes, em Berlim, saiu *Monodramenwelt – Material für den rhetorisch-deklamatorischen Vortrag, von Richard Meerheimb* (Mundo de monodramas – Material para a interpretação retórico-declamatória, por Richard Meerheimb). Trata-se da "terceira edição ampliada de monodramas de forma nova", cujo prólogo começa aludindo à

controversa questão, que levanta tanta polvorosa escolar, acerca de se o "monograma" (psicodrama), introduzido na literatura alemã pelo famoso épico e coronel Richard von Meerheimb, representa realmente uma "nova" forma artística. (Meerheimb, 1886, p. V)

A resposta à questão, por meio de fragmentos de uma carta reproduzida por Meerheimb no mesmo prólogo, é oferecida pelo historiador da arte, professor da escola técnica e diretor do museu de Dresden, Hermann Hettner:

Sim, sem dúvida, é uma forma nova, sem dúvida muito frutífera e revitalizadora! [...] A forma requer concisão, delimitação firme, precisão epigramática, compilação clara, grande estilo. E você cumpriu

Sérgio Guimarães

acertadamente com essas exigências. Seu mérito é tanto maior quanto mais longe e de forma cada vez mais mesquinha se extravia agora nosso drama no realismo mais raso. [...]. (1886, p. V-VI)

O que Gundlach chama de "psicomoda", referindo-se aos psicodramas de Richard von Meerheimb, surgiu antes de 1886. Na verdade, a primeira edição de *Monodramen* (Monodramas) aparece em 1879 como *Monodramen neuer form (psycho-dramen)* [Monodramas de forma nova (psicodramas)], em Dresden, e as reações na imprensa alemã são variadas. O jornal vienense *Presse* (Imprensa) de 1º de agosto de 1879, por exemplo, não economiza elogios ao autor:

Aquilo a que Meerheimb aspira e que brilhantemente demonstra possível [...] é um drama concentrado, reduzido a um único personagem, que ainda por cima nem sequer atua, meramente fala, a partir de uma situação viva, opressiva. As poesias [...] cumprem, portanto, o que prometem; o leitor ou ouvinte recebe delas uma autêntica impressão dramática. Para quem declama, trata-se de tarefas difíceis, mas também incomumente gratificantes; este se aproxima delas e encontra peças trágicas e alegres à escolha. (Meerheimb, 1886, p. 332)

Süddeutsche presse (Imprensa da Alemanha do Sul) e *Münchner Nachrichten* (Notícias de Munique) de 3 de outubro de 1879, por sua vez, comentam respectivamente: "Estamos aqui diante de poesias e interpretações em prosa absolutamente originais e de grande influência"; "O autor é igualmente cativante e engenhoso, no que tange tanto o profundamente sério como o humorístico" (p. 332). Na mesma direção vão o *Berliner Börsen Zeitung* (Periódico da Bolsa de Berlim) n. 259, 1879, e a *Schlesische Presse* (Imprensa Silesiana) n. 487, 1879. O primeiro vê na obra "tanto uma estimulante leitura como um material apropriado para a interpretação em círculos privados e públicos"; o segundo saúda "ideias tão inovadoras e originais" que "suas ressonâncias não passarão incólumes nos círculos de nosso povo que se entusiasmam pelo bom e pelo belo" (*ibidem*, p. 332).

Coincidência ou não, o termo *monodrama* vai reaparecer decênios depois, nos Estados Unidos, já no contexto psicodramático, como define Adam Blatner em seu livro *Bases do psicodrama:*

Moreno, o mestre

Monodrama. Execução pelo protagonista de todos os papéis da dramatização. Esta técnica tem várias vantagens: acesso ao ponto de vista do protagonista, incorporação à terapia individual por não ser necessária a participação de auxiliares e possibilidade de ampliar a perspectiva do protagonista por meio da inversão de papéis. Sua aplicação costuma implicar o uso de várias cadeiras vazias, entre as quais o protagonista se desloca ao adotar um papel diferente. (Blatner, 2005, p. 235)

O próprio Moreno vai utilizar o conceito, no início da edição de 1953 de sua obra-prima *Who shall survive?*, quando se refere ao filósofo Søren Kierkegaard como alguém que, a exemplo de Sócrates, tinha se aproximado do "formato psicodramático":

Dois mil anos depois Kierkegaard voltou a ouvir o demon [espírito], mas se viu obstaculizado pelo remorso privado, submergido pelos imperativos de sua existência privada, o medo de perder o "eu" no "tu" e uma obsessão com seu próprio monodrama. Restou a mim escutar e entender o demônio mais completamente, e levar a ideia a um final. (Moreno, 1953, p. XXIII-XXIV)

De fato, esse termo aparece em alemão muito antes de ser usado por Meerheimb. Em 1776, por exemplo, o editor e hispanista alemão Friedrich Justin Bertuch já tinha publicado *Polyxena ein lyrisches monodrama* (Polixena, um monodrama lírico), com música do compositor alemão Ernst Wilhelm Wolf. O que caracteriza a contribuição de Meerheimb com sua "nova forma" parece ser o fenômeno psicológico provocado pelo intérprete ao ajudar o ouvinte a construir mentalmente, como se fosse no momento presente, cenas previamente descritas.

***

Em novembro de 1892 aparece na cidade de Bremen o primeiro número de *Neue Litterarische Blätter* (Novas Folhas Literárias). Segundo a introdução assinada pela "Redação", o novo periódico tem "a intenção de consagrar-se como órgão oficial da 'Sociedade Literária de Psicodrama', ao fomento da musa psicodramática e de manter regularmente

Sérgio Guimarães

informados todos os membros desta acerca da difusão do psicodrama".

O texto informa que

> o psicodrama, concebido por Richard von Meerheimb, é uma nova criação artística que encontrou tão numerosos e entusiastas amigos que parece inteiramente justificado que um órgão próprio se dedique ao fomento desse tipo de poesia. (Hähnel, 1892, p. 1)

Na página 3 do mesmo número, cabe a Felix Zimmermann assinar o artigo "O que é um psicodrama?", que merece reprodução, pelo menos em parte, para uma melhor compreensão do conceito desenvolvido por Meerheimb:

> A pergunta "O que é um psicodrama?" não pode ser respondida exaustivamente em poucas palavras. É uma forma poética completamente nova, unitária, para dizer a verdade, uma forma híbrida de elementos fundamentais dramáticos, épicos, líricos, um drama na realização mais simples e ideal concebível. Carece de todo aparato exterior, pois os poemas para a interpretação não estão escritos para o sentido externo do ouvinte, mas que se exige a cooperação mais íntima da psique estimulada, a fim de que o ouvinte compreenda e sinta esse drama em todo o seu refinamento [...]. Ao psicodramaturgo corresponde consequentemente uma tarefa dupla. No centro de uma ação articulada conforme as regras dramáticas coloca o herói do psicodrama, em cujas palavras e apenas nelas deve se refletir a palavra e a ação de todos os demais personagens atuantes com plasticidade palpável. A ação e a reação externas e progressivas são levadas desse modo a uma clareza indubitável, espiritualmente visível. Mas, em segundo lugar, o psicodramaturgo permite que cobrem expressão ao mesmo tempo, em aprofundamento e esmiuçamento psicológicos, a motivação interna da ação, a luta anímica do herói, a solução de um problema anímico etc. (Zimmermann, 1892, p. 3)

Vale a pena também focar no que Zimmermann chama de "leis fundamentais do psicodrama", resumidas em três pontos, e que, pelo menos no segundo aspecto, vão coincidir com um dos elementos propostos por Moreno, com base em sua "filosofia do momento", o *hic et nunc* (aqui e agora), como veremos mais adiante:

> Em primeiro lugar, vários personagens participam da ação, como no drama para a cena; em segundo lugar, a ação tem início como no drama em um desenvolvimento progressivo, no presente e com a participação ativa – e não a mera descrição ou narração – do falante; em terceiro lugar, o psicodrama carece de toda representação cênica e obra em forma imediata de espírito a espírito. (*Ibidem*, p. 3)

Considere-se ou não o psicodrama criado por Meerheimb um movimento da moda, como o faz o professor Gundlach, o fato é que as *Novas Folhas Literárias* foram publicadas pelo menos até 1897, como mostram os arquivos das bibliotecas das universidades de Basileia, na Suíça, e Leipzig, na Alemanha (Hähnel, 1892-1897).

Em relação à Sociedade de Bremen, apesar das dificuldades para obter dados a respeito, é possível que não tenha sido a única do gênero. Em 1894, sai em Estrasburgo o livro *Seelenbilder* (Quadros anímicos), com 15 poemas do escritor Karl Storck, precedidos de "um tratado sobre o psicodrama". No fim de sua introdução, comenta o autor, "merece meu agradecimento em particular a sociedade literária 'Psicodrama' de Berlim, cuja presidência considero uma grande honra poder exercer. No círculo desta, na frequência social de seus membros, encontrei os estímulos a partir dos quais surgiram estes poemas" (1894, p. XXIII).

Em um artigo sobre "Os psicodramas de Rilke", no entanto, o professor Howard Roman, da Universidade de Harvard, opina ser "improvável que haja duas organizações diferentes com o mesmo nome raro e com o mesmo propósito" (Roman, 1944, p. 403). Ele supõe que, da mesma forma que a revista *Neue Litterarische Blätter* passou a ser editada posteriormente em Berlim, é possível que também a mesma sociedade de psicodrama de Bremen tenha se deslocado para a capital alemã.

Seja como for, em seu "tratado" o presidente da sociedade literária de Berlim confessa que inicialmente tinha se disposto a chamar seus poemas de "psicodramas". Posteriormente, no entanto, lhe

Sérgio Guimarães

pareceu que as presentes tentativas não cumpriam de todo as exigências do fundador do psicodrama, apesar de que ao mesmo tempo via que esse sistema instituído do psicodrama quase nunca foi seguido de um modo muito estrito por seu próprio fundador. (Storck, 1894, p. VII)

Sentindo a falta de uma definição mais clara do novo gênero, ele mesmo tenta oferecer sua visão pessoal sobre o tema:

O psicodrama não há de ser, como bem pode coligir qualquer pessoa sobre a formação gramatical da palavra, o drama de uma alma, mas um drama para almas; ou seja, ao escutar ou ler esses poemas, a psique do ouvinte ou do leitor deve ser excitada a tal ponto que este creia estar ouvindo ou vendo um drama. Além disso, o nome psicodrama se justifica também pelo fato de que essa poesia renuncia a alguns meios corporais utilizados pelo drama, principalmente o mímico e o cênico, mas, ao contrário, propõe exigências tanto mais elevadas à atividade anímica do ouvinte, a sua fantasia. (*Ibidem*, p. VIII-IX)

Além disso, acrescenta o autor em seu prólogo, assinado em "Berlim, maio de 1894", o que ele faz é "tentar criar um psicodrama diante do olhar do leitor. Muito provavelmente este seja o melhor modo de dar com a essência da poesia". "Ao mesmo tempo", conclui, tentando sublinhar as diferenças, "se mostrará então que o psicodrama é essencialmente diferente do monólogo, do espetáculo solo e do drama unipessoal, com os quais frequentemente é associado" (*ibidem*, p. XI).

***

Ao mesmo tempo que Karl Storck publicava *Seelenbilder*, outro poeta que se lançara havia pouco na literatura, Rainer Maria Rilke, fazia uma visita ao criador do psicodrama literário, Richard von Meerheimb, em Dresden. Pelo menos isso é que supõe Howard Roman, em seu artigo de 1944:

Richard von Meerheimb, o pai do psicodrama, vivia em Dresden no momento (1894), [...] e supomos que Rilke, entusiasmado com o psico-

Moreno, o mestre

drama como ele deve ter estado, visitou o mestre contemporâneo e a Galeria de Dresden no mesmo dia, e na busca de material psicodramático a ser escolhido como tema, o primeiro que seus olhos encontraram e que gostou foi Murillo e os pintores de Leyden. (*Ibidem*, p. 409)

Além de um primeiro psicodrama produzido em 1894, no qual imagina a morte dramática do famoso pintor espanhol Bartolomé Esteban Murillo, Rilke escreve um segundo, publicado no ano seguinte: *Die Hochzeitsmenuett* (O minueto das bodas). Segundo Roman, ambos foram escritos em versos livres, ou seja, não rimados.

Em seu artigo, Roman tenta também contribuir para esclarecer os conceitos, afirmando que, "por definição, um psicodrama é o mesmo que um monodrama". Entrando em detalhes, diz:

> Monodrama em sua forma mais simples não é mais do que teatro em forma de monólogo. Em sua forma mais ambiciosa, no entanto, é possível supor que um número de pessoas diferentes do mesmo ator se encontram presentes no palco, em cujo caso o mesmo ator se entrega a um diálogo unilateral com eles; suas palavras e ações são transmitidas a nós por meio dele. Toda a decoração e os acessórios, assim como esses personagens secundários invisíveis, são também imaginários. (*Ibidem*, p. 402)

Sobre as obras de Meerheimb, Roman comenta que, apesar de "já estarem esquecidas há tempos, elas foram extremamente bem conhecidas em sua época e foram possivelmente os modelos de Rilke quando escreveu as duas peças curtas em questão". Meerheimb, acrescenta, "era o inovador e líder de toda a moda-psicodrama" e, como prova de sua popularidade, Roman informa que o *Neuer Theater Almanach* (Novo Almanaque do Teatro), "que anualmente dedicava suas centenas de páginas a registros e estatísticas, mas nunca ao drama em si, reproduziu um psicodrama de Meerheimb chamado *Oktavia*", em 1894 (p. 402).

A propósito, na introdução do livro de Rainer Maria Rilke *Nine plays* (Nove peças), que se inicia com a peça "Murillo – A Psychodrama" [Murillo – Um psicodrama], o professor da Universidade de Illinois Klaus Phillips confirma a opinião de Roman:

41

Sérgio Guimarães

Mais adiante no mesmo ano [1894], Rilke se voltou contra o psicodrama: obras nas quais só há um ator. Richard de Meerheimb, um popular escritor de psicodramas durante a última parte de século XIX, se tornou um exemplo para o jovem Rilke. O "Murillo" de Rilke, baseado na vida do pintor espanhol, adere aos princípios de Meerheimb, apesar de adaptar esses princípios claramente a seu próprio propósito. (Philips, 1979, p. IX)

O segundo psicodrama de Rilke, "Die Hochzeitsmenuett – Psychodrama" (O minueto nupcial – Psicodrama), que também aparece no terceiro tomo de *Sämtliche Werke* (Obras Completas), ocupa nove páginas e é parte de seus poemas juvenis. No subtítulo, Rilke agrega uma nota de rodapé, na qual explica que seu psicodrama se baseia em um fato verídico:

> Franz van Mieris se propõe, apesar das repreensões discrepantes de seu amigo e colega de escola Gabriel Metzu, a raptar a jovem esposa do mestre ancião Gerhard Dow, atendendo a um sentimento passageiro. O mestre Dow, ao tocar casualmente o minueto nupcial no caramanchão do jardim, desperta no coração da jovem mulher o sentimento do dever e certa inclinação agradecida para com seu marido, que a obrigam a escapar do crime e – mais ainda – a confessar toda sua culpa ao enganado. O resto do que acontece está claro. (Rilke, 1959, p. 101)

***

Consultada sobre todos esses antecedentes do psicodrama moreniano, Zerka Toeman Moreno, viúva do Dr. Moreno e continuadora de seu trabalho, me respondeu por escrito, manifestando surpresa:

> Moreno nunca me falou disso. No entanto, seu entorno cultural deve tê-lo levado a todas essas fontes. Creio que ele teria observado que se tratava de "conservas culturais", como são todas as formas de criação tidas como acabadas, que não surgem no aqui e agora. Então não as teria categorizado de forma diferente. De fato, afirmou que seus próprios livros e filmes eram conservas culturais, já

que surgiram de e representam momentos do passado, congelados no tempo.

Ele estava preocupado com o criador, não com os produtos, apesar de ter dito que Shakespeare foi um precursor do psicodrama, entendido como uma forma de conserva cultural, já que qualquer criação que é repetível não é mais espontânea. Esse termo se limita à primeira vez em que foi criado. Ele escreveu que nossa cultura não se presta suficientemente à criação espontânea. É assim que ele via o psicodrama: como um corretivo. (Moreno, Z. T., comunicação pessoal, 29 de novembro, 2013)

Esse corretivo será a proposta do método psicodramático moreniano que, ao contrário do psicodrama literário de Meerheimb, rompe com o texto e o cenário preconcebidos e vai se basear nos princípios da filosofia do momento e nos conceitos fundamentais de espontaneidade e criatividade, entre outros, desenvolvidos em seu período vienense.

3. Na Viena do fim do século, um menino "muito, muito ativo"

Pouco importa se a grande cidade é desconhecida e se não domina o idioma: o menino não se deixa intimidar. Desde pequeno fazia o mesmo em sua terra natal, aventurando-se pela vida.

Quando tinha 5 anos nos mudamos de Bucareste para Viena. Comecei a ir a uma escola pública austríaca de imediato. Eu não sabia nada de alemão, só romeno e espanhol, mas aprendi rápido, apesar de minhas limitações linguísticas. Sempre era *primus* [o primeiro]. Eu era um menino de olhos azuis, determinado, com as marcas vivas de um ator. Rapidamente encontrei meu caminho pelas sinuosas e numerosas ruas e ruelas de Viena. A escola que frequentava era bem distante de nosso apartamento, mas uns dias depois de chegar a Viena minha mãe enviou nossa empregada para me buscar depois da aula, como de costume. Eu não estava lá. Já tinha ido para casa. A menina ficou muito preocupada porque eu não falava alemão. Foi correndo para casa para dizer à minha mãe, mas lá estava eu, são e salvo. Era uma das histórias favoritas de minha mãe a forma como expliquei alegremente a ela e aos vizinhos que estavam no apartamento que tinha encontrado meu caminho de volta da *Praterstrasse* passando pela *Kaiser Josefstrasse*, pela *Grossen Stadtgutstrasse*, pela *Castellezgasse, Nummer Fünfundzwanzig* [n. 25]. (Moreno, 1974, Cap. 1, p. 16)

O próprio Moreno relata a mudança que sua família faz da Romênia para a Áustria, com detalhes sobre os primeiros tempos em Viena e sua própria versão sobre a vida do menino Jacob Levy no novo país. A descrição que oferece de seu trajeto para a escola e de sua iniciativa de aventurar-se sozinho pelas ruas da capital nos permite deduzir que sua família se instalou no bairro de *Leopoldstadt*.

Moreno, o mestre

O que informa Marineau (1989, p. 54), na versão francesa de seu trabalho, *J. L. Moreno et la troisième révolution psychiatrique* (J. L. Moreno e a terceira revolução psiquiátrica), é que a localização da família Levy "é ideal para uma criança", já que o bairro contém "dois espaços verdes, o Augarten e o Prater, e dois corpos d'água, o Danúbio e o Canal". Além disso, destaca, o endereço do departamento fica "a dois passos do Augarten, que vai desempenhar um grande papel na vida do jovem Moreno".

Segundo a professora estadunidense de história Marsha Rozenblit (1983, p. 76-77), Leopoldstadt era "a maior concentração judaica, contendo a metade de todos os judeus de Viena em 1880 e um terço deles no ano de 1910". Em seu *The Jews of Vienna 1867-1914 – Assimilation and identity* (Os judeus de Viena 1867-1914 – Assimilação e identidade), Rozenblit informa que "Viena cresceu 234% nesse período, de 607.514 [habitantes] em 1869 para 2.031.498 em 1910", e que "em uma cidade na qual os judeus compreendiam apenas 9% da população total, eles representavam um terço da população do Leopoldstadt". Além disso, acrescenta, o Leopoldstadt tinha sido "a localização do gueto judaico do século XVII"; "no fim do século XIX, voltou a ser um 'gueto judaico' na imaginação popular".

Em relação ao nível social da família, a referência que Moreno faz à empregada nos permite deduzir que os Levy sem dúvida não estavam entre os mais pobres. A propósito, o que comenta Rozenblit é que distribuição residencial dos judeus em Viena não dependia da classe social: "Os judeus não viviam nas áreas de acordo com seu *status* econômico. [...] Moravam nessas regiões para poder viver com outros judeus" (Rozenblit, 1983, p. 78-79).

Utilizando dados quantitativos sobre nascimentos, casamentos e conversões dos judeus vienenses desde 1867 – ano em que as autoridades austríacas emanciparam os judeus "dando-lhes direitos civis, políticos e religiosos iguais aos de todos os outros cidadãos austríacos" (Rozenblit, 1983, p. 10-11) – até o início da Primeira Guerra Mundial (1914), Rozenblit oferece informações importantes para a compreensão dos movimentos de migração judaica no período, afirmando, por exemplo, que, "para escapar da pobreza e da perseguição, massas de judeus emigraram da Rússia, da Romênia e da província austríaca de Galícia

Sérgio Guimarães

para os Estados Unidos" (*ibidem*, p. 15-16). Na Europa, a preferência por Viena se explica, segundo Rozenblit, justamente pelo reconhecimento austríaco dos direitos do povo judeu à emancipação.

Sobre o fenômeno de assimilação pelo qual passam na época os judeus, ou seja, "a adoção dos costumes culturais da sociedade pelo grupo minoritário", Rozenblit observa que não se pode "adotar os padrões econômicos, políticos e culturais da sociedade geral e continuar mantendo contatos primários – amizades, associações, casamento e laços familiares – com seu próprio grupo, garantindo a existência continuada deste" (*ibidem*, p. 3). Um comentário de Moreno, em sua obra autobiográfica, confirma isso:

> Nossa transformação em vienenses nunca foi completa, no entanto. Fomos uma das famílias típicas marginais de origem judaica que sobreviveram pelo desenvolvimento de uma vida familiar muito unida.
>
> De fato, nós éramos, em Viena, quase até o momento em que fui embora para os Estados Unidos, estrangeiros ou refugiados. No império austro-húngaro da época, havia milhares de famílias que, como a nossa, eram toleradas pelo governo, desde que vivessem uma vida tranquila, sem ameaçar a estabilidade da nação. A isso é preciso acrescentar que vivíamos em um ambiente de agressivo nacionalismo alemão, reforçado por um forte eleitorado católico. Nossa família estava fora da corrente principal da vida da Áustria em mais de um aspecto. (Moreno, 1974, Cap. 1, p. 19)

***

Ao começar a descrever esse período de sua vida em Viena, Moreno afirma que uma de suas "lembranças mais vívidas da infância" remonta aos 6 anos de idade.

> No meio de uma noite me meti na cozinha com um de meus irmãos mais novos. Minha mãe tinha preparado massa para uma grande torta e colocou-a para fermentar durante a noite. Nós trabalhamos silenciosamente na escuridão e voltamos para nossas camas. Quando minha mãe acordou e foi à cozinha na manhã seguinte, deve ter ficado horrorizada ao ver que a massa tinha desaparecido. Em vez da

massa de torta, havia figuras de pessoas, animais e objetos sobre a mesa e no chão, na pia e sobre os batentes das janelas. Deve ter sido duro para ela desfazer as figuras e restaurar a massa para a torta. Quando nos levantamos, não podíamos acreditar com nossos próprios olhos quando vimos a torta sobre a mesa. (Moreno, 1974, Cap. 1, p. 16-17)

Depois da primeira inversão de papéis realizada em Bucareste por meio do "psicodrama do deus caído", com esse episódio da massa de torta Jacob Levy concretiza outro jogo de papéis, dessa vez assumindo o deus criador. De fato, depois de relatar a cena, Moreno apresenta o que ele considera a moral da história: "Grandes homens começam a escrever seus grandes livros no berço, logo depois que aprendem a andar e falar. Eu criei o mundo e escrevi 'As palavras do pai' na massa de torta, antes de escrevê-lo com tinta" (*ibidem*, p. 16).

A propósito, Marineau opina que "Moreno não é compreensível se não for analisada sua relação com seus pais e com Deus" (1995, p. 40). Sobre sua mãe, por exemplo, Moreno conta que ela "costumava dizer que menino bonito eu era. Ela e todos os familiares ficavam orgulhosos de me apresentar; todos os vizinhos costumavam vir me ver". E, como se para indicar os elementos que foram contribuindo para a formação de sua autoimagem, acrescenta: "Minha mãe pensava que jamais havia nascido um menino mais belo, mais inteligente e mais dotado que eu. Ela esperava que eu fizesse coisas milagrosas" (1974, Cap. 1, p. 17).

Sobre sua mãe, Moreno conta que ela tinha "muitas ideias e sonhos".

Ela sempre nos contava histórias. Versátil em línguas, saía-se bem em alemão, espanhol, francês e romeno. [...] Onde quer que se estabelecesse, minha mãe era uma mulher popular. Onde quer que fosse, falava com as pessoas e vice-versa. Tinha um bom senso de humor e, sempre que a vida ficava complicada demais, dizia: "*Was kann man machen/ Umdrehen und lachen*" ["O que se pode fazer? Virar as costas e rir"]. (Moreno, 1974, Cap. 1, p. 3-4)

Sérgio Guimarães

Já sobre seu pai, a descrição que faz é a de "um homem magro, de 1,73 m de altura":

> Era um homem sério e retraído. Era também um pai amoroso e carinhoso, apesar de irregular em seus hábitos. Ia e vinha a seu bel-prazer. Um mulherengo. Também era muito bom em começar e fracassar em seus novos negócios. [...] Entendi que, em sua velhice em Istambul, se casou pelo menos mais uma vez, mas podem ter sido tantas quantas cinco ou seis vezes. Também pode ter gerado muitos outros filhos, não sabemos com certeza. As regras sobre essas coisas eram muito mais frouxas ali. (*Ibidem*, p. 2-5)

Em relação à família, Moreno não vê nela nada de extraordinário:

> Meus pais eram pessoas comuns e corriqueiras. Nossa ascendência não possui nenhum registro de personalidades de destaque, ao passo que também não há desvios sociais extremos.
>
> Minha mãe se casou aos 15 anos, meu pai, aos 29. No momento em que ela tinha 23 anos, tinha dado à luz seis filhos, três meninos e três meninas. Ao longo de oito anos, tinha se tornado uma velha mãe, uma profissional. A partir daí, seu trabalho consistia em nos criar. (*Ibidem*, p. 18)

Sem entrar no mérito do biógrafo de que "a relação com seu pai parece ter sido para Moreno a mais importante", o que Moreno registra é a fácil adaptação de sua mãe à vida em Viena, enquanto seu pai nunca conseguiu se ajustar ao ambiente austro-germânico: "Permaneceu fiel ao seu passado romeno-sefardita" (*ibidem*, p. 18).

Referindo-se à profissão mercantil itinerante de Nissim Levy, e incluindo mais elementos na descrição de seu papel de primogênito, Moreno comenta que as ausências frequentes de seu pai acabaram por criar no filho uma posição especial de autoridade muito cedo na vida. "A figura central da família era sempre minha mãe, cuja devoção exemplar a seus filhos não foi capaz de substituir a ausência de uma liderança forte que habitualmente é esperada do pai", explica ele, acrescentando: "Quando meu pai estava ali, era forte e tinha grande autoridade" (*ibidem*, p. 19).

Moreno, o mestre

Para completar a ilustração sobre o papel principal de Jacob Levy na família e a formação de sua liderança, imaginemos a cena narrada por ele mesmo em sua autobiografia:

> Uma imagem dos primeiros dias em Viena me vem à mente quando penso no papel de meu pai na família. Estávamos acostumados a sair para passear aos domingos à tarde com meu pai. Nós, as crianças, marchávamos em formação, de dois em dois, menino-menina, menino-menina. Ele e minha mãe iam na parte de trás da procissão. Eu tinha o trabalho, à frente da coluna, de observar o trânsito ao atravessar as ruas. (*Ibidem*, p. 19-20)

No entanto, referindo-se à mudança que sua família sofreu ao se deslocar de Bucareste para Viena, Moreno comenta que, apesar dos benefícios "que nós, filhos, tivemos com nossa saída da Romênia para um mundo mais civilizado", e por mais significativa que essa viagem tenha sido "para os destinos místicos de minha vida", sua opinião é que a mudança parece ter debilitado "a estrutura benigna e a boa sorte da família": "Havia coesão, éramos unidos nos gloriosos dias romenos, mas nossa estabilidade se esgotou" (*ibidem*, p. 21).

***

O ambiente escolar ocupa um espaço muito positivo nas lembranças de Moreno sobre sua infância vienense. Rapidamente, conta ele, "tornei-me o melhor aluno em todas as aulas de que participava". Sobre sua escola, afirma que se tratava de uma instituição pública mediana, e que todas as classes eram mistas. Lembra-se de que seu professor, um tcheco chamado Czeiszner, era um gigante de quase dois metros. Era "um mestre muito estrito, que não hesitava em usar um bastão em seus alunos, mas de quem eu gostava muito".

Sempre confirmando sua autoimagem altamente positiva, que deve ter marcado sua infância e adolescência em Viena, Moreno dá outros detalhes sobre sua vida escolar:

> Meu comportamento na escola foi exemplar e eu sempre era o mascote de meus professores. Era muito, muito bom menino. Devido às

Sérgio Guimarães

minhas limitações do idioma, sempre senti que tinha de ser extremamente bom, inclusive depois que meu alemão se tornou tão fluente quanto o dos nativos. Sempre que era preciso fazer algo, o professor em geral me pedia para fazê-lo. Também tinha de explicar as tarefas aos outros meninos. Eu era o ajudante do professor. De fato, lembro-me de que estava sempre na primeira carteira da primeira fileira, para que pudesse estar à disposição do professor. Sentia-me orgulhoso de minha posição na aula, o que os alemães chamam de *"ein stolzer Knabe"* [um orgulho de menino]. Eu era, no entanto, muito popular com os outros garotos. Pareciam aceitar e desfrutar de minha liderança e de meu status superior. (*Ibidem*, p. 22-23)

A esse respeito, o escritor austríaco Stefan Zweig, seu contemporâneo, dedica todo um capítulo de seu livro de memórias, *The world of yesterday* (O mundo de ontem), à "escola no último século [XIX]": "Cinco anos da escola primária e oito anos de *Gymnasium* eram gastos em bancos de madeira; cinco a seis horas eram assim ocupadas todo dia", comenta, explicando que "uma 'educação geral' exigia francês, inglês, italiano – as línguas 'vivas' – junto com o grego clássico e o latim, além do trabalho regular da escola, ou seja, cinco idiomas mais a geometria, a física e as demais disciplinas" (Zweig, 1964, p. 28).

A avaliação de Zweig do sistema educacional austríaco é bem severa: "Era uma aprendizagem tediosa, sem sentido, que a velha pedagogia nos impunha, não por bem da vida, mas por bem da educação". Para ele, não é que as escolas de seu país fossem "ruins". Ao contrário, detalha:

Depois de cem anos de experiência, o plano de estudos tinha sido cuidadosamente elaborado. Mas devido à sua formulação exata e ao seu vade-mécum seco, suas lições eram terrivelmente estéreis e sem vida, um frio aparato de ensino que nunca se adaptou ao indivíduo, mas que automaticamente registrava as qualificações "bom", "suficiente" e "insuficiente", dependendo dos requisitos cumpridos do plano de estudo. Foram precisamente essa falta de afeto humano, essa impessoalidade vazia e a qualidade tipo quartel de nosso entorno que inconscientemente nos amargaram. (*Ibidem*, p. 29-30)

Moreno, o mestre

Buscando estudar o papel dos judeus naquele período da história vienense, o professor norte-americano Steven Beller aborda extensivamente o tema da educação em seu *Vienna and the Jews 1867-1938 – A cultural history* (Viena e os judeus 1867-1938 – Uma história cultural). Beller diz que o fato de os judeus darem mais ênfase à aprendizagem do que a maioria dos outros grupos religiosos da Europa Ocidental "é um tema comum na literatura sobre a cultura judaica". Segundo ele, o baixo nível de analfabetismo entre os judeus é um indicador bem conhecido e "a ênfase na educação foi usada para explicar por que os judeus na Europa Central desempenharam um papel tão importante na vida cultural" (Beller, 1997, p. 88).

Usando parte das estatísticas apresentadas por Rozenblit, Beller observa, por exemplo, que os judeus, "cerca de dez por cento da população de Viena", compunham "aproximadamente 30 por cento" dos alunos do *Gymnasium*. Ele argumenta que a razão para o predomínio judaico tanto na elite cultural quanto na classe liberal instruída "se devia ao fato de que a parte culta da burguesia liberal era muito judia em ambos os casos" (*ibidem*, p. 52-53).

O comentário autobiográfico de Moreno confirma posteriormente, sem dúvida, as observações de Beller:

> É um testemunho da devoção de meu pai a mim, e de seu desejo de ajudar a desenvolver meus talentos e me dar todas as oportunidades para continuar minha educação, ter contratado um tutor para me ensinar latim e para me preparar para o exame que eu tinha de enfrentar, a fim de entrar na quarta série do ginásio de Berlim. Foi um grande sacrifício, porque ele tinha muito pouco dinheiro. (Moreno, 1974, Cap. 1, p. 37)

Ainda sobre esse período de sua infância em Viena, Moreno informa em sua autobiografia que sua vida, naqueles dias, "era altamente regulada e ordenada":

> Depois da escola, ia para casa e fazia o que era esperado de mim. Eu era muito feliz, embora nunca tenha sido uma criança "normal". Apesar da minha regularidade e de meu excelente comportamento,

Sérgio Guimarães

eu era muito, muito ativo. Estava sempre no centro dos acontecimentos, nunca como espectador.

Perguntaram-me se meu fascínio pelas brincadeiras infantis, fundamental para o desenvolvimento de minha teoria da espontaneidade e da criatividade, surgiu do brincar com meus cinco irmãos e irmãs mais novos. Na verdade, fiquei isolado deles ao longo da minha infância, apenas me associando a eles nas rotinas normais de nossa casa.

Outro tema de sua infância vienense, que Moreno destaca em suas memórias autobiográficas, é uma atividade que ele privilegiará durante toda a sua vida: viajar. Ou seja, como diz Marineau sobre esse período, "desfrutar do prazer de viajar sozinho com seu pai" (Marineau, 1995, p. 43). Moreno conta:

> Quando eu tinha 11 anos, meu pai me levou para Calarasi, um pequeno porto no Danúbio, onde meus tios tinham fazendas. Eram sócios multimilionários de um negócio atacadista de grãos.
> Passei um bom tempo com meu pai, mas peguei malária, porque o vale do rio era infestado de mosquitos. Quando voltei a Viena, era uma criança doente. [...] Depois de me recuperar da doença, meu pai disse: "Vou levá-lo a Istambul para passar umas férias e ver nossos parentes de lá". E foi assim que fiquei no harém por um tempo. (Moreno, 1974, Cap. 1, p. 23-24)

O que se segue no relato de Moreno ilustra bem a diversidade cultural de experiências que o filho Jacob Levy experimentou no mundo oriental apresentado por seu pai, em óbvia dissonância com a realidade predominantemente ocidental vivida por sua mãe, Pauline:

> Quando a grande porta se abriu, eu me encontrei em uma bela praça com uma piscina no meio. Quarenta ou cinquenta meninas tomavam banho e se massageavam. As meninas estavam nuas. Eu nunca tinha visto, na minha vida, tantas mulheres bonitas em um só lugar: todas tinham a pele muito branca, entre 15 e 21 anos. [...] Havia algumas crianças no harém, porque ali elas passavam seus primeiros anos.

Moreno, o mestre

O harém parece uma instituição misteriosa para os ocidentais. Há uma boa dose de folclore sobre isso. Em essência, o harém era um mecanismo social para lidar com o excedente de mulheres solteiras na sociedade. Uma mulher tinha de se casar ou ser uma concubina, sujeita a um lar. Uma mulher solteira podia morar na casa de um parente, mas seu status era pobre, mesmo que ela morasse com uma pessoa rica. Um homem podia ter até quatro esposas sob a lei islâmica e o número de concubinas que pudesse manter. Não havia prostituição nas nações islâmicas. (*Ibidem*, p. 24-25)

Além do conhecimento da instituição do harém, a viagem com o pai permitirá ao menino uma experiência direta com o casamento arranjado. Como explica Ismael Cohen em seu *Jewish life in modern times* (Vida judaica nos tempos modernos), "em países do leste, como Marrocos, Pérsia e Índia, o casamento é arranjado pelos pais do jovem casal, que submissamente aceita seu destino" (1914, p. 41-42).

No caso de Moreno, como veremos, o final da história será diferente:

Enquanto estava em Istambul, fui prometido em casamento à filha de 9 meses do primo de meu pai. Tudo foi organizado de antemão, um ritual simples, do qual não me lembro. Lembro-me de perguntar ao meu pai se deveria enviar um presente para o bebê. Um pedaço de bolo foi enviado para a "noiva". Enviei-lhe um vestido e alguns outros itens. Tudo foi feito de acordo com as práticas prescritas. Claro, nunca cumpri a promessa. No entanto, o casamento infantil foi abolido quando Ataturk chegou ao poder, em 1923. Ele também aboliu o harém e o concubinato. (Moreno, 1974, Cap. 1, p. 26)

***

Para uma reconstituição mais ampla desse segundo grande cenário para o qual nosso menino protagonista se mudou a partir de seus 5 anos, vários historiadores fizeram importantes contribuições. Steven Beller, por exemplo, inicia seu livro *Rethinking Vienna 1900* (Repensando a Viena de 1900) afirmando ser "um fato geralmente aceito de que Viena no início do século XX foi o berço de parte importante da cultu-

Sérgio Guimarães

ra moderna e do pensamento que constitui a base de nossa consciência até hoje". E acrescenta: "A capital dos habsburgos ainda permanece como componente central na imagem tradicional das origens do modernismo" (2001, p. 1).

O norte-americano Carl E. Schorske, especialista no império habsburgo e principal historiador daquele período – principalmente com seu *Fin-de-siècle Vienna, politics and culture* (A Viena do fim do século, política e cultura) –, chama a atenção para as inovações produzidas pelas "escolas" de Viena, principalmente em psicologia, história da arte e música, assim como nas áreas de literatura, arquitetura, pintura e política. (1981, p. XXVI).

Schorske examina mais de perto os movimentos políticos e sociais dominantes, detectando na Áustria a ascensão política de uma classe média liberal anterior à dos demais países da Europa Ocidental e enfatizando o papel de uma elite social vienense "com sua combinação incomum de provincialismo e cosmopolitismo, de tradicionalismo e do modernismo" (p. XXVII).

Além disso, Schorske acrescenta: "O homem racional teve de dar seu lugar àquela criatura mais rica, porém mais perigosa e mercurial, o homem psicológico". Para ele, esse novo homem não é apenas um animal racional, "mas uma criatura de sentimento e de instinto" (p. 4), acrescentando: "Ironicamente, em Viena, foi a frustração política que levou à descoberta desse homem psicológico, agora onipresente" (p. 5).

Ao contrário de Schorske, Wolfgang Maderthaner e Lutz Musner chamarão a atenção – em seu *Unruly masses – The other side of fin-de-siècle Vienna* (Massas insubordinadas – O outro lado da Viena do fim de século) – ao "mundo dos subúrbios, a vida dos imigrantes, proletários e párias urbanos" (Maderthaner e Musner, 2008, p. 1), entre os quais estavam Jacob Levy e sua família, bem como as pessoas de quem o jovem Moreno se ocupará, como veremos.

Outro fenômeno importante na construção do contexto vienense nesse período é revelado pelo historiador Beller, que, em *A concise history of Austria* (Uma história sucinta da Áustria), comenta:

A ascensão do antissemitismo na década de 1880 seria fatal para a história da Áustria. Suas causas são complexas, mas entre elas estava a identificação entre judeus e liberalismo. [...] Os judeus provaram ser muito melhores em se adaptar à economia moderna: sendo uma minoria perseguida e relativamente pobre na década de 1850, eles agora se tornaram proeminentes em muitos campos, especialmente literatura, imprensa, música e profissões liberais, aumentando a importância judaica já estabelecida no setor bancário, no comércio e na indústria. (Beller, 2011, p. 155)

Como indicado em sua autobiografia, o antissemitismo estará entre os fatores que levarão Moreno, a partir de 1921, a estimular seus amigos a partir para os Estados Unidos: "Como a história mostrou, foi a decisão certa a tomar", diz ele (1974, Cap. 7, p. 45). No entanto, antes disso, terá de passar pela adolescência e pelas primeiras fases de sua vida adulta no território europeu, incluindo a Primeira Guerra Mundial.

Por enquanto, basta acrescentar que o menino protagonista completa seu período de infância com outra longa viagem, "de trem e de barco", dessa vez com seu tio materno Iancu, percorrendo as cidades de "Graz, Fiume, Brioni, Trieste, Veneza, Milão, Florença, Roma, [e] Nápoles" (*ibidem*, p. 29). O que parece marcar uma nova fase começa com seu retorno a Viena: "Depois de voltar da Itália, passei por um período de rápido crescimento e crescente alienação da minha família", diz Moreno (*ibidem*, p. 31). É o começo de sua adolescência, objeto do próximo capítulo.

4. Adolescente e tutor: da rebeldia à grande decisão

Moreno situa seu afastamento da família aos 13 anos, quando já havia começado a ganhar algum dinheiro como tutor e a obter alguma independência financeira. Ele argumenta que, como "era brilhante na escola", havia deixado sua família "muito para trás na aquisição de conhecimentos e outras faculdades culturais". Com isso, explica, seu retraimento aumentou rapidamente: "Eu morava dentro de mim e procurava colegas fora da família". Além disso, comenta:

> Provavelmente, não há nada mais irritante para um jovem adolescente do que não encontrar nenhum código de conduta universal ou norma ética para se guiar, nem em sua família, nem na cultura à sua volta. O mundo ao meu redor tinha todos os atributos de uma época sem caráter. Eu não tinha nada a respeitar ou a quem admirar. Os professores da escola, minha mãe e seus amigos, levavam, me parecia, uma vida comum e monótona, dia após dia, comendo, trabalhando e dormindo. (Moreno, 1974, Cap. 1, p. 31)

No entanto, "os anos que minha mãe passou no convento foram úteis para nos ajudar a lidar com as pessoas", observa ele, "em uma cultura tão agressivamente católica quanto a que existia na Áustria durante a minha juventude". A propósito, é nesse período que Moreno detecta uma deterioração da prática religiosa entre os judeus, "exceto para as famílias mais ortodoxas, nas quais as compulsões rituais substituíram amplamente os sentimentos religiosos e a lealdade religiosa". Segundo ele, esse desaparecimento progressivo do sentimento religioso "também era característico de nossa família" (Moreno, 1974, Cap. 1, p. 20).

Marsha Rozenblit confirma efetivamente o fenômeno, explicando que "nas cidades, livres das restrições ao estilo de vida pessoal impostas

Moreno, o mestre

por um ambiente de cidade pequena, os judeus abandonavam os padrões econômicos, sociais e religiosos tradicionais e assimilavam a sociedade burguesa" (Rozenblit, 1983, p. 4). Moreno conta:

Embora minha vida familiar não tenha enfatizado o desenvolvimento de uma identidade judaica inabalável, tive um *Bar Mitzvah* no templo sefardita em Viena. [...] O *Bar Mitzvah* foi realizado em um período relativamente calmo da minha juventude, em um interregno antes da separação final dos meus pais. Os dois estavam na cerimônia. (Moreno, 1974, Cap. 1, p. 20)

É também durante esse período que se define para o jovem Jacob Levy o que o sociólogo Vincent de Gaulejac chama de "projeto parental", ou seja, "o conjunto de representações dos pais em relação ao futuro de seu filho" (Gaulejac, 1987, p. 53). O próprio Moreno revela:

Meu pai voltou em uma de suas visitas e nos disse que seu irmão mais velho, médico em Istambul, havia morrido em uma epidemia de cólera. Meu pai disse: "Talvez você deva seguir a linha dele e se tornar médico". E foi o que fiz. (Moreno, 1974, Cap. 1, p. 22)

Seu isolamento, no entanto, não se limita à família: "Comecei a me afastar de meus professores. A criança altamente controlada, excessivamente obediente, deu lugar ao adolescente rebelde e inquieto", comenta (*ibidem*, p. 31-32). Na escola, ele começa a atacar professores "com suas próprias armas", apontando as deficiências de suas apresentações, até aparecer um jovem professor de literatura:

Foi provavelmente um dos melhores professores que tive no ginásio. Ele se interessou genuinamente por nós. Os outros professores eram comuns e antiquados. Davam palestras com base em notas e nunca se desviavam de seus currículos de ano para ano. (*Ibidem*, p. 32)

Como resultado da influência do jovem professor, Jacob Levy começa a escrever "muita poesia, poesia metafísica", material do início de sua produção literária que não chegou a guardar, acrescentando:

Esse professor tentou me estimular. Quanto mais ele me encorajava, mais insolente eu me tornava em relação a ele. Tentou ficar meu amigo porque se importava comigo, mas também porque não tinha segurança quanto a si mesmo. Ele nunca se defendeu. Não me lembro de como os outros professores reagiam à minha insolência. Ele é o único de que me lembro daqueles dias. No mínimo, ele certamente me ajudou a afiar minha inteligência. (*Ibidem*, p. 32)

A partir daí, grande parte dos escritos do jovem, contendo também uma primeira exploração dos conceitos que estarão na base do método psicodramático, é produzida por meio do gênero poético. Um dos recursos que o adolescente usará para sair da "vida comum e monótona" será a leitura. Ele circulava pelas bibliotecas de Viena e "lia livros, livros e mais livros", mas ficava decepcionado com eles no fim, "porque o que acontecia nos livros não tinha contrapartida na vida cotidiana" (*ibidem*, p. 32). A solução encontrada foi andar pelas ruas, "tentando conhecer pessoas de todos os tipos, em busca de uma resposta":

Foi nesse período de grande solidão que a ideia de Deus se instalou plenamente em minha consciência. Provavelmente não surpreende que, ao não encontrar nada no mundo ao meu redor que se destacasse como exemplo vivo, voltei aos meus sonhos de infância, quando Deus era a pessoa mais famosa do universo, e me pareceu que aqueles sonhos eram boa alimentação. A ideia de Deus estava tão profundamente enraizada em mim que quase senti que fazia parte da minha herança. O Kaiser, os príncipes do império, os deputados do Parlamento, a polícia, os juízes, os professores, os escritores de livros, todos me pareciam dolorosamente entediantes e sem vida! (*Ibidem*, p. 33)

***

O relacionamento do adolescente com seu nome também refletirá seu caminho no relacionamento com Deus e na definição de sua própria identidade:

Meu nome bíblico era Jacob. Meu nome secular era Jacques. Desde o momento em que meu comportamento começou a se tornar estranho no início da adolescência, quando eu rejeitava minha família cada vez mais, também comecei a rejeitar meu nome, ou seja, meu primeiro nome. Eu parecia procurar uma nova identidade e, talvez, um novo nome, que se adaptasse melhor ao meu status alterado. Conhecer o nome de uma pessoa e chamá-la por isso é um sinal de intimidade, sugerindo proximidade, status de igualdade, sendo – por assim dizer – do mesmo clã. Então, eu não queria ser chamado por meu primeiro nome, embora tenha agido com certa arrogância quando continuei chamando as pessoas ao meu redor pelo primeiro nome. Falava com Victoria, Robert, Hans, Wilhelm, mas por causa do meu ar intimidador e altivo eles hesitavam totalmente em iniciar qualquer conversa comigo e começaram a parar de usar meu primeiro nome quando eram forçados a se dirigir a mim. Em vez de dizer "Jacques, o que você quer?", eles deixavam "Jacques" de lado e diziam: "Você quer alguma coisa?" Eu nunca disse categoricamente: "Por favor, não me chame por meu primeiro nome", mas cada vez mais pessoas percebiam minha atitude e não me chamavam por esse nome. (*Ibidem*, p. 34)

Moreno tenta explicar o que para ele tem um profundo significado psicológico no uso ou não de nomes, referindo-se ao judaísmo:

Na religião de Moisés, o nome de Deus não era usado, aparentemente para manter a distância majestosa entre a divindade e o pequeno homem. No processo de me tornar um profeta, eu esperava que as pessoas assumissem comigo o mesmo tipo de comportamento que deveriam ter em relação à Divindade, sem saber meu nome – e, se soubessem, não me chamariam por ele. Isso ajudava a me dar uma aura de mistério e também a manter uma distância adequada dos outros. Então, também, saber o nome de um homem significava ter poder sobre ele. Sempre usamos um nome para designar um indivíduo específico, na ausência dessa pessoa. Na verdade, ao usar o nome dele, nós o possuímos. Eu não queria ser possuído por ninguém. Eu queria me libertar de todas as correntes, fossem espirituais, morais, psicológicas

Sérgio Guimarães

ou nominais. Por isso não queria que meu nome estivesse na boca de ninguém quando não estivesse presente. E quando estava presente, não havia necessidade de alguém me chamar pelo nome. Essa foi a fonte a partir da qual surgiu minha ideia de anonimato: o anonimato da Divindade, o anonimato do "Eu" e o anonimato das coisas. (*Ibidem*, p. 34-35)

Essa ideia de anonimato vai acompanhá-lo durante grande parte de seu período europeu, o que explica seu anonimato em várias produções literárias publicadas na Europa.

***

O fato de seus pais terem se separado foi outro desafio para o adolescente, que tomou partido do pai, "contra minha mãe e meus tios, apesar de nunca ser totalmente claro quanto às razões que alimentaram o afastamento entre meus pais" (*ibidem*, p. 21). Moreno conta que a última tentativa de seu pai para manter a família unida e "recuperar sua estatura como arrimo da família que tinha na casa foi passar de Viena a Berlim" (*ibidem*, p. 37).

Marineau relata que, por fim, Moreno Nissim retornou a Bucareste, "onde morreu em 1925, totalmente esquecido por sua família" (Marineau, 1995, p. 45). Psicólogo com formação psicanalítica, o biógrafo afirma que "o ressentimento e a decepção de ter perdido o pai encontraram várias rotas de fuga". Assim explica o fato de "o bom aluno até agora" ter começado a faltar às aulas e a discutir com seus professores. Além disso, interpreta: "Ele sentiu que a injustiça da situação era um sinal do abandono de Deus" (*ibidem*, p. 46). Interpretações à parte, a leitura do testemunho autobiográfico deixado por Moreno não permite estabelecer claramente uma relação direta entre a separação dos pais e a turbulência vivenciada pelo filho adolescente. Veremos também, além disso, que o método psicodramático concebido por Moreno evita explicitamente o recurso a interpretações psicanalíticas.

Seja como for, Moreno conta que não se sentia à vontade na capital alemã: "Três semanas depois de chegar a Berlim, meus pais e eu concordamos que seria melhor eu voltar para Viena e ir para o colégio de lá". Foi o que fez. "Enquanto isso", diz Marineau, "por algum mo-

Moreno, o mestre

tivo misterioso, seu pai se viu em dificuldades com a polícia em Berlim, recebeu ordens para deixar a cidade e depois se estabeleceu em Chemnitz" (*ibidem*, p. 45).

A versão de Moreno é um pouco diferente:

A autorização da polícia para minha família, algo como um visto, havia expirado. As autoridades se recusaram a renová-lo. A família foi classificada na categoria "estrangeiros indesejáveis". Ele então se mudou para outra cidade alemã, Chemnitz, pois as regras da polícia eram mais flexíveis na Saxônia. (Moreno, 1974, Cap. 1, p. 40)

Foi nessa cidade que o jovem Jacob Levy, então com 14 anos, estava passando férias de verão quando viveu um episódio que marcaria toda a sua vida. Ele mesmo conta, em um fragmento que merece transcrição:

Uma noite, pouco antes do fim das minhas férias, eu estava andando por Chemnitz. Andava sem rumo, tentando organizar meus pensamentos e meus sentimentos. De repente, me vi em um pequeno parque em frente a uma estátua de Jesus Cristo. Olhei para a estátua. Encarei-a fixamente. Na intensidade do meu olhar, eu queria que a estátua ganhasse vida e falasse. Queria que Jesus saísse da pedra e representasse sua vida no parque, para o povo de Chemnitz. Então parecia que a estátua estava prestes a falar, e ouvi atentamente.

Ali, diante da estátua, eu sabia que tinha de tomar a decisão que determinaria o futuro da minha vida. Acredito que todos os homens tenham de tomar essa decisão em sua juventude. Esse foi o momento da minha decisão. A questão era: como deveria escolher? Tratava-se da minha identidade com o universo ou com a família ou clã específico de onde vim? Decidi-me pelo universo, não porque minha família fosse inferior a qualquer outra família, mas porque eu queria viver em nome do ambiente maior ao qual cada membro da minha família pertencia e ao qual eu queria que eles retornassem.

Minha decisão significou que todos os homens e mulheres eram meus irmãos e irmãs, que todas as mães e os pais eram meus pais e mães, que todos os filhos, fossem quem fossem seus pais, eram meus filhos, e que todas as mulheres eram minhas esposas, e todas as propriedades do mundo eram de minha propriedade e, inversamente, que todas as minhas propriedades eram de propriedade do mundo. (*Ibidem*, p. 42-43)

Continuando com sua descrição do episódio, Moreno declara: "Em pé diante de Cristo em Chemnitz, comecei a pensar em como eu era uma pessoa extraordinária, que estava aqui neste planeta para cumprir uma missão extraordinária". E então, ele comenta:

Esse estado de espírito costuma ser chamado de megalomania. Esse é um nome feio. É realmente um insulto. Na verdade, a megalomania é um estado natural da mente humana desde o nascimento. Megalomania não é nada de excepcional. Como qualquer outro dos grandes estados da natureza, tem formas normais e formas patológicas. A megalomania normal é tão fundamental para a natureza espiritual do homem quanto os pulmões do homem para respirar e os vasos sanguíneos para nutrir as células do corpo por sua natureza física. Todos os homens são dotados da ideia de sua grandeza. O problema não é a megalomania. O problema é que, em nossa cultura, tentamos reprimi-la e aclamar aqueles que praticam a modéstia. Por que não aprovamos homens que dizem estar em contato com o universo inteiro e que sentem que foram escolhidos para fazer coisas extraordinárias? (*Ibidem*, p. 43-44)

Não se trata da visão ingênua de um jovem rebelde, mas da opinião crítica de um psiquiatra já conhecido, que faz um balanço de sua vida por meio de um testemunho autobiográfico, com seus mais de 80 anos, dos quais mais de 50 tinham sido de experiência clínica.

***

De volta a Viena, diz Moreno, o adolescente de 14 anos passa a questionar tudo e tenta compreender a si mesmo: "Quem sou eu? Eu sou o corpo que tenho? É tudo que eu sou? É tudo matéria? Ou existe alguma parte do meu corpo que pode ser chamada de alma?" Ele estava tão mal-humorado e era tão desrespeitoso com tudo que, quando visi-

Moreno, o mestre

tou sua mãe, ela expressou a opinião de que seu filho estava "mentalmente *kaput* [arruinado]" (*ibidem*, Cap. 2, p. 1).

Esse também é o período de leituras "extensas e febris", basicamente de três categorias de livros: religiosos, filosóficos e literários. Entre os primeiros, Moreno menciona, estão o Antigo e o Novo Testamento, São Paulo, Santo Agostinho, Orígenes, São Bento, São Francisco, Meister Eckhart, Angelus Silesius, Friedrich Novalis, Apócrifos, Zohar e Yetzirah e Blaise Pascal. Além disso, ele comenta: "Os escritos de Søren Kierkegaard tiveram grande impacto em toda a Europa no início do século XX, e eu também caí sob seu feitiço". Entre os filósofos estavam Spinoza, Descartes, Leibniz, Kant, Fichte, Hegel, Marx, Schopenhauer e Nietzsche. Por fim, entre os escritores, Dostoiévski, Tolstoi, Walt Whitman e Goethe, comentando que suas leituras não eram sistemáticas: "Era um livro aqui, outro ali" (*ibidem*, p. 1-2).

Moreno reconhece que, naquele período, o movimento místico judeu o tocou particularmente:

> Os princípios centrais do cabalismo, de que toda a criação é uma emanação da divindade, e de que a alma existe desde a eternidade, somados à minha preocupação inicial com o livro do Gênesis [...], me comoveram profundamente. Isso estava de acordo com a profunda experiência mística que tive em Chemnitz, diante do Cristo no parque.
>
> Dois princípios cabalistas eram especialmente fascinantes para mim: *Adam Kadmon*, a humanidade, a soma do homem; *Tzimtzum*: quando Deus se retira a seu íntimo, privando assim o homem de sua presença e comunicação. Inspirado pelos cabalistas, escrevi um artigo que tentava interpretar cada letra pelo seu significado, pelo seu simbolismo cósmico. (*Ibidem*, p. 2)

Procurando esclarecer o significado desses princípios, o rabino Jacob Emmanuel Schochet, em seu livro *Conceitos místicos no hassidismo – Uma introdução aos conceitos e doutrinas da cabala*, começa explicando o *tzimtzum*, que, segundo ele, na estrutura de uma teoria da criação, tem dois significados: "(1) contração, condensação; (2) ocultação" (2007/5767, p. 56). Antes da criação, diz Schochet, "existe apenas Deus. Deus, assim como Ele é em si

Sérgio Guimarães

mesmo, é chamado de *Ein Sof*: o Infinito" (Schochet, 2007, p. 57). Em contrapartida, em relação a *Adam Kadmon*, ele comenta: "Esse termo emprestado da forma humana significa 'homem primordial'. *Kadmon* denota "ser o primeiro de todos os primeiros" (*ibidem*, p. 127). Além disso, ele relata: *"Adam Kadmon* é a emanação mais pura. É o estágio mais alto e primeiro após o *tzimtzum*"; "É tão sublime que, em certo sentido, podemos falar dele como estando completamente unido a *Ein Sof*" (*ibidem*, p. 128).

Schochet reconhece a dificuldade de entender o conceito de Deus como *Ein Sof* e menciona o rabino Shneur Zalman como alguém que oferece "uma resposta possível", ao traçar uma analogia da pessoa que fala consigo mesma:

> A fala é um meio de comunicação – por isso é uma autorrevelação – com outra pessoa fora do próprio ser. Para o homem se comunicar consigo mesmo, ele não precisa falar, mas *pensar* por si mesmo, empregar sua faculdade de pensamento; de fato, o pensamento é mais abrangente do que o discurso, pois alguns pensamentos são difíceis de articular ou exigiriam um processo prolongado antes que possam ser pronunciados verbalmente etc. A fala é apenas uma forma de autoexpressão e autodivulgação, e a mais superficial de todas. No entanto, às vezes, ainda se pode investir em seus próprios pensamentos e entendimentos intelectuais em letras e palavras diferentes e limitadas para se expressar. De alguma forma metaforicamente, semelhante a isso, existe um modo de autorrevelação de *Ein Sof* antes mesmo da criação. (Schochet, 2007, p. 58-59)

Shneur Zalman faz uma referência clara aos componentes de uma técnica que Moreno utilizará como um dos recursos básicos do psicodrama: o *solilóquio*, definido por ele como "um monólogo do protagonista *in situ*" (Moreno, 1995a, p. 293).

***

O resultado de todas as leituras do adolescente foi, segundo Moreno, uma "oposição violenta" (1974, Cap. 2, p. 2), não tanto às soluções intelectuais que os autores ofereceram, mas ao comportamento "como indivíduos e como representantes dos valores que pregavam" (*ibidem*, p. 3):

Moreno, o mestre

Eles prognosticaram desastres, a menos que um curso de ações fosse seguido, mas permitiram que políticos astutos e oportunistas governassem o mundo. Com poucas exceções, não agiram por conta própria. Eles se esconderam atrás de livros profundos e belos sermões. Pareciam estar pensando que, apenas escrevendo seus livros ou pregando seus sermões, seu trabalho estava terminado. Nenhum deles saltou do livro para a realidade. (Idem)

Ele diz que, nos momentos de crise, falava com seu "duplo", o que nos leva a outra das técnicas que ele desenvolve mais tarde, como parte de seu método psicodramático. Moreno define o duplo como "um representante interior de mim mesmo e com quem posso falar mais livremente do que com qualquer outra pessoa":

Estou cansado do universo comum. Vamos mudá-lo.
O duplo respondeu: "Mas em quê?"
Eu respondi: "Vamos destruí-lo primeiro".
Tenho o livro do Gênesis em minhas mãos e decido subir e ter uma boa conversa com Deus. [...] "Saí em busca de todos os autores, todos aqueles que escreveram livros, livros e Bíblias, julgamentos e receitas para a vida toda."
"E agora estou procurando por Você, o maior autor de todos, o modelo e o cérebro de todos os autores, a conserva do universo. O universo é seu livro. Você é real? Não há esperança para mim ou para nós, a menos que Você seja.
"Olhando para este universo com todas as suas falhas, acho que poderia ter feito um trabalho melhor do que Você."
Vamos mudar de lugar, vamos inverter os papéis. Que Você seja eu e eu, Você. Deixe-me criar o mundo a partir da minha imagem. (*Ibidem*, p. 7-9)

A exemplo do que tinha feito aos 4 anos de idade em Bucareste, o adolescente continua seu exercício de inversão de papéis com Deus, acrescentando à dimensão rebelde daquela fase seu questionamento do próprio Deus: "Foi assim que subi a escada cada vez mais alto e decidi que tinha de haver um Deus superior. Mas me perguntei: 'Quão bom é Deus?

65

Sérgio Guimarães

Posso confiar nele?' Tornei-me muito crítico de Deus". Aliás, a figura da escada que o jovem Levy Moreno incorpora em sua visão, coincide com a famosa "escada de Ya'aqov" que aparece no Gênesis, já referido como seu primeiro livro bíblico de inspiração (Cap. XXVIII, sec. &: 10-12, p. 45). Moreno apresenta esse estágio de sua vida como o período em que "gradualmente meu próprio empreendimento começou a tomar forma". Além de sua constante preocupação com o Deus da criação desde a mais tenra infância, ele aponta para outro elemento fundamental para a composição de seu método psicodramático:

> Eu também tive uma vida rica em fantasias. Em vez de apagar as fantasias quando elas consumiam muito tempo ou eram tão inacreditáveis a ponto de ser ameaçadoras ou temerosas, sempre tentei seguir cada visão até sua conclusão. Minha vida de fantasia ficou especialmente rica naquele tempo de confusão emocional. (Moreno, 1974, Cap. 2, p. 6)

Moreno também afirma que, depois que seus parentes voltaram de Chemnitz, "deixei minha barba crescer, abandonei a escola e comecei a levar uma vida itinerante" (*ibidem*, p. 10). É provável que o adolescente tenha tentado seguir o exemplo dos líderes religiosos que ele admirava:

> Jesus estava zangado com sua mãe e indiferente ou ressentido para com seus irmãos e irmãs, segundo os livros apócrifos. Supôs-se que teria deixado sua família em seguida e morava sozinho. [...] Gautama deixou sua casa principesca, deixou sua esposa, deixou seu filho, e foi embora. São Francisco de Assis deixou seus pais ricos para viver como mendigo. Dezenas de profetas menores tiveram destinos semelhantes. (*Ibidem*, p. 10)

Para Moreno, a explicação para suas atitudes nessa fase é simples: "Mais tarde na vida", ele diz, "percebi que havia um componente muito normal em minha atitude, não muito diferente do comportamento de muitos outros adolescentes". Segundo ele, existem três etapas pelas quais qualquer indivíduo, homem ou mulher, passa em sua vida. Na primeira, quando criança, "ele se apega à família". Na segunda, "ele se

Moreno, o mestre

afasta dela, muitas vezes não sem uma batalha violenta". E, na terceira, "ele se apega a alguém que ama e precisa, geralmente a uma família que ele mesmo formou". É como se tivesse voltado ao começo novamente. É também nesse período que Moreno faz uma série de observações essenciais para a compreensão do psicodrama como método:

> Naquela época e por muitos anos depois dela, tive a sensação de que era o ator principal, o protagonista, em um drama com grandes cenas e saídas, um ato como clímax do outro, culminando em uma grande e final vitória. Era drama, mas não era teatro. Eu era meu próprio dramaturgo e produtor. As cenas eram reais, não como as de um teatro. Mas não eram tão reais quanto em uma vida simples. Eram de qualidade superior. Eram criadas por minha imaginação com a ajuda de pessoas e objetos reais, em meio à vida real. (*Ibidem*, p. 12)

Como psiquiatra, ele mesmo oferece elementos típicos de quem explica um diagnóstico, alegando ter escapado do "destino de um esquizofrênico, que opera no vácuo e precisa preenchê-lo com figuras alucinadas, a ponto de fazer-se acreditar que essas figuras interagem com ele". Pelo contrário, ele explica:

> Consegui estimular as pessoas ao meu redor a se identificar comigo e criar, com a ajuda delas, um supramundo, no qual pude testar meu papel profético em um ambiente relativamente seguro, feito sob medida para mim. (*Ibidem*, p. 12-13)

Na descrição que Moreno acaba de fazer, aparecem pelo menos três do que ele identificará como os cinco instrumentos de um psicodrama: o *protagonista*, aqui também no papel de *diretor*, as pessoas que o ajudam como *egos-auxiliares*, além do conceito de "realidade suplementar", posteriormente definido por ele como "uma nova e mais ampla experiência da realidade" (Moreno, 1953, p. 85). É também nessa referência que aparece um dos estágios centrais do processo psicodramático: a dramatização.

***

Sérgio Guimarães

Finalmente, ainda sobre o período de sua adolescência, é importante reforçar que, para sobreviver, Jacob Levy continua em Viena, trabalhando como tutor. Por um lado, esse trabalho lhe permite ganhar a vida, como comenta Marineau: "Ele rejeita a ajuda financeira de seus dois tios e está determinado a manter sua independência" (1995, p. 51). Por outro, o papel de professor particular propicia o desenvolvimento de novas relações interpessoais, essenciais para a formulação de suas teorias e de seu próprio método.

E é precisamente a continuidade de seu trabalho no papel de tutor que nos leva a relativizar a afirmação de seu biógrafo de que, no período seguinte, "os anos na universidade" (p. 50), o jovem "lentamente começou a se reconectar com o mundo" (p. 52). Pelo contrário, como veremos no próximo capítulo, seus contatos com crianças – incluindo seus alunos particulares – serão o ponto de partida para o longo processo que o leva tanto à formulação de sua teoria da espontaneidade e da criatividade quanto à construção progressiva do método psicodramático.

5. O jovem Jakob Levy e os encontros: começar com as crianças

Adolf Hitler e Jakob [sic] Levy tinham a mesma idade. Oficialmente, pelo menos, ambos nasceram em 1889: o primeiro em 20 de abril; e Moreno, em 18 de maio. De acordo com a historiadora teuto-austríaca Brigitte Hamann, em seu *Vienna: a dictator's apprenticeship* [Viena de Hitler: o aprendizado de um ditador], a situação social que o jovem Hitler encontrou ao chegar à capital do império austro-húngaro em 1907 era crítica.

De um lado, Hamann relata que o que conseguia com o imposto de renda era muito pouco − "o governo coletou o dinheiro necessário, sobretudo na forma de impostos especiais de consumo". Estes foram instituídos "sem piedade à maioria das pessoas", ela diz, "em uma época de armamento militar frenético e constante" (Hamann, 1999, p. 136), o que causou a inflação.

De outro lado, Hamann enfatiza "a horrível situação dos aumentos de moradias e aluguéis, exacerbados a cada ano pelas intermináveis inundações de imigrantes". Para ilustrar a gravidade do problema, ela diz que, no bairro da classe trabalhadora de Favoriten, "havia dez inquilinos por acomodação, que consistia em um quarto com cozinha, sem água corrente". A falta de espaço era tanta que "camas que não eram usadas durante o dia eram alugadas para as chamadas *Bettgeher* ['camas ambulantes'] ou *Schlafgeher* ['sonâmbulos']". Ou seja, as pessoas eram autorizadas a ocupar as camas "por aproximadamente oito horas em determinados horários do dia ou da noite, mas não eram autorizadas a permanecer no apartamento no resto do tempo". De acordo com Hamann, "em 1910 havia mais de 80 mil *Bettgeher* em Viena" (*ibidem*, p. 139).

Além disso, complementa a historiadora,

Sérgio Guimarães

ratos e parasitas se multiplicaram e eram extremamente perigosos em um momento de grande migração, quando o cólera, somado à desnutrição, estava se espalhando por toda a Europa. Da mesma forma, a tuberculose, também chamada de "doença de Viena" ou "doença do proletariado", causava estragos em abrigos coletivos, mas também nas oficinas dos artesãos, onde os supervisores e seus assistentes trabalhavam e dormiam em porões escuros e úmidos. A mortalidade infantil nos bairros da classe trabalhadora era três a quatro vezes maior do que nos bairros "melhores". Em salas reduzidas, o crime, o alcoolismo, a prostituição muito barata – e a sífilis – floresceram. (Hamann, 1999, p. 148-49)

A propósito, a referência aos jovens Hitler e Jacob Levy não se deve apenas à coincidência de ambos terem compartilhado a cidade de Viena no mesmo período histórico. Moreno (1974, Cap. 4, p. 1) conta que "um dia, depois de uma das minhas sessões de contar histórias no parque, Hitler, Schickelgrüber, se aproximou de mim e apertou minha mão. Nós nos apresentamos e ele me disse que havia gostado da sessão". Coincidentemente, décadas depois, já como psiquiatra nos Estados Unidos, Moreno publicou o *Psychodrama of Adolf Hitler* [Psicodrama de Adolf Hitler], agora considerado um clássico do gênero na literatura psicodramática (Moreno e Moreno, 1959, p. 191-200).

***

Sobre esse período da juventude de Jacob Levy, há um testemunho direto que ajuda a entender melhor sua situação, além das contribuições autobiográficas de Moreno. É da atriz Elizabeth Bergner, que dedica várias páginas de sua autobiografia – *Bewundert viel und viel gescholten... Unordentliche erinnerungen* [Muito admirada e muito caluniada – Lembranças desordenadas] a Moreno.

Bergner só publicará sua autobiografia em 1978, ou seja, quatro anos após a morte do psiquiatra. Para ela, aos 10 anos de idade, seu pai "traz Moreno à minha jovem vida" (Bergner, 1978, p. 11). De acordo com a *Encyclopædia Britannica*, a atriz austríaca, "que se destacou por suas *performances* teatrais e cinematográficas, bem como por sua frágil beleza", nasceu em Viena em 22 de agosto de 1900. O encontro com o

Moreno, o mestre

jovem Jacob Levy será, portanto, certamente a partir de 1910-1911 (Bergner, 2016). Os parágrafos referentes às experiências de Bergner com Moreno ocupam quase dez páginas de seu livro. Eles foram traduzidos para o inglês por Zerka T. Moreno e publicados em 1979 na revista *Group Psychotherapy, Psychodrama and Sociometry* [Psicoterapia de Grupo, Psicodrama e Sociometria], com o título "Escape me never" [Nunca escape de mim], na seção reservada ao psicodrama. Em sua introdução, Zerka Moreno (1979, p. 5) afirma:

> Quando era um homem muito jovem, o trabalho de Moreno com as crianças nos jardins de Viena acabou sendo um viveiro a partir do qual seus métodos terapêuticos se desenvolveram. Ele escreveu sobre esses jogos de história em *Das Königreich der Kinder* [O reino das crianças] em 1908. Não sem orgulho, descreveu como, dadas as oportunidades que proporcionou, várias crianças revelaram seu verdadeiro talento dramático. Algumas seguiram em frente na vida, com carreiras de destaque no teatro.
>
> Entre elas, talvez a atriz mais talentosa e amplamente aclamada tenha sido Elisabeth Bergner. Um ornamento para o palco do teatro Max Reinhardt em Berlim, em Londres com Charles Cochran, nos filmes com Alexander Korda e com seu marido Paul Czinner, em turnês pelo mundo todo. Os filmes que ela fez são considerados clássicos do cinema. Entre eles, seu grande sucesso foi *Escape me never*. Esse título poderia servir para descrever seus sentimentos em relação a Moreno.

Elisabeth Bergner apresenta "Jakob Moreno", já no primeiro capítulo, como "estudante de Medicina da Universidade de Viena, na casa dos 20 anos, ou no máximo 23. Para mim, ele parecia ter centenas, por causa da barba que usava", explicando que naquela época apenas homens muito velhos usavam barba: "Moreno usava barba de Cristo, como aprendi muito depois" (Bergner, 1978, p. 11-12). A descrição de Bergner de seu preceptor não deixa dúvidas sobre o encanto que sentia em relação ao jovem Jacob Levy:

Sérgio Guimarães

Ele era alto e magro, tinha olhos azuis incrivelmente belos, estava sempre sorridente e tinha cabelos escuros. Eu o achava lindíssimo. Ainda o acho. O mais fascinante era seu sorriso. Era uma mistura de zombaria e bondade. Era carinhoso e divertido. (Bergner, 1978, p. 12)

Ela conta que o jovem "não apenas fazia os deveres da escola conosco" (*ibidem*, p. 12), mas também os acompanhava aos parques Augarten e Prater.

O Prater é considerado por Maderthaner e Musner "o mais famoso local de lazer de Viena". Eles relatam que, "em locais de entretenimento popular, diferentes formas de práticas culturais interseccionavam e se cruzavam. A taberna era um lugar para atividades políticas, bem como para brincadeiras, recreação e consumo de álcool". No caso do Prater, afirmam que era usado para as manifestações do Primeiro de Maio, "para a autoafirmação dos trabalhadores organizados e, em outros dias, para reprodução simples, encontro sexual e espetáculo" (2008, p. 78).

Elisabeth Bergner menciona precisamente o Prater como o destino para onde iam "meu irmão mais velho e eu [...] com a cozinheira de serviço", mesmo antes da chegada de Moreno:

O "[teatro dos] artistas" era uma cervejaria aberta com um palco elevado e uma cortina de veludo dourado-acobreado. Dava para ver acrobatas, mágicos, dançarinos, palhaços e mímicos. Meu irmão preferia o mágico; eu ficava encantada com os mímicos.

A coisa se desenvolvia na maioria das vezes assim: a cozinheira nos levava ao local, encontrava-se ali por acaso com um soldado conhecido, que nos convidava a sentar à mesa dele, na qual havia um copo de cerveja. Ficávamos muito satisfeitos e assistíamos ao palco fascinados, sem perceber que a cozinheira e o soldado tinham acabado de voltar à mesa duas ou três horas depois. "Vamos, vamos, já é tarde demais!", dizia ela em seguida, e voltávamos para casa.

Essa era paradisíaca terminou abruptamente certa vez em que meu irmão e eu, que estávamos sentados sozinhos ao lado de um copo de cerveja, vimos uma pantomima atraente na qual os olhos de um homem eram arrancados. Comecei a gritar e a chorar, e os outros

Moreno, o mestre

espectadores e artistas ficaram muito incomodados e com raiva, e de repente perceberam que duas crianças estavam sozinhas, sem o acompanhamento de adultos. Eles procuraram e encontraram a cozinheira e o soldado, e fugimos da cantina. Por um bom tempo, não consegui parar de chorar e meu irmão me confortou: "Não seja tão boba, o que ele tinha no rosto não era sangue de verdade, mas corante vermelho", enquanto a cozinheira dizia: "Se você não parar de chorar, nunca mais poderei levá-los ao '[teatro de] artistas'". Quando voltamos para casa, eu tinha parado de chorar e naquela tarde ninguém percebeu nada. Mas infelizmente à noite começou de novo. Acordei gritando e chorando e contei aos meus pais, assustada, sobre os olhos arrancados e o rosto ensanguentado, e esse foi o fim da "era do teatro de artistas". Eles não nos permitiram ir de novo. (Bergner, 1978, p. 13)

Coincidência ou não, deve-se notar que um dos versos mais citados por Moreno ao longo de sua vasta literatura sobre psicodrama e o conceito de *tele* refere-se a uma imagem muito semelhante à que tanto impressionou a garota Elisabeth:

Um andar a dois: olho no olho, boca a boca.
E, se você estiver ao meu lado, eu gostaria de arrancar seus olhos das órbitas e colocá-los no lugar dos meus. E você vai arrancar os meus e colocá-los onde estavam os seus, então eu vou ver você com seus olhos e você vai me ver com os meus. (Moreno, 1914, p. 5; 2014, p. 8)

A chegada de Moreno como professor particular das crianças Bergner marca o início de uma nova era, reconhece Elisabeth, para quem "a facilidade e a rapidez com que cumpria os deveres da escola logo deixaram de ser o mais importante" (1978, p. 14). Com Jacob Levy, começou a aprender poemas de Friedrich Schiller, Matthias Claudius, Rainer Maria Rilke e Hugo von Hofmannsthal.

Retornam também os passeios ao Prater, mas não mais ao Wurschtl, "mas bem abaixo, na avenida principal, onde estão localizados os prados grandes e bonitos". Os comentários do jovem tutor já revelam sua preocupação com as crianças mais pobres:

Sérgio Guimarães

"Mas você não precisa de uma corda para pular corda! Venha, vamos dar a corda para uma criança pobre que nunca teve uma!..." "Mas você não precisa de uma bola para jogar! Venha, eu jogo o sol, pegue-o!..." "Oh, eu me queimei!..." "Venha, preparo um curativo até que a queimadura do sol esfrie." (Bergner, 1978, p. 14-15)

Além disso, comenta a atriz, no caminho, Jacob Levy ia convidando "qualquer criança que encontrávamos na rua", a quem as crianças de Bergner davam "todos os brinquedos que tínhamos" (idem).

O que segue como relato de Bergner faz parte de uma das cenas seminais da história das criações de Moreno:

Então todos nós tivemos de nos sentar no prado e ele disse: "Bem, agora imaginem nossa própria história maravilhosa! Era uma vez um rei que tinha sete filhos. Qual era o nome deles? O que aconteceu com eles?" E cada criança tinha de inventar um nome, um personagem e um destino. Enquanto isso, ele fazia perguntas para levar a história adiante. (*Ibidem*, p. 15)

No entanto, acrescenta Bergner, as tentativas de Jacob Levy nem sempre foram positivas: "Algumas crianças não gostavam da brincadeira e não voltavam. Outras voltavam sempre trazendo outras crianças com elas". Quanto à reação dos alunos do jovem tutor, Elisabeth afirma que, embora "eu adorasse indescritivelmente esses jogos, para meu irmão pareciam 'sem graça'" (*ibidem*, p. 15).

Em termos de mudança psicossocial, "os resultados da tutoria foram incríveis", diz Marineau: "Liesel começou a gostar da escola; começou a prestar atenção às outras crianças, a usar a imaginação". Além disso, Elisabeth Bergner começou a participar do grupo de teatro infantil reunido pelo jovem e, "por sua recomendação, entrou na escola de teatro, algo pelo qual sempre seria grata" (Marineau, 1995, p. 64).

***

A lembrança de Moreno de seus contatos com as crianças leva-o a outro parque vienense. Ele comenta em sua autobiografia:

Moreno, o mestre

Eu mesmo abracei o anonimato, a espontaneidade e a criatividade como o fogo abraça a madeira. Foi assim que meu jogo de ser Deus começou nos jardins e nas ruas de Viena. Um dia, estava andando pelo Augarten, um parque perto do palácio do arquiduque, e lá vi um grupo de crianças vadiando. Parei e comecei a contar uma história para elas. Para minha grande surpresa, outras crianças abandonaram suas brincadeiras e se juntaram a nós. O mesmo fizeram as babás com seus carrinhos, mães, pais e policiais a cavalo. A partir dali, um de meus passatempos favoritos era sentar-me ao pé de uma grande árvore e deixar as crianças virem ouvir um conto de fadas. A parte mais importante da história é que eu me sentava ao pé de uma árvore como um ser saído do conto de fadas e as crianças eram atraídas por mim como se fosse uma flauta mágica. Parecia-me que eram transportadas de seu ambiente monótono e levadas a um país de fadas. Não era tanto o que lhes contava, as histórias em si, mas a atuação, a atmosfera de mistério, o paradoxo, tornar realidade o fantástico. Estava no centro do grupo. Frequentemente me afastava do pé da árvore e me sentava em algum lugar mais alto, em um galho. As crianças formavam um círculo ao meu redor, então um segundo círculo se formava atrás do primeiro, um terceiro atrás do segundo. Muitos círculos concêntricos. O céu era o limite. (Moreno, 1974, Cap. 2, p. 23-24)

Moreno enfatiza bem sua afirmação de que "o primeiro encontro que tentei ter foi com a criança" (*ibidem*, p. 22), explicando também como colocou em prática sua decisão de começar com elas:

Em vez de falar com elas na linguagem comum, contei-lhes contos de fadas. Descobri que nunca conseguiria repetir a mesma história. Percebi que sentia uma obrigação, para mim e para com as crianças, de manter a sensação de admiração delas, mesmo que o enredo fosse o mesmo, para me manter em um nível de espontaneidade e criatividade, a fim de cumprir as rigorosas exigências do meu ego criativo. (*Ibidem*, p. 22)

Quando você olha para uma criança, diz Moreno, o que você vê é "espontaneidade em sua forma viva":

Sérgio Guimarães

Está escrito em toda criança, em sua fome de atos, enquanto observa as coisas, enquanto ouve as coisas, enquanto se precipita no tempo, enquanto se move no espaço, enquanto segura objetos, enquanto sorri e chora. No primeiro momento, ela não vê barreira nos objetos, nem limite de distância, nem resistências ou proibições. Mas, à medida que os objetos dificultam sua locomoção e as pessoas respondem a ela com "não, não, não, não", ela começa sua fase reativa; continua alargando o horizonte, mas com crescente ansiedade, medo, tensão e cautela. (*Ibidem*, p. 23)

O processo de seus encontros com crianças nos parques vienenses deve ter ocorrido entre "os anos de 1908 e 1909", a julgar pela observação feita pelo jovem "J. Levy" em seu primeiro caderno, *Convite para um encontro*, publicado na primavera de 1914 (Levy, 1914; 2014).

Entre os jogos que o jovem propõe às crianças estão "a escolha dos nomes" e "a escolha dos pais", que o próprio Moreno descreve em sua autobiografia, extraído de um romance publicado anonimamente em alemão em 1923, e que nunca chegou a ser traduzido: *Der Königsroman* [O romance do rei].

No primeiro jogo, a imaginação do jovem o leva a sugerir que as crianças andem juntas "como se houvesse uma montanha em algum lugar que ninguém jamais havia escalado antes, e que eu iria guiá-las e subir com elas". Em seguida, para a pergunta "Qual é o seu nome?", feita a cada um, seguia-se "Quem lhes deu esse nome?", com respostas diferentes, como "minha mãe", "meu pai", "minha avó", "meu avô", "meu tio", "minha tia" e também "eles me deram o nome de meu avô", "da minha tia", "da minha mãe". E, como no grupo havia duas crianças chamadas "Christian", outra pergunta: "Qual a diferença entre vocês?" "Um é gordo. O outro é magro." E então:

Já ouviram falar dos índios? Quando um bebê indígena nasce, não traz um nome consigo. Não recebem um, mesmo também tendo avós, avós, tios e tias. Ele cresce e é chamado de filho ou filha da cobra que rasteja, até que um nome próprio seja conquistado. Sai para caçar, ou para guerrear, ou para visitar uma tribo vizinha e, dependendo se se destaca em sabedoria, bondade, doçura, coragem, força, nitidez da

Moreno, o mestre

visão ou do olfato, velocidade de caminhada ou outra coisa, recebe um nome. Vocês gostam dessa maneira de se fazer as coisas? (Moreno, 1974, Cap. 2, p. 26-27)

Na sequência, o desafio era descrever cada criança até descobrir o nome que melhor lhe coubesse, dependendo do que fosse: "gordo como um pote de geleia", "um nariz de crocodilo", "dentes protuberantes", "voz aguda", "sempre com doces nos bolsos", "todos os dias em uma loja de doces", "quer ser padeiro". "Padeiro": "Vocês estão no caminho do nome-rei".

Já para o segundo jogo, "a escolha dos pais", a proposta do jovem Jacob Levy era de que "as crianças corressem na direção do campo no bosque", com a ideia de que cada um procuraria um pai e uma mãe. Na narrativa, Moreno dá mais destaque à protagonista, "Judith, a garota a quem também chamávamos de Rainha":

"Não encontrei meus pais", disse tristemente.
"Mas estamos aqui", disseram seus pais com raiva e desgosto. [...]
"Garota ignorante", a mãe repreendeu.
"A culpa é sua", disse o pai à esposa.
"Não", Judith disse, e balançou a cabeça. "Não [é que] eu não encontrei vocês. Não sou ingrata. Vocês foram muito bons comigo. É por isso que o rei terá piedade de vocês. Mas eu quero ter pais-reis. Eu vou escolher, sozinha, minha mãe e meu pai. Farei apenas o que meu coração me disser para fazer." (*Ibidem*, p. 29-30)

Ou seja, estamos diante de experiências que estão na origem de duas futuras criações de Moreno: de um lado, a dramatização; de outro, a sociometria. E com o jovem líder interpretando o papel de bobo da corte, Moreno diz que, no fim, "quando o sol se pôs atrás da montanha", ele conseguiu ver o grupo de crianças saindo da floresta:

Judith foi a primeira garota na procissão. Com ela veio a mesma mãe, o mesmo pai. Eu não queria acreditar nos meus sentidos. Cada criança havia escolhido seus verdadeiros pais. Pais e mães caminharam com seus filhos, como se tivessem recebido seus filhos novamente, e

Sérgio Guimarães

choraram de alegria. O rei tinha ordenado assim? Silenciosamente, puxei meu chapéu de bobo da corte sobre meus olhos e os fechei com gratidão. A partir daquele dia, as crianças passaram a chamar o prado de "Prado dos pais". (*Ibidem*, p. 30-31)

Abordando o assunto de uma maneira menos literária, é provável que alguns pais não tenham achado muito positiva a influência do jovem em seus filhos. Como conta Moreno, os problemas também começaram na escola. Em uma ocasião, por exemplo, "o professor anunciou: 'Amanhã vamos ao cinema. Vamos ver imagens dos Alpes suíços'". As crianças, no entanto, já haviam planejado uma caminhada à montanha, e "uma onda de oposição de todas as crianças alcançou o professor no estrado" (*ibidem*, p. 32-33). Jacob Levy acabou sendo acusado pelo diretor de incitar as crianças à desobediência.

A explicação de Moreno sobre suas intenções ao reunir crianças nos parques de Viena e formar grupos para "brincadeiras improvisadas" é clara: "Eu queria dar às crianças a capacidade de lutar contra estereótipos sociais, contra robôs, a favor da espontaneidade e da criatividade". Ele afirma que já conhecia Jean-Jacques Rousseau, Johann Heinrich Pestalozzi e Friedrich Froebel, mas tinha um ponto de vista novo: "Era um jardim de infância em escala cósmica, uma revolução criativa entre as crianças". Não se tratava, insiste ele em sua autobiografia, de "uma cruzada filantrópica dos adultos para as crianças, mas de uma cruzada de crianças para elas mesmas, para uma sociedade de sua própria idade e de seus próprios direitos" (Moreno, 1974, Cap. 2, p. 26-27).

Segundo Marineau (1995, p. 67), "nesse momento, Moreno compreendeu que seria melhor se afastar do mundo das crianças, não por elas próprias, mas pela insegurança dos adultos em relação a seus ensinamentos". Moreno, por sua vez, aprofunda o entendimento de seu processo de transição com outras contribuições:

Gradualmente, tomou conta de mim o estado de espírito de que eu deveria deixar o reino das crianças e passar ao mundo, ao mundo maior, mas, é claro, sempre mantendo a visão que meu trabalho com as crianças havia me dado. Foi a decisão de que a ideia fixa deveria continuar me guiando. Portanto, toda vez que entrei em uma nova

Moreno, o mestre

dimensão da vida, as formas que tinha visto com meus próprios olhos naquele mundo virginal estavam diante de mim. Elas eram meus modelos, toda vez que tentava imaginar uma nova ordem de coisas ou criar uma nova forma. Tinha muita certeza dessas visões. Pareciam me dotar de uma ciência da vida, mesmo antes de a experiência verificar sua precisão. Toda vez que eu entrava em uma família, uma escola, uma igreja, um prédio do parlamento ou qualquer outra instituição social, me rebelava contra ela. Eu sabia quão distorcidas nossas instituições haviam se tornado e tinha um novo modelo pronto para substituir o antigo. (Moreno, 1974, Cap. 2, p. 34-35)

Com isso, um novo capítulo na história do jovem Jacob Levy se abre a partir de 1909, com sua admissão no curso de Filosofia − antes da Medicina − da Universidade de Viena. No ano anterior, ele e um grupo de amigos abriram uma instituição destinada a apoiar imigrantes e refugiados de vários cantos do Império Austro-Húngaro. Com isso, inauguram o que, em sua autobiografia escrita meses antes de sua morte, Moreno considera "o modelo dos 'grupos de encontro'", ou seja, uma "nova forma" de mudança psicossocial: o trabalho comunitário (*ibidem*, Cap. 3, p. 6).

6. Entre a religião do encontro, as prostitutas e a universidade

Chaim Kellmer: não fosse por Moreno, esse nome teria se perdido entre os bilhões de pessoas que passaram anonimamente pela Terra. A presença do "amigo e companheiro mais próximo" se impôs tão fortemente na vida do jovem Jacob Levy que é com ele que o velho psiquiatra abre o terceiro capítulo de sua autobiografia *Chaim Kellmer e a religião do encontro*, mais de 60 anos após a experiência.

> Fui parado por um estranho, numa manhã fria de inverno, ao atravessar a rua da Igreja Votiva rumo à universidade. Ele se aproximou de mim e disse com uma voz profunda e melodiosa: "Eu já vi e ouvi você muitas vezes e queria falar com você, então aqui estou eu". Trocamos apertos de mão. Desde aquele momento até sua morte, Chaim Kellmer foi meu companheiro constante. (Moreno, 1974, Cap. 3, p. 1)

Segundo Moreno, Chaim veio de Chernovitz, capital da província de Bucovina, então parte da Romênia: "Ele tinha sido exposto aos ensinamentos hassídicos e veio a Viena para encontrar respostas para os muitos enigmas que povoavam sua mente e alma". Também era tutor e, como Jacob Levy, parou de cobrar por seu trabalho:

> Chaim também visitava as pessoas e lhes dava conselhos, tentando ajudá-las a resolver seus problemas. As pessoas ligavam para ele sempre que precisavam. Frequentemente insistiam em dar-lhe dinheiro por sua ajuda, mas ele sempre recusava, dizendo: "Só há uma coisa que posso aceitar: temos um fundo para o aluguel de uma casa na cidade, para pessoas que precisam de abrigo. Dê o dinheiro ao fundo". (*Ibidem*, p. 4)

Moreno, o mestre

"Assim, a Religião do Encontro ganhou vida entre 1908 e 1914", diz Moreno, acrescentando que eram cinco jovens: seu "grupo de seguidores" e ele, todos comprometidos em "compartilhar o anonimato, amar e dar, viver uma vida direta e concreta em comunidade com quem encontrávamos".

Deixamos nossas casas e famílias em direção à rua. Permanecemos sem nome, mas facilmente reconhecíveis por nossas barbas e nossa abordagem calorosa, humana e alegre a todos que chegavam. Nenhum de nós aceitava dinheiro pelos serviços prestados, mas recebíamos muitos presentes de doadores anônimos. Todas as doações recebidas iam para o fundo da *Casa do Encontro*. Uma organização de assistência católica também doava fundos para a casa. (*Ibidem*, p. 5)

Moreno explica que, durante os anos que antecederam a Primeira Guerra Mundial, "a agitação e a instabilidade política do Império Austro-Húngaro eram expressas no grande número de pessoas que procuravam novos lares, nas Américas ou na Palestina" (*ibidem*, p. 5).

Em seu já mencionado *Unruly masses*, Maderthaner e Musner (2008, p. 42) confirmam isso, afirmando que, por um lado, durante o século XIX "a conurbação de Viena multiplicou-se por sete, quadruplicando entre 1830 e 1900 e dobrando nas últimas três décadas do século". Com isso, alcançou "pouco mais de 2 milhões em 1910", relatam, acrescentando que o aumento anual era de "cerca de 34 mil pessoas, com os imigrantes representando pouco mais de 65%".

No caso da "Casa do Encontro", em geral os refugiados não conseguiam obter vistos de trabalho, mas "alguém do nosso grupo tinha uma conexão na corporação municipal", conta Moreno, "e conseguia obter vistos de trabalho sem demora: isso era uma grande conquista!" Além disso, quando estavam doentes, "conseguíamos assistência médica para eles" (Moreno, 1974, Cap. 3, p. 5).

Alguns chegavam sozinhos, outros com esposas e filhos. "Inscrições coloridas foram desenhadas nas paredes da casa com o seguinte anúncio: 'Venham a nós de todas as nações. Oferecemos abrigo'", relata, comentando:

Sérgio Guimarães

Realizávamos sessões noturnas após o jantar, nas quais os problemas vinham à tona e as reclamações eram resolvidas. Esses primeiros "grupos de encontro" eram o modelo dos grupos que agora se espalham pelo mundo. Mas as reuniões noturnas não eram apenas sessões de discussão. Depois que compartilhávamos nossos sentimentos, cantávamos, dançávamos e brincávamos. Participar das reuniões era uma experiência religiosa alegre. (*Ibidem*, p. 6)

A propósito, a descrição desses encontros evoca uma das influências na construção da cosmovisão de Moreno e de suas criações. Ele mesmo reconhecerá seis décadas depois, em resposta a uma carta de Ramón Sarró, então professor de psiquiatria e psicologia médica da Universidade de Barcelona, que lhe perguntou sobre a hipótese de que seu trabalho tivesse "também origens hassídicas". "Baalshem foi uma influência", respondeu-lhe Moreno (comunicação pessoal, 28 de maio de 1969).

Segundo o historiador Simon Dubnow (1977), autor da monumental *World history of the Jewish people* [História mundial do povo judeu], em dez volumes, e de *História do hassidismo*, "Baalshem", é Israel ben Eliezer (filho de Eliezer), nascido "depois de acordo de paz de Karlowitz (1699)", ou seja, "cerca de um ano depois, em 1700", objeto de uma "biografia lendária". Nem é verdadeira a data de sua morte, que Dubnow menciona ter ocorrido em 1760 (Dubnow, 1977, v. I, p. 63-64).

As semelhanças entre a biografia do rabino Baal Shem Tov e Jacob Levy Moreno não se limitam às versões sobre data e local de nascimento. Dubnow conta, por exemplo, que, "para se manter, Israel se tornou assistente de um professor" e que "quando conduzia as crianças, 'cantava em sua companhia com uma voz doce' e era muito querido por elas". Além disso, ele comenta que "em uma época em que os médicos com estudo eram poucos, e nas aldeias e vilas não havia um sequer, os *baalei schemot* [homens que fazem maravilhas mediante combinações dos nomes sagrados de Deus e dos anjos] ocupavam o lugar dos médicos para a cura de pessoas doentes do corpo e da mente" (*ibidem*, p. 49).

Nesse sentido, a opção do jovem Jacob Levy pela medicina pode ser resultado não apenas da atenção a um "projeto paterno", mas também da busca de um papel de "Wunderdoktor", correspondente ao do "homem maravilhoso" ao qual Dubnow se refere quando menciona o

Moreno, o mestre

filho de Eliezer, "que começou com a taumaturgia de um *baal schem* e terminou com a revelação de uma nova doutrina".

A massa sentia que não se tratava de um simples *baal schem*, mas de um educador do *baal schem*, um condutor pelo *bom caminho*, alguém que trazia o bem. Foi assim que o apelido *Baal Shem Tov* (abreviado: Bescht), que se tornou um epíteto permanente do criador do hassidismo, se difundiu. (*Ibidem*, p. 72)

Dubnow comenta que "Bescht não escreveu sua doutrina em livros" (*ibidem*, p. 77), mas seus discípulos tentaram publicar suas palavras. Por exemplo, "regra importante no culto ao Criador é: a automortificação deve ser *rechaçada*". Dubnow interpreta:

O sofrimento e a preocupação entorpecem o coração e o culto a Deus requer almas despertas, em alegria e esperança. "É uma grande regra no culto ao Criador a de que se deve estar livre de todo sofrimento de todas as formas possíveis." "O pranto é muito ruim, porque o homem deve adorar com alegria; somente quando é de alegria, o choro é muito bom". (*Ibidem*, p. 82)

Baal Shem Tov parece não ter deixado nada escrito, mas seu neto mais novo, o rabino Nachman de Breslau, tentou transmitir em vários livros os ensinamentos de seu avô. Em *A cadeira vazia*, por exemplo, ele dedica um capítulo inteiro ao tema "Abandonando a tristeza, encontrando esperança e alegria". A título de ilustração, pode-se ler ali:

Nada é mais libertador que a alegria. / Ela liberta a mente e a enche de tranquilidade. [...]
Acostume-se a cantar alguma melodia. / Isso lhe dará uma nova vida / e o encherá de alegria. [...]
Acostume-se a dançar. / Isso substituirá a tristeza / e dissipará a opressão. [...]
Às vezes as pessoas / sentem-se terrivelmente deprimidas e não têm / ninguém com quem descarregar o problema. / Se você chega com um rosto sorridente, / você se alegra e dá a eles uma nova vida. [...]

Sérgio Guimarães

Evite a depressão a todo custo. / Ela é a raiz de todas as doenças / e desconfortos. (Breslau, 1997, p. 96; 100-01; 105)

O que mais chama a atenção nesse trabalho de Nachman de Breslau, no entanto, é o título, que passou a nomear uma técnica amplamente usada, primeiro pelo criador do psicodrama e depois por outras escolas de psicoterapia, como a Gestalt-terapia. Moreno a utilizará no que considera, no primeiro volume de seu livro *Psicodrama*, "a primeira sessão psicodramática oficial", realizada em Viena em 1º de abril de 1921, "entre 19h e 22h" (Moreno, 1993, p. 21).

Sobre essa ênfase na alegria permanente observada na tradição hassídica, é importante destacar que não se tratou apenas de uma tendência passageira na vida do jovem Jacob Levy. De acordo com Zerka T. Moreno em *Psychodrama, surplus reality and art of healing* [na edição brasileira, *A realidade suplementar e a arte de curar*], seu marido comentou "antes de morrer" que gostaria de ser lembrado como "o homem que trouxe a alegria e o riso para a psiquiatria" (Moreno, Blomkvist e Rützel, 2000, p. 24).

Zerka também relata em seu último livro, *To dream again* [Sonhar novamente], que, por iniciativa da Sociedade Literária de Viena, desde 1993, aqueles que têm a oportunidade de visitar o cemitério principal da cidade podem ler, no túmulo de Jacob Levy Moreno, em alemão, as palavras "Fundador da sociometria, psicoterapia de grupo e do psicodrama", seguidas do epitáfio sugerido por ele: *"Der Mann, der Freude e Lachen / in Psychiatrie brachte". J. L. M.* [O homem que trouxe alegria e riso para a psiquiatria. J. L. M.] (Moreno, 2012, p. 414).

O curioso é que, nessa última frase, Moreno não se limitou ao sentimento, mas acrescentou a expressão do riso, indicando que a alegria deve não apenas ser sentida, mas também manifestada especificamente.

***

Em seu texto autobiográfico, Moreno se detém mais sobre a figura de Kellmer. Além de explicar seu papel como professor desde cedo, Moreno destaca outro elemento encontrado na origem do psicodrama como método de mudança psicossocial: "a filosofia do aqui e agora".

Moreno, o mestre

Como judeu, Chaim Kellmer havia inicialmente expressado sua adesão ao sionismo, um fenômeno que, segundo Marsha Rozenblit, "emergiu como um forte movimento político somente após a publicação, em 1896, do *The Jewish State* por Theodor Herzl, um importante jornalista vienense, editor do folhetim *Neue Freie Press* e judeu assimilado" (Rozenblit, 1983, p. 161). Para Rozenblit, a visão de Herzl era simples: sobre o antissemitismo, ele pensava que "era um problema insolúvel para judeus na Europa" e que a única solução seria os judeus estabelecerem seu próprio Estado. Ela comenta que, "até sua morte prematura, em 1904", Herzl estava "negociando com reis e sultões uma Carta para uma pátria judaica na Palestina" (*ibidem*, p. 164).

A propósito, no primeiro encontro que teve com Kellmer, Moreno conta que seu novo amigo lhe comentara três coisas que o atormentavam: ensinar ou não filosofia, trabalhar com as mãos em vez de ensinar e seguir ou não o objetivo sionista: "Eu estava pensando em guardar meus pertences e trabalhar em uma das colônias de lá". Moreno então acrescenta: "De repente, ele olhou para mim e disse: 'Mas por que ir tão longe?'" (Moreno, 1974, Cap. 3, p. 2).

A conclusão de Moreno sobre a decisão de Kellmer é clara: "Esse era o significado do *aqui e agora*. O *aqui* era específico e concreto. O *agora* era específico e concreto. Trata-se de uma situação com a qual um homem se comprometeu, da qual não foge" (*ibidem*, p. 9-10). Na sequência, Moreno diz:

> Logo Chaim recebeu seu diploma de doutor em Filosofia. "Terminei", disse ele, "aqui está o meu diploma", e rasgou-o diante dos meus olhos. "Eu não estou indo para a Palestina. [...] não sei por que tenho de ir tão longe. O mundo está aqui, assim como está lá. Há terra aqui que precisa de mãos para ser cultivada. [...] Tento encontrar o judeu em mim mesmo e não consigo encontrá-lo. Talvez alguém possa fazer isso. Acho que a Palestina está aqui." Chutou o chão violentamente. "Aceitei um emprego como lavrador em Kagran. Encontrei um bom e velho fazendeiro para quem trabalhar. Começo amanhã." (*Ibidem*, p. 9)

Sérgio Guimarães

A lição de vida que o amigo deixou para o jovem Jacob Levy foi inesquecível, segundo Moreno conta, 60 anos depois. Com o advento da Primeira Guerra Mundial, o ex-tuberculoso Kellmer,

> para a surpresa de todos que o conheciam, se ofereceu para servir como ajudante de hospital no exército austro-húngaro [...] Finalmente, ele foi designado a um lazareto. Seus amigos o viram no uniforme do hospital, indo de cama em cama, dando força aos soldados daqui, outra palavra ali. Algumas semanas depois, ele foi levado ao hospital com febre alta. Ele nunca se recuperou daquele ataque. Pude vê-lo novamente quando foi transferido para um hospital em Viena, pouco antes de sua morte. Ele foi enterrado em algum lugar perto de Kagran em um cemitério rural. Ninguém soube onde seus últimos restos descansam. (*Ibidem*, p. 14)

Na introdução de seu livro inédito, *Philosophy of the here and now* [Filosofia do aqui e agora], Moreno destaca "as façanhas" de Kellmer (1885-1916) como "uma das experiências extraordinárias de nosso grupo" (Moreno, 1952-1953, p. 3). Seu amigo abandonou a faculdade e passou de filósofo e escritor a lavrador: "Ele interrompeu o contato com todos os seus amigos e livros, nunca mais escreveu uma linha, apenas viveu em comunhão com uma família de camponeses, à qual se juntara". Até o fim, acrescenta Moreno, "não houve nenhuma pretensão em seu modo de vida; era apenas seu profundo desejo de viver uma vida diferente daquela que lhe foi atribuída" (*ibidem*, p. 3).

Trazendo novos elementos para a compreensão da experiência de seu grupo na "Casa do Encontro", Moreno comenta, em uma das versões de sua introdução à *Philosophy of the here and now*, que:

> Este livro é um relatório sobre a vida e o objetivo de uma sociedade de jovens, mais ativa entre 1910 e 1914, imediatamente antes do estouro da Primeira Guerra Mundial. Eles se autodenominavam caprichosamente a "Sociedade dos Pais", em contraste com as Sociedades dos Irmãos. Na realidade, não era uma sociedade no sentido de uma organização formal. Uma organização no sentido humano, social e jurídico ia contra o próprio princípio de seu pensamento. Para eles, a única

organização que tinha esse mérito era todo o Cosmos. Então, por que adicionar outra organização a ela? Parecia supérfluo e um insulto ao espírito da verdade. Mas eles se chamavam de "Pais" por uma razão muito relevante. Irmãos, para ser "irmãos", precisam ter um Pai em comum. Sua identidade como irmãos depende de um fator externo, o mesmo ancestral imediato. Mas, se fossem pais, seriam as realidades definitivas. *Pensavam que cada um deles tinha estado lá no começo do mundo e que eles eram, portanto, os Criadores do Universo, por isso compartilhavam a responsabilidade de seu bebê comum, o Cosmos.* (*Ibidem*, p. 1-2)

Na sequência, a descrição de Moreno sobre o comportamento do grupo não deixa dúvidas quanto à sua semelhança com grupos de hassidistas que, segundo Dubnow, sofreram severas perseguições e críticas por décadas, desde meados do século XVIII, por seus "gritos e movimentos extravagantes". Dubnow reproduz a queixa de "um dos rabinos mais antigos": "[...] e eles inventam e gritam e pulam pelas montanhas e cantam ao rezar. Seus atos são extravagantes... movem as mãos de um lado para o outro e balançam como árvores na floresta" (Dubnow, 1977, p. 108). Já sobre os membros de seu grupo da "Casa do Encontro", diz Moreno,

Eram cheios da ingenuidade das crianças, marchando pelas ruas de Viena, rindo e cantando como um bando de atores, mesmo que fosse um assunto sério, o deles. Havia uma determinação fanática neles de mostrar a todos os interessados que haviam encontrado uma resposta para o mistério da vida em sua própria existência. Seu comportamento aberto pode ter sido cheio de sintomas patológicos aos olhos de um observador orientado à psiquiatria: excentricidades, exibicionismos, calor e afeto excessivos, amor por pessoas totalmente desconhecidas e indiferença às relações de sangue e aos conhecidos. Mas, no contexto da ciência do ser à qual aderiram, *não havia patologia objetiva real*. Ou pelo menos não se avaliava como tal. Eles não se sentiam mentalmente perturbados; eles se sentiam na verdade saudáveis, vigorosos, dotados de um excesso de espontaneidade. Amor e espontaneidade parecem se recompensar. Quanto mais espontaneidade era gasta, mais ela parecia crescer. O amor se renova. (*Ibidem*, p. 1-2)

Sérgio Guimarães

Quanto ao anonimato, nesse mesmo texto Moreno o define como "fazer algo por si mesmo e sem vincular seu nome e a si mesmo a isso", informando que na "Casa do Encontro" era importante que os doadores permanecessem desconhecidos dos destinatários: "O anonimato, o silêncio, a bondade e a caridade eram os princípios sobre os quais a modesta empresa foi fundada", diz ele, acrescentando que eles não eram conhecidos por nenhum nome, exceto "você", "ele" e "eles". Além disso, ele relata: "Éramos facilmente reconhecidos por sinais externos; a barba, andando descalços e com a cabeça descoberta". Em Viena, antes de 1914, ele explica, "estar na rua sem chapéu era uma espécie de nudez" (*ibidem*, p. 3).

Nesse mesmo texto inédito, o psiquiatra já maduro também oferece importantes dados conceituais sobre o existencialismo, uma das raízes de suas criações.

Viena é uma cidade de berços. É o berço da psicanálise, o berço da psicoterapia de grupo e o berço do psicodrama. Mas é também o berço da forma heroica do existencialismo, o berço do "Seinismo" (Sein é igual a ser), a ciência do ser, de estar em ação. Foi além da mera filosofia e da fenomenologia do ser; a ideia de ser o ser na realidade foi vivida e incorporada por algumas figuras históricas. Era uma religião moderna da terapia e da prática. [No manuscrito original, Moreno acrescenta à mão: "o psicodrama existencial".] (*Ibidem*, p. 1)

Anos depois, em Barcelona, a revista trimestral *Psiquiatría y Psicología Médica* publica o artigo "Psicodrama y existencialismo", assinado por J. L. Moreno, "da Universidade de Nova York". Nele, o autor retoma praticamente os mesmos termos de suas anotações desde o início dos anos 1950, referindo-se a "uma das tentativas mais focadas em direção a uma vida heroica conhecida desse autor, que uniu um alto grau de consciência à ação, integrando existência com um conhecimento claro e justo de 'sua dinâmica'", ocorrida na Áustria, "alguns anos antes do início da Primeira Guerra Mundial". No entanto, quanto a seu amigo Chaim, Moreno o apresenta dessa vez como "John" Kellmer, "um dos expoentes mais notáveis daquele grupo que tentou praticar essa identidade com o ser" (Moreno, 1960a, p. 556-57).

Moreno, o mestre

O que Moreno não menciona explicitamente no artigo, mas na introdução de seu livro não publicado sobre sua "Filosofia do aqui e agora", é que "ajudar faz parte do ser" e, portanto, outro dos princípios básicos do grupo era "manter o fluxo constante de ajudar os outros no contexto da própria vida, encontrando pessoas em suas casas, nas ruas do bairro ou nas calçadas da parte mais distante da cidade" (Moreno, 1952-1953, p. 3).

Em um dos tópicos da introdução inédita, à qual Moreno dá o título de "o dilema da comunicação", ele comenta que, na "Casa do Encontro", "nos encontrávamos todas as noites e fazíamos um relato do que tínhamos feito". Eram sempre relatórios orais, que "nunca colocávamos por escrito". O que reconheciam, acrescenta, era "o grande valor de ouvir os relatos orais de cada pessoa sobre nossas sessões terapêuticas". No entanto, a questão que começou a ficar urgente, revela Moreno, era "como espalhar esses relatórios para além do nosso ambiente, para que outros pudessem aprender com eles e imitar nossas ações":

> Éramos todos contra o livro como substituto da vida; a única maneira que nos parecia admissível era a de um veículo para informar o que realmente havia acontecido – a apresentação de relatórios sobre as sessões terapêuticas que ocorreram, em um local real, com um conjunto real de pessoas em tempo real. Tornou-se um princípio básico o de que apenas escrever é um luxo supérfluo, antiético; a menos que seja um relatório substancial de qualquer ação terapêutica ou boa ação que tenha ocorrido. Escrever apenas por escrever parecia uma perversão, a de promover uma tendência no homem para um sono sem fim e inútil, e adiar para sempre a feitura do que é necessário, para ser, agir e ajudar. (*Ibidem*, p. 6)

No fim, Moreno nos diz que o registro dessas sessões terapêuticas reais e de outras situações experimentadas na época se tornou "um estímulo e modelo para os protocolos terapêuticos produzidos posteriormente na psicoterapia de grupo e no psicodrama", incluindo "a gravação literal em fita magnética" das sessões (idem).

***

Sérgio Guimarães

Uma tarde, caminhava pela Praterstrasse depois de uma sessão com as crianças. Encontrei uma garota bonita que sorriu para mim. Ela usava uma saia vermelha chamativa e uma blusa branca adornada com fitas para combinar com a saia. Mal começara a conversar com ela quando um policial se colocou entre nós e a levou embora. A indignação e o choque me levaram a seguir o casal até a delegacia e esperar a garota sair. Quando saiu, perguntei o que havia acontecido. Ela me disse: "A polícia disse que não podemos usar roupas chamativas durante o dia, pois poderíamos atrair clientes. Somente depois do pôr do sol é que podemos fazê-lo". (Moreno, 1974, Cap. 4, p. 6)

Essa cena de 1913 marca o início de um processo que culminará, quase duas décadas depois, já nos Estados Unidos, na aceitação formal da psicoterapia de grupo pela American Psychiatric Society, em 1932. De fato, em seu *The Dictionary of Psychology* [Dicionário de psicologia], Raymond J. Corsini (2002, p. 427) relata que foi "Jacob Moreno [que] nomeou os métodos de tratamento em grupo como 'psicoterapia de grupo'".

Em *The world of yesterday* [*O mundo que eu vi*, na edição brasileira], por sua vez, o vienense Stefan Zweig afirma que, naquela época, "a prostituição ainda era a base da vida erótica fora do casamento". Em certo sentido, comenta, "constituía uma abóboda subterrânea escura sobre o qual se erguia a magnífica estrutura da sociedade de classe média, com sua fachada impecável, radiante" (Zweig, 1964, p. 83).

Zweig fala da "extensão gigantesca da prostituição na Europa antes da Guerra Mundial", comentando que as calçadas de Viena estavam tão cheias de mulheres à venda que era mais difícil evitá-las do que encontrá-las". "A disciplina estrita, a vigilância implacável, o ostracismo social", acrescenta, "aplicavam-se apenas ao exército de milhares e milhares de pessoas que defendiam, com seu corpo e sua alma humilhada, um dano moral antigo e há muito minado contra o amor livre e natural" (*ibidem*, p. 85).

Para Moreno, a mudança na situação das prostitutas teria de começar por elas mesmas. Em sua autobiografia, ele conta como o processo ocorreu:

Moreno, o mestre

Comecei a visitar suas casas, acompanhado por um médico, Dr. Wilhelm Gruen, especialista em doenças venéreas, e por Carl Colbert, editor de um jornal de Viena, *Der Morgen* [A manhã]. Nossas visitas não eram motivadas pelo desejo de "reformar" as meninas, nem de analisá-las. As meninas suspeitaram de nós a princípio porque as instituições de caridade católicas em Viena tentavam intervir em sua vida com frequência. Também não estava procurando a "prostituta carismática" entre elas. Essa é a criatura da fantasia dos assistentes sociais: uma mulher forte e atraente que poderia ser induzida a mudar de rumo e a tirar as irmãs da vida de corrupção. (Moreno, 1974, Cap. 4, p. 7)

Moreno comenta que tinha em mente o que Ferdinand Lasalle e Karl Marx haviam feito pela classe trabalhadora, "tornando os trabalhadores pessoas de respeito, dando-lhes um senso de dignidade". Ou seja, "eles os organizaram em sindicatos, o que elevou o *status* de toda a classe", afirma, imaginando que "algo semelhante poderia ser feito pelas prostitutas". No entanto, ele diz suspeitar que "o aspecto 'terapêutico' seria muito mais importante do que o econômico, porque as prostitutas foram estigmatizadas por tanto tempo como pecadoras desprezíveis e pessoas indignas que passaram a aceitar isso como fato incontestável" (*ibidem*, p. 7-8).

Mas éramos otimistas e começamos a conhecer grupos de oito a dez meninas, duas ou três vezes por semana em suas casas. Era durante as tardes que os vienenses tinham o que se chama de "Jauze", uma contrapartida do chá da tarde britânico. Café e bolo eram servidos e nos sentávamos ao redor de uma mesa. As conferências, inicialmente, tratavam apenas dos incidentes cotidianos que as meninas vivenciavam: ser presa, ser assediada por um policial por usar roupas provocantes, ser presa por acusações falsas da parte de um cliente, ter doenças venéreas, mas não poder receber tratamento, estar grávida e dar à luz um bebê, mas ter de esconder a criança sob nome falso em um lar adotivo, e ter de esconder sua identidade da criança e ser apenas uma "tia" amada. (*Ibidem*, p. 8)

Moreno afirma que, no início, as mulheres tinham medo de perseguição e por isso "se abriam muito devagar". "Mas quando começaram a ver o propósito do grupo e que era para seu benefício, se aqueceram e se tornaram bastante abertas". Ele mesmo comenta que os primeiros resultados foram "bastante superficiais": conseguiram encontrar um advogado para representá-las no tribunal, um médico para tratá-las e um hospital onde eram admitidas como pacientes. Gradualmente, começaram a reconhecer "o valor mais profundo dos encontros" e com isso "foram capazes de ajudar-se mutuamente" (*ibidem*, p. 8-9).

No fim de 1913, as prostitutas tiveram uma reunião em massa em um dos maiores salões de Viena, o *Sofiensaal*. Dessa vez havia uma organização real com oficiais eleitas. Dr. Green e Sr. Colbert estavam no palco. Eu estava lá apenas como "civil" e fiquei na plateia. As meninas estavam muito orgulhosas de si mesmas naquela noite.

No fim, isso se tornou um assunto selvagem. Houve um conflito entre cafetões e prostitutas. A polícia finalmente invadiu a sala e dissolveu a reunião.

Do lado de fora, parecia que havíamos "sindicalizado" prostitutas. De fato, foi uma das minhas primeiras tentativas de aplicar a terapia de grupo a um dos problemas humanos mais difíceis, o da prostituição. (*Ibidem*, p. 9)

***

Fundada em 1365, segundo a *Britannica*, a Universidade de Viena é considerada a instituição mais antiga de nível superior no mundo de língua alemã. De acordo com William M. Johnston, autor de *The Austrian mind: an intellectual and social history – 1848-1930* [A mente austríaca: uma história intelectual e social – 1848-1930], Viena reinou como capital médica do Império Habsburgo, tornando-se a "Meca de medicina", expressão formulada pelo médico alemão Rudolf Virchow: "A preeminência da cidade aumentava à medida que pacientes de todo o império iam para lá para receber tratamento". No entanto, por décadas, as aulas eram dedicadas exclusivamente ao diagnóstico, e não à terapia: "Os alunos aprendiam realizando exames *post mortem*, seguidos pela discussão crítica conhecida como epicrise" (Johnston, 2000, p. 227).

Moreno, o mestre

O que primeiro atrairá a atenção de Moreno, ao recordar seu período como estudante na universidade, não é a atividade acadêmica, mas os "numerosos confrontos entre estudantes nacionalistas e sionistas, seguidores de Theodor Herzl". Sem mencionar a data, ele diz em sua autobiografia:

> Certa manhã, quando estava tentando entrar na faculdade, encontrei a *Ringstrasse* bloqueada por um cordão de policiais a cavalo e a pé. Ninguém era autorizado a passar. Os nacionalistas tinham notificado o reitor e os decanos dos departamentos da Universidade, assim como todos os outros estudantes, de que os judeus não teriam permissão para participar das aulas. Os judeus não teriam também acesso aos espaços da universidade. Se um judeu tentasse entrar, seria espancado e expulso. [...]
>
> A Universidade de Viena, um centro mundial para acadêmicos, especialmente conhecido por sua faculdade de Medicina e seus institutos de ciências, virou um caos. Todos os esforços de reconciliação falharam. Tentei mediar a disputa por um tempo. Ocupava uma posição de liderança na comunidade universitária. Minhas atividades proféticas religiosas aparentemente misteriosas e meu grupo de discípulos me davam um *status* incomum. Eu era uma pessoa fora das guerras políticas que assolavam a universidade. Na verdade, ninguém realmente sabia quem eu era. Os nacionalistas pensavam que eu era alemão; os judeus pensavam que eu era judeu; ninguém realmente sabia.
>
> A disputa finalmente chegou ao fim. Não tenho certeza de como, mas terminou em paz. (Moreno, 1974, Cap. 4, p. 3-4)

Moreno também comenta que, "na realidade, os estudantes judeus eram apenas uma pequena porcentagem da população estudantil" (*ibidem*, p. 3), mas Steven Beller, em sua já mencionada *Vienna and the Jews*, é mais preciso: "No fim de 1880 os judeus compunham um terço de todos os estudantes da universidade, embora tenha sido um pico que foi reduzido, em 1904, para pouco menos de 24%" (Beller, 1997, p. 33).

Segundo Moreno, os estudos médicos em Viena duravam de oito a nove anos: "Primeiro, era preciso completar três anos de Filosofia,

93

Sérgio Guimarães

realmente um currículo de artes liberais". Entre outros cursos estudados, ele menciona Química, Física, Matemática, Estatística e Psicologia; especificamente na área de Medicina, cita Fisiologia, Anatomia, Histologia, Neurologia, Obstetrícia/Ginecologia, Pediatria, Cirurgia e Patologia.

***

De seu período na universidade, Moreno mantém principalmente seu estágio na clínica do psiquiatra e neurologista Julius Wagner-Jauregg, os confrontos estudantis no grande hall de entrada e sua liderança diante do professor de anatomia "tirano" Julius Tandler.

Sobre Wagner-Jauregg, mais tarde agraciado com o Prêmio Nobel de Medicina em 1927 "por sua terapia da paralisia cerebral por inoculação da malária" (Moreno, 1974, Cap. 5, p. 2), Moreno afirma que ele não era realmente um psiquiatra, "mas um neurologista, interessado apenas no lado físico da psiquiatria", na linha de Kraepelin:

> Ele também era um aristocrata cuja atitude distante, superior, o colocava em um reino muito distante de quem trabalhava com ele. Também era um professor tedioso, que colocava seus alunos para dormir. Seus pacientes tinham pavor dele. Grande e forte, agarrava pacientes pelo braço com garras de lutador. Secretamente, era um campeão de luta livre. Certa vez, usando uma máscara, ele foi a uma luta em que o campeão russo estava lutando e o desafiou para uma partida. Von Jauregg venceu a luta, optou por permanecer anônimo e deixou os fãs de luta vienenses perplexos por anos sobre o evento. (*Ibidem*, p. 4)

Quanto ao hall de entrada da universidade, Moreno conta que todas as manhãs "estava cheio de centenas de estudantes fervilhando de entusiasmo", comentando que em um canto "havia um grupo de estudantes de uniforme do *Deutsche Nationale Partei* (Partido Nacional Alemão), precursor do movimento nazista", e que "no outro canto, de maneira bastante defensiva, se reuniam os sionistas" (*ibidem*, p. 9-10). Na parte inédita de sua autobiografia, ele narra:

Uma manhã, eu estava de pé apoiado em uma coluna vendo quem passava. Muitas pessoas me olhavam com curiosidade, imaginando por que eu via e agia de maneira tão diferente de todos os outros alunos. Eu usava, como sempre, minha capa verde. Ninguém era capaz de definir as funções desse manto, obviamente uma roupa de baixo custo, usada com a ostentação do profeta. Havia também a barba loira que me fazia parecer ainda mais uma nova edição de Jesus de Nazaré. [...] Hans, meu amigo íntimo e seguidor, parou na minha frente. Me surpreendeu. Eu não esperava vê-lo naquele dia. Ele também usava uma barba, escura e encaracolada, que florescia em seu rosto. Respondi à urgência de sua atitude e saímos correndo do hall. Ele me levou ao Instituto de Anatomia, onde uma manifestação contra o professor Julius Tandler, "tirano" do Instituto, havia sido planejada. Tandler era um anatomista famoso, um ótimo orador, mas era o terror de todos os estudantes de Medicina. Ele tinha apenas 1,60 m, mas sua natureza arbitrária, que exibia em seus penetrantes olhos escuros, coroada por uma cabeça calva e pelo conjunto da boca, rodeada de imponentes bigodes pendurados, deixava todo mundo com medo dele. (*Ibidem*, p. 10-11)

Moreno diz que, antes que o professor pudesse começar sua aula, ele avançou no centro do anfiteatro e fez uma breve declaração: "Você, professor, está em uma posição forte. Não temos armas contra você. Somos indefesos. Queremos um tratamento justo e equitativo". Segundo Moreno, na sequência, Tandler pediu que ele mediasse as relações entre ele e os outros alunos, e "se comprometeu a moderar seus métodos de exame, o que fez durante um semestre inteiro, pelo menos". A interpretação de Moreno sobre seu papel emergente como líder foi "ter intuitivamente sentido sua preocupação coletiva" e ter sido capaz de "articular suas necessidades e aspirações com rapidez e simplicidade", concluindo: "Tornei-me o homem misterioso da universidade, o porta-voz de seus interesses básicos, mas ainda assim mantive distância deles" (*ibidem*, p. 11).

Moreno aproveita o equilíbrio crítico de suas experiências com Wagner-Jauregg e no hospital psiquiátrico Steinhof, onde fez seu estágio, para resumir seu sentimento também em relação à universidade:

Sérgio Guimarães

Eu me opunha à prática de experimentação em pessoas indefesas, como fazíamos. Lembro-me do meu tempo lá como um período de grandes conflitos internos. Além da ética médica, von Jauregg e eu estávamos do lado oposto em quase todos os aspectos. Nunca tivemos conflitos manifestos, mas o mais cortês dos relacionamentos. No geral, meus sentimentos sobre Von Jauregg e o hospital apenas intensificaram meus sentimentos sobre a faculdade. Era um lugar frio, formal e rígido. Eu estava interessado na vida, na criatividade e na espontaneidade, na natureza, nas crianças. Ele era um sonhador, um filósofo, um metafísico, um humanista que foi o primeiro a experimentar psicoterapia de grupo entre prostitutas. A universidade era apenas um meio para um fim para mim. (*Ibidem*, p. 9)

No entanto, ainda faltava uma aula fundamental para sua experiência na universidade, que discutiremos no capítulo seguinte: uma conferência sobre sonhos telepáticos, ao final da qual ocorre seu emblemático encontro com o professor Sigmund Freud.

7. Um encontro com o Dr. Sigmund Freud

Nascido na capital austríaca, o psicólogo Bruno Bettelheim inicia seu artigo "La Vienne de Freud" [A Viena de Freud] alegando ser necessário voltar muito atrás na história da cidade para que se possa entender "o caráter único da cultura vienense" durante o fim do século XIX e as primeiras décadas do século XX. Publicado como parte do livro *Vienne 1880-1938 – L'apocalypse joyeuse* [Viena 1880-1938 – O alegre apocalipse], o texto de Bettelheim informa que Viena tem sido há séculos "a velha cidade imperial" por excelência, como sede da dinastia dos Habsburgo.

Segundo ele, houve um tempo em que "esse império era o maior que o mundo já conhecera", ainda mais extenso do que o romano, do qual "os Habsburgo eram considerados herdeiros legítimos", sendo tratados como chefes do "Sacro Império Romano da Nação Germânica". O "lento declínio" da dinastia começa já no século XVI, diz Bettelheim, após o reinado de Carlos V ("ou Carlos I, rei da Espanha"), agravado pelas guerras napoleônicas. Após o Congresso de Viena (1814-1815), e sobretudo "graças à capacidade do chanceler, o príncipe Metternich", a cidade voltou a ter "a consciência de ser a mais importante da Europa" (Bettelheim, 1986, p. 30).

Segundo Bettelheim, a situação muda radicalmente a partir da revolução de 1848. De fato, "mesmo antes", os Habsburgo perceberam que o título de "Imperador do Sacro Império Romano" havia perdido todo o seu significado, sendo substituído primeiro por "Imperador da Áustria" e depois por "Imperador da Áustria-Hungria".

Mesmo assim, diz Bettelheim, o império continuou sendo o mais importante da Europa: "Abrangia toda a Europa Central, além de boa parte da Itália e da Europa Oriental". Era um estado multinacional, composto por "alemães, italianos, tchecos, húngaros, eslovacos, croatas

Sérgio Guimarães

e algumas outras minorias" (idem). O psicólogo explica que, durante a revolução de 1848, importantes frações da população – "poderosas tendências centrífugas" – pressionavam por relativa independência "e, logo depois, absoluta", sem, contudo, conseguirem obtê-la "antes do fim da Primeira Guerra Mundial". Em contraponto a esses movimentos, havia "poderosas forças centrípetas – o Imperador e seu exército" – e a influência cultural "exercida pela cidade de Viena na *intelligentsia* não apenas de todo o império, mas também de grande parte do resto da Europa" (*ibidem*, p. 31).

Bettelheim afirma que a maioria das pessoas que contribuíram para a construção do "prestigioso centro cultural" vienense não havia nascido na cidade: "Muitos ainda chegaram quando crianças, na esteira de seus pais, que buscavam ascensão social, cultural e econômica". Como exemplos, Bettelheim cita "as famílias de Freud, o pai da psicanálise, e Herzl, o fundador do sionismo" (idem).

Mais tarde, Bettelheim fornece uma das chaves para sua interpretação do declínio dos Habsburgo e do momento em que Viena atingiu o clímax de sua cultura:

> Foi esse paradoxo que deu à cultura vienense seu caráter único: ela não se concentrou mais no que estava acontecendo no resto do mundo e deu as costas à realidade externa, concentrando toda a sua energia intelectual e artística nos aspectos internos do homem, que quase não se veem afetados pelo que está acontecendo ao seu redor. Essas forças internas mais poderosas eram o sexo (eros) e a morte (thanatos). Longe de ser simples, a interação das duas pulsões criou os problemas psicológicos mais complexos. Essa complexidade psicológica foi objeto das preocupações da cultura vienense, e foi isso que ela incorporou em suas criações. Explorando esses fenômenos psíquicos extremamente densos, sombrios, ocultos e até então desconhecidos, foi possível entendê-los e até dominá-los. Esse foi o principal objetivo da cultura vienense, e não apenas o de Freud, que passou a vida em busca de soluções para esses sérios problemas. (*Ibidem*, p. 38)

Beller caminha na mesma direção. Para ele, foi a derrota do liberalismo que "levou à retirada dos intelectuais da história para um mundo

Moreno, o mestre

fechado a partir do histórico, que usou como modelo o *Homo psychologicus* em vez do *Homo œconomicus*". De fato, o autor de *Rethinking Vienna 1900* [Repensando a Viena de 1900] atribui a Carl Schorske a tese segundo a qual "as origens da mentalidade modernista a-histórica em Viena" são explicadas como "a retirada pelos herdeiros do liberalismo austríaco, os filhos da burguesia, desde a esfera política no sentido do templo cultural do estético e do psicológico" (Beller, 2001, p. 2-3).

De fato, em seu mencionado *Fin-de-siècle Vienna* [A Viena do final do século], Schorske procura no escritor vienense Hugo von Hofmannsthal a expressão "*das Gleitende*" para definir "a fuga do mundo", que se intensificou naquele período. Assim, comenta Schorske, "o burguês voltou a cultura estética para dentro, para o cultivo do eu, de sua singularidade pessoal" (Schorske, 1981, p. 9).

Para ilustrar o interesse pelos problemas mentais que prevaleciam no império, Bettelheim conta, por exemplo, que, em 1871, em resposta a uma pergunta do imperador à esposa sobre o presente favorito para sua festa de aniversário, a imperatriz Elisabeth respondeu: "O que eu gostaria, acima de tudo, é de um manicômio totalmente equipado" (Bettelheim, 1986, p. 45).

***

Até o momento, a descrição que Moreno faz, em sua autobiografia, do encontro do então estudante Jacob Levy com o *Ausserordentlicher Profesor* (professor extraordinário), Sigmund Freud, parece ser a única evidência histórica disponível:

> Em 1912, assisti a uma das conferências de Freud. Ele acabara de concluir a análise de um sonho telepático. Quando os alunos saíram, ele me escolheu na multidão e me perguntou o que eu estava fazendo. Respondi: "Bem, Dr. Freud, estou começando de onde o senhor parou. O senhor encontra as pessoas no ambiente artificial de seu consultório. Eu os encontro na rua e em suas casas, em seu ambiente natural. O senhor analisa seus sonhos. Eu lhes dou a coragem de sonhar novamente. O senhor os analisa e os divide em partes. Eu deixo que eles desempenhem seus papéis conflitantes e os ajudo a juntar as partes novamente".

Quando me lembro desse encontro, o que me impacta em primeiro lugar é a diferença em nossas idades. Eu mal tinha 20 anos, minha produção estava apenas começando. Freud tinha 56 anos, na plenitude de sua produção. Ambos tínhamos barba. Minha barba era loiro-avermelhada e crescia espontaneamente, nunca cortada ou aparada, um acréscimo natural, um órgão natural do meu corpo. Era algo como minhas amígdalas ou meu apêndice. Também não havia encontrado motivo para me livrar dela. Freud estava, por sua vez, barbeado com cuidado. Sua barba era grisalha e pequena, uma barba "social". (Moreno, 1974, Cap. 5, p. 12)

Segundo Zerka Moreno, que decidiu atribuir ao seu último livro o título de *To dream again − A memoir* [Sonhar novamente − Memórias], a partir de uma das frases pronunciadas por Moreno durante o encontro, na época "Freud estava perdendo alguns de seus alunos mais jovens". Ela comenta que "Adler e Jung estavam desenvolvendo suas próprias ideias" e com isso criando "seus próprios seguidores". Por esse motivo, acrescenta, "Freud estava ansioso para ganhar novos filhos" (Moreno, 2012, p. 42).

Quanto a Alfred Adler, o professor estadunidense de psiquiatria George Makari explica em seu *Revolution in mind − The creation of Psychoanalysis* [Revolução na mente − A criação da psicanálise] que em 1909 ele já havia anunciado "sua própria teoria unificada da neurose" (Makari, 2009, p. 258) e que "as teorias de Adler vinham irritando Freud há anos". Segundo Makari, a Sociedade Psicanalítica de Viena estava crescendo rapidamente e a chegada de novos membros fez do então presidente da entidade, Adler, "um concorrente formidável por corações e mentes" (*ibidem*, p. 260). Quando ele apresentou, em 1910, "um modelo alternativo baseado em diferentes conteúdos inconscientes, forçou as pessoas que estavam no movimento a considerar como poderiam arbitrar entre Freud e Adler". Por fim, Makari comenta, "Freud não provou que Adler estava errado; na verdade, declarou que Adler não era psicanalista" (*ibidem*, p. 263). Com isso, Adler é expulso da Sociedade e, em 1912, começa a convocar "reuniões para sua Sociedade para a Livre Pesquisa Psicanalítica" (*ibidem*, p. 265).

Quanto a Carl Jung, o que um dos biógrafos de Freud, Peter Gay, relata em seu livro *Freud − Uma vida para o nosso tempo*, sobre o relaciona-

Moreno, o mestre

mento do pai da psicanálise com o jovem suíço, oferece mais elementos para entender o problema. Referindo-se à correspondência entre eles naquele ano de 1912, Gay reproduz as palavras agressivas de Jung para o professor e a reação do médico:

> Posso lhe dizer algumas palavras sérias? Reconheço minhas flutuações com o senhor, mas tendo a ver a situação de maneira sincera e totalmente honesta. Se o senhor duvida, o problema é seu. Gostaria de chamar sua atenção para o fato de que sua técnica de tratar seus discípulos como pacientes é *blunder* [torpe]. Dessa maneira, o senhor produz filhos escravos ou patifes impudicos (Adler-Stekel e toda a gangue sem vergonha que agora se pavoneia em Viena). Sou objetivo o suficiente para adivinhar seu truque. (Gay, 1989, p. 273; Gay, 2006, p. 234)

Depois de resumir a cena que Zerka considera já ser "lendária na comunidade psicodramática", ela comenta que "esse foi o único encontro entre eles" e conclui: "Moreno não se tornaria filho de ninguém; ele sonhava com crianças e com acompanhamento por conta própria" (Moreno, 2012, p. 43).

As observações de Moreno em sua autobiografia corroboram os comentários de Zerka e acrescentam outras informações:

> Houve um elemento surpreendente em nosso encontro, mesmo que fosse tácito. Era natural para Freud, suponho, estar à procura de novos discípulos. Escolher-me não era tão incomum, já que eu tinha reputação suficiente na comunidade universitária da época e era uma figura facilmente reconhecível com meu manto. Também era característico de um jovem impetuoso pensar que poderia ganhar um homem mais velho com suas opiniões, embora o homem mais velho fosse famoso, bem estabelecido, com uma mente muito organizada e um investimento total em seu próprio sistema.
>
> Mas, por trás de tudo, havia um fator que tanto Freud quanto eu desconhecíamos. Exceto por minha "afiliação" biológica, eu nunca fui capaz de ser o "filho" de alguém. Como a história do meu início de vida destaca, tentei e consegui me tornar um "pai" muito cedo. Embora jovem, eu era tão inflexível quanto Freud. Nós dois éramos

Sérgio Guimarães

"pais", líderes, no meu caso na expectativa. Era como se o chefe desconhecido de uma tribo africana conhecesse o rei da Inglaterra. Enfim, ele era um pai contra outro. Naquela época, o reino de Freud era maior que o meu, mas nós dois estávamos no mesmo planeta. (Moreno, 1974, Cap. 5, p. 12-13)

Marineau (1995, p. 56) confirma que as informações sobre o evento provêm "apenas do próprio Moreno, uma vez que os escritos de Freud não contêm nenhuma referência ao futuro criador do psicodrama". Para o biógrafo, esse encontro com Freud "lançou as bases para a futura atitude de Moreno em relação à psicanálise". Marineau afirma que suas visões eram tão diferentes que Moreno "achou muito difícil analisar a psicanálise do ponto de vista freudiano". Jacob Levy estava mais interessado "no processo consciente, no aqui e agora e na criatividade pessoal do que no processo inconsciente, no passado e na resistência do 'paciente'" (*ibidem*, p. 58).

***

Também não há registro de nenhuma referência a Freud nos textos publicados por Moreno durante seu período europeu. Como ele mesmo comenta no prefácio da primeira edição de *The theatre of spontaneity* [O teatro da espontaneidade], seu *Das Stegreiftheater* (Anônimo, 1923) marca "o início de um novo período: a transição de seus escritos religiosos para os cientistas" (Moreno, 1947, p. 1). Nessa obra publicada em alemão, o nome de Freud não aparece. Será necessário aguardar as publicações feitas em Nova York, a partir de 1931, para ver o tema psicanalítico tratado em relação às ideias de Moreno. É quando, na segunda edição da revista *Impromptu*, editada por Moreno, a psicóloga norte-americana Helen C. Jennings publica seu artigo "Psychoanalysis and Dr. Moreno" [Psicanálise e Dr. Moreno].

Em pouco menos de três páginas, a nova assistente do psiquiatra romeno relata o caso de "Miss K, que tratei usando o método do Dr. Moreno", inicialmente batizado de *Impromptu* nos Estados Unidos. Porém, antes de apresentar detalhes sobre o tratamento da "jovem de 21 anos", Jennings começa o artigo comentando:

Psicanálise e *impromptu* são como água para o fogo. A psicanálise extingue o criativo. O *impromptu* o libera. Essencialmente são divorciados. Um abre as fontes de produtividade, o outro as drena.

A psicanálise toma personalidade com suas dificuldades, libera os fatores de significado negativo, trazendo-os à mente consciente do paciente; depois o abandona. Desse modo, dissolve possíveis elementos criativos da personalidade do paciente por decepção progressiva. O *impromptu*, por sua vez, o reforça, leva à "doença" à realização. É psicocriação *versus* psicanálise. Nisso reside a visão radicalmente diferente do *impromptu*. Fora da realidade e, no entanto, tão intimamente relacionado à vida está o tratamento *impromptu*, que é o mais próximo do processo da própria vida. A ficção se torna aqui tão semelhante à vida que é preciso apenas um pequeno esforço para transcender a realidade. Nele, o homem vive quase como ele viveria na vida. (Jennings, 1931, p. 12)

Já no continente americano, Moreno vai se expressar com frequência de maneira crítica sobre Freud e a psicanálise. No próprio ano de 1931, por exemplo, durante uma conferência sobre "a organização psicológica e social de grupos em comunidades" realizada em Washington D. C., ele diz que estudou a organização da família, "mas não do ponto de vista do psicanalista que estuda a partir da ótica do indivíduo, de seu relacionamento com o pai, a mãe etc.". Moreno afirma ter estudado "as inter-relações da perspectiva de cada membro da família" e também comenta:

A abordagem psicanalítica do drama de Édipo está correta desde que o complexo de Édipo seja considerado uma reação individual de Édipo, refletindo todas as outras pessoas ao seu redor. Mas, para representar o drama real e total de Édipo, é necessária uma análise das inter-relações. É necessário fazer uma análise de cada uma das três pessoas, Édipo, seu pai Laio e sua mãe Jocasta. Podemos encontrar, então, o mesmo que Édipo pode ter em seu complexo de ódio por seu pai e de amor por sua mãe, assim como veremos que seu pai tem por ele e por Jocasta o que podemos chamar brevemente de complexo "Laio", e que sua mãe Jocasta tem um complexo que podemos chamar

Sérgio Guimarães

de complexo "Jocasta" em relação a ele e a Laio. A seguir, você encontrará complexos que Laio possui em relação a Jocasta e Jocasta em relação a Laio. O entrelaçamento dessas três pessoas, os atritos entre elas, os confrontos entre seus complexos, produzirão o processo psicológico real de suas inter-relações, o que é diferente da maneira como o processo dramático reflete somente em Édipo, ou em sua mãe ou seu pai, cada um separado do outro. (Moreno, 1931b, p. 17-18)

Outro exemplo de crítica à visão freudiana aparece em uma palestra que Moreno fez já em seu instituto em Beacon, em 1940, sobre catarse mental e psicodrama:

Tomemos, por exemplo, o conceito de libido na teoria psicanalítica. Segundo essa teoria, Freud pensava que, se o impulso sexual não encontrar satisfação em seu objetivo direto, ele deve deslocar sua energia não aplicada a outros lugares. Deve, ele pensou, unir-se a um *locus* patológico ou encontrar uma saída por sublimação. Ele não conseguiu nem por um momento conceber que esse afeto não aplicado desaparecesse porque estava influenciado pela ideia física de conservação de energia. (Moreno, 1940, p. 216)

E, como nota de rodapé, Moreno acrescenta:

Uma excelente ilustração do fato de que conceitos físicos como energia não podem ser transferidos para um nível social ou psicológico é o processo de catarse, que causa mudanças fundamentais em uma situação sem fazer nenhuma alteração no padrão de energia da situação. (Idem)

Na mesma conferência de 1940, depois transformada em artigo, Moreno (*ibidem*, p. 241) aborda outro dos temas centrais da teoria freudiana: o conceito de transferência. Questionando a utilidade de certos termos psicanalíticos "como 'transferência', 'regressão', 'libido', 'inconsciente' e muitos outros", ele afirma que "esses conceitos psicanalíticos podem ser substituídos por conceitos mais inclusivos, originados como resultados dos achados psicodramáticos e sociométricos".

Moreno, o mestre

Um exemplo é o conceito de "transferência", considerado por Freud a pedra angular de toda a terapia psicanalítica. O valor estimulante de um conceito deve terminar quando novas descobertas e fatores dinâmicos exigem uma reorientação de todo o campo em que são aplicados. Os novos conceitos devem mostrar as limitações dos conceitos anteriores a esse respeito: o conceito de "sugestão" de Bernheim foi descartado por Freud em favor do que ele chamou de "transferência", um conceito mais amplo que também inclui "sugestão". Nos últimos vinte anos, os estudos de relações interindividuais e dos padrões de atração-repulsa em grupos grandes levaram-me a desenvolver um novo conceito, "*tele*", que inclui "transferência" (que, por sua vez, inclui "sugestão") e, além disso, é capaz de tomar como processos separados as psicoses "narcísicas", de um lado, e as "redes" psicossociais, de outro. (*Ibidem*, p. 241)

Na introdução à terceira edição de seu primeiro volume de *Psicodrama*, ele expõe uma série de conceitos psicanalíticos, destacando as diferenças em relação a seus conceitos psicodramáticos. Sobre o de transferência, por exemplo, depois de defini-lo, à sua maneira, como "o desenvolvimento de fantasias (inconscientes) que o paciente projeta sobre o terapeuta, outorgando-lhe certo fascínio", ele menciona a existência de "outro processo que ocorre no paciente, na parte do seu eu que não é afetada pela autossugestão. Com ele, avalia o terapeuta e percebe intuitivamente que tipo de homem é". A essas intuições do comportamento imediato do terapeuta – físico, mental ou outro – Moreno chama de "tele-relações", definindo "*tele* (do grego 'distante', influência a distância)" como "sentimento dos indivíduos entre si, o cimento que mantém os grupos unidos". Para ele, *tele* é "uma estrutura primária", enquanto a transferência é "uma estrutura secundária" (Moreno, 1977a, p. XI).

É também nessa introdução que Moreno apresenta seus conceitos de "estados coconscientes e coinconscientes". Ele explica que é por meio da inversão de papéis que "um ator tenta se identificar com outro, mas essa inversão de papéis não pode ocorrer no vazio". Comentando que as pessoas que se conhecem intimamente "invertem os papéis mais facilmente do que aquelas que estão separadas por uma

Sérgio Guimarães

grande distância psicológica ou étnica", Moreno argumenta que "a causa dessas grandes variações é o desenvolvimento de estados coconscientes e coinconscientes". Para ele, "nem o conceito de inconsciente individual (Freud) nem o de inconsciente coletivo (Jung) podem ser facilmente aplicados a esses problemas sem forçar o significado dos termos" (*ibidem*, p. VI-VII).

Moreno considera que esses estados "desempenham um grande papel na vida de pessoas intimamente associadas", dando exemplos não apenas na esfera pessoal, como os papéis de "pai e filho, marido e mulher, mãe e filha, irmãos e gêmeos", mas também em outros grupos estreitamente ligados, como "equipes de trabalho, grupos de combate em guerras e revoluções, campos de concentração ou grupos religiosos carismáticos" (*ibidem*, p. VII).

Por definição, esclarece Moreno, os estados coconsciente e coinconsciente são "aqueles que os participantes experimentaram e produziram juntos e que, portanto, só podem ser produzidos ou representados juntos". Ele insiste no fato de que esses estados não podem ser "de propriedade de um único indivíduo", mas que "é sempre uma propriedade comum", afirmando que, se a representação desses estados é desejável ou necessária, "isso deve ser feito com a colaboração de todos os indivíduos". E ele conclui: "O método lógico para essa representação recíproca é o psicodrama" (*ibidem*, p. VII).

Pelo menos dois outros conceitos freudianos são mencionados por Moreno ainda nessa introdução ao primeiro volume de *Psicodrama*: resistência e contratransferência. Quanto ao primeiro, sua posição é a de que, no psicodrama, ele é usado "em um sentido operacional", isto é, "significa apenas que o protagonista não deseja participar da produção". Para Moreno, superar essa resistência inicial é "um desafio à capacidade do terapeuta" (*ibidem*, p. VIII). Quanto ao segundo, ele afirma que "um mínimo de estrutura *tele* e a coesão resultante entre terapeutas e pacientes são requisitos indispensáveis para o sucesso do psicodrama terapêutico", incluindo os egos-auxiliares. Caso os fenômenos de transferência e contratransferência dominem, por exemplo, as relações entre terapeutas auxiliares e a relação com os pacientes, fica claro que "o progresso terapêutico será em grande medida prejudicado" (*ibidem*, p. XVIII).

Moreno, o mestre

Voltando posteriormente a esses conceitos – no segundo volume do *Psicodrama*, todo dedicado "às bases da psicoterapia" e escrito com a colaboração de Zerka –, Moreno será ainda mais taxativo:

> Alguns anos depois, Freud descobriu que o terapeuta não está livre de se envolver, em certa medida, na situação, e deu a isso o nome de "contratransferência": "A contratransferência surge no médico como resultado da influência do paciente em seus sentimentos inconscientes" (Obras completas, v. II). Na realidade, não existe tal "contra" aqui. A contratransferência é uma deturpação, nada mais é do que transferência nas duas direções, uma situação de mão dupla. A transferência é um fenômeno interpessoal. (Moreno e Moreno, 1975, p. 4-5)

***

De fato, as referências a Freud e à psicanálise serão recorrentes no trabalho de Moreno, sempre no sentido crítico de oposição. Na mesma introdução à terceira edição de *Psicodrama*, a propósito do contexto histórico desse método, Moreno começa afirmando:

> Havia em Viena, em 1914, duas antíteses da psicanálise: uma era a rebelião do grupo ignorado, contra o indivíduo: constituía o primeiro passo para além da psicanálise, a "psicoterapia de grupo". Introduzi essa denominação para sublinhar o fato de que era antes de tudo uma "terapia" do grupo, e não apenas uma análise psicológica ou sociológica. A outra foi a rebelião do ator, sufocado, contra a palavra. Foi o segundo passo além da psicanálise, o "psicodrama". No começo era a existência. No começo era o ato. (Moreno, 1993, p. I)

Já no segundo volume de *Psicodrama* há um anexo intitulado "Psicodrama e psicanálise". Nele, Moreno introduz o tópico afirmando que "no cerne deste volume está a controvérsia entre psicodrama e psicanálise", e é por isso que considera "útil para repetir os principais contrastes" (Moreno e Moreno, 1975, p. 231-33). São seis os pontos que ele descreve como os mais importantes: 1) modelo; 2) a objetividade e a neutralidade do terapeuta; 3) o ego-auxiliar; 4) o psicodrama de dois; 5) Ferenczi e Freud; 6) o problema do controle.

Sérgio Guimarães

Quanto ao quinto tópico, Moreno se refere aqui ao "famoso conflito" que, segundo ele, "é uma boa ilustração das diferenças entre as técnicas psicanalíticas e psicodramáticas". Ele conta que "nos anos 30 e 31 Ferenczi estava alterando sua técnica para com os pacientes, desempenhando o papel de pai amoroso", e que, quando Freud soube disso, escreveu para ele, em uma carta datada de 13 de dezembro de 1931: "Você não deixou em segredo o fato de beijar seus pacientes e se deixar beijar por eles... Até agora, na psicanálise, temos sido fiéis ao princípio de que os pacientes devem ter toda a satisfação erótica recusada" (*ibidem*, p. 232-33). Comenta Moreno:

Freud não tinha alternativa a oferecer naquela ocasião a seu ex-amigo e ex-analisado. Se conhecesse o método psicodramático que vinha sendo utilizado desde 1923, no *Stegreifthien* de Viena, teria uma alternativa a oferecer. Ele poderia ter escrito: "Se você pressupõe que seu paciente precisa de amor, o carinho de um pai ou mãe autênticos, deixe que *outra* pessoa, especialmente preparada para isso e com o conhecimento necessário, assuma esse papel e atue diante do paciente sob sua supervisão. *Mas mantenha-se afastado disso.* Evitará assim a acusação de que está obtendo satisfação sexual sob o pretexto de prestar um serviço profissional, e também impedirá que o paciente obtenha gratificação sexual de você". Mas Freud nunca escreveu algo parecido ao amigo. Ferenczi, no entanto, tropeçou em um problema básico quando sentiu a necessidade de oferecer amor a seus pacientes. Talvez estivesse mentalmente doente naquele momento, mas isso não muda a lógica do problema. Se o paciente precisa de "amor" para seu bem-estar e progresso mental, a técnica deve ser alterada. Mas a tecnologia da psicanálise permaneceu inalterada até o momento em que o psicodrama entrou em cena. Ao usar outro terapeuta, um assistente, que assume o papel de que o paciente precisa, o problema foi superado, embora não de todo. Se o ego-auxiliar fosse instruído a agir a serviço do psicanalista, para desempenhar o papel de pai ou esposa amorosa, o assistente poderia facilmente se tornar um ator erótico e o próprio Ferenczi, em alguém que atendia seus sentidos, um *voyeur*.
É típico da nova geração de psicanalistas, a "*intelligentsia* psicanalítica", criticar Freud na maioria de seus assuntos teóricos, libido, transferên-

Moreno, o mestre

cia, contratransferência etc., mas eles não tinham tecnologias alternativas a oferecer. Ainda continuam colocando o paciente em um divã ou, se forem mais radicais, permitem que ele se sente em uma cadeira, de frente para o terapeuta. (*Ibidem*, p. 233)

Moreno refere-se basicamente à situação do terapeuta em seu trabalho psicodramático, citando diretores que, "não satisfeitos em "passar o fardo", por assim dizer, aos egos-auxiliares, e sentindo-se descontentes diante da intensidade adquirida pelo processo psicodramático", entram eles mesmos na situação "dobrando, invertendo papéis, espelhando, fazendo solilóquio etc.". No entanto, confirma, "a regra geral é que o terapeuta principal seja o condutor e não assuma o papel de ego-auxiliar, exceto quando uma situação de emergência o exija" (idem).

***

A propósito, da França vêm pelo menos duas confusões históricas sobre as relações entre Freud e Moreno. A primeira se deve a Jacques Lacan: em seu artigo "English Psychiatry and War", publicado originalmente em 1947 pela revista *L'Évolution Psychiatrique* [A Evolução Psiquiátrica], o psiquiatra e psicanalista francês fala de uma visita que acabara de fazer a um centro de atenção a ex-prisioneiros de guerra e ex-combatentes, perto de Londres:

> Pude me encontrar com o major Doyle, a quem me apresentei à minha chegada, e com sua equipe médica; vou relatar apenas estas duas questões: que o problema essencial aqui era o da redução dos fantasmas que assumiram um papel preponderante no psiquismo dos sujeitos durante os anos de afastamento ou reclusão; que o método de tratamento que animava o centro era completamente inspirado nos princípios do *psicodrama* de Moreno, ou seja, uma terapia estabelecida na América, e que também é necessário situar nas *psicoterapias de grupo*, de afiliação psicanalítica. (Lacan, 2016, p. 118; 2012, p. 129-30)

Acontece que, de sua obra-prima *Who shall survive?* [Quem sobreviverá?], publicada pela primeira vez em 1934, Moreno já havia reite-

Sérgio Guimarães

rado sua posição decididamente crítica em relação à psicanálise. Em sua segunda edição, de 1953, ele confirma:

> Deve-se lembrar que a psicanálise cresceu do mundo neuropsiquiátrico de Charcot e Breuer, enquanto as origens do meu trabalho remontam às religiões primitivas e meus objetivos eram o estabelecimento e a promoção de uma nova ordem cultural. Foi o conflito entre os métodos de terapia *"analítico"* e *"operacional"*. (Moreno, 1953, p. XXVII)

A segunda confusão histórica é cometida pelo professor francês Jules Chaix-Ruy em sua *Psychologie sociale et sociométrie* [Psicologia social e sociometria], que ganhou o Prêmio Fabien da Academia Francesa em 1961. Publicado em Buenos Aires cinco anos depois, o livro apresenta duas informações erradas sobre Moreno. A primeira quando, depois de apresentá-lo como "médico de boa reputação e convencido desde cedo de que a medicina não pode ser separada da psicologia", afirma que "passou muitos anos em Viena como discípulo plenamente convicto do Dr. Freud, a ponto de descartar todas as outras psicanálise divergentes" (Chaix-Ruy, 1961, p. 33; Chaix-Ruy, 1966, p. 40). Mais adiante, comenta que "em 1927, quando não era nada mais que um psicanalista atento às lições de Freud, o Dr. Moreno publicou, em alemão, seu primeiro livro: 'O teatro da espontaneidade'". Além do erro referente ao papel de "psicanalista", o livro mencionado foi publicado, na verdade, quatro anos antes. Infelizmente, os mesmos erros são repetidos na edição castelhana (1966, p. 74 e p. 83, respectivamente).

Equívoco semelhante apareceu em uma das primeiras publicações de Moreno na Argentina, na década de 1950. Ao apresentar o livro *Sociometria e psicodrama* ao público, seu editor tentou motivar seus leitores observando:

> Você está angustiado? Suba ao palco e represente publicamente sua angústia, sua obsessão, seu problema. Esse é o princípio estabelecido por um eminente psicanalista, Jacob L. Moreno, que concebeu e dirigiu, mais de um quarto de século atrás, o Teatro Psicodramático Beacon.

Moreno, o mestre

O curioso é que, no mesmo livro, Moreno afirmou:

> Freud parou no meio do caminho. Foi preciso mais de um quarto de século desde sua primeira publicação em 1895 para que, com o advento do psicodrama em 1923, o aspecto externo de uma situação psicológica pudesse ser completamente isolado e uma compreensão mais profunda dela fosse alcançada; outros 25 anos foram necessários para que essa interpretação chegasse à literatura psicológica. Minha teoria e prática do psicodrama transformaram profundamente a situação que Freud viu. (Moreno, 1954a, p. 13)

***

Apesar das frequentes referências críticas de Moreno ao pensamento de Freud, seria precipitado concluir que o criador do psicodrama não valorizava a contribuição do criador da psicanálise. Pelo contrário, como ele sustentará em 1964, em seu artigo sobre "The Third Psychiatric Revolution and the Scope of Psychodrama" [A terceira revolução psiquiátrica e o escopo do psicodrama], depois de reconhecer as mudanças causadas pela primeira revolução (Pinel) como "institucionais", Moreno reconhece Freud como o autor da segunda revolução, que trouxe "mudanças psicodinâmicas". Para ele, a terceira revolução é a que apresenta os métodos de grupo e de ação, trazendo como objetivo final "uma sociedade terapêutica, uma ordem terapêutica mundial" (1964, p. 150).

De qualquer forma, o que se deduz dos comentários não publicados de Moreno em sua autobiografia é que suas restrições a Freud vão além das diferenças conceituais, constituindo um profundo desacordo de natureza filosófico-teológica:

> Sempre achei que o grande erro de Freud foi misturar a ideia de divindade com a imagem do pai, uma metáfora derivada da família humana. Em vez de seguir a trilha que Spinoza iluminou, ele pegou o conceito antropomórfico de Deus por seu valor nominal e o analisou de maneira tão ingênua quanto se apresentou a ele. Ele repetiu, no nível da análise, o erro dos religiosos supostamente infantis que ele rejeitava. Eles, Freud e os religiosos, simplesmente representavam os dois lados da mesma moeda.

111

Sérgio Guimarães

Meu duplo esforço para expandir os conceitos de psiquiatria para além de suas limitações médicas e sociológicas e para expandir os conceitos de religião para além de suas limitações históricas e teológicas encontrou expressão nos livros que escrevi naquele período. O avanço da aproximação entre religião e psiquiatria por volta de 1918 e no início dos anos 1920 foi uma extravagância, repugnante para teólogos e cientistas. Eu era um profeta solitário, formulando minha posição muito antes de Jung, Jaspers e outros. Mas há muitos hoje que seguem minha melodia. (Moreno, 1974, Cap. 6, p. 35-36)

Entretanto, nem sempre as opiniões de Moreno sobre as ideias de Freud eram tão sérias. Referindo-se ao ano de 1913, seu senso de humor o levou a fazer o seguinte comentário, 40 anos depois, na segunda edição de *Who shall survive?*:

A mais engraçada das primeiras definições de psicodrama me foi dada por um poeta vienense, um alcoólatra crônico, enquanto caminhava comigo uma noite pela rua Kärtner. "Moreno", exclamou, "eu concordo com você; se eu tiver de morrer, prefiro morrer de *diarreia* do que de *constipação*. Na minha opinião, essa é a diferença entre você e Freud". (Moreno, 1953, p. XXVIII)

***

No mesmo capítulo de sua autobiografia, no qual Moreno (1974, Cap. 5, p. 14-15) relata seu encontro com Freud, ele reconhece que "até pouco tempo atrás havia um sério conflito entre os modos de terapia 'analíticos' e 'operacionais'", afirmando: "Não sei se Freud já estudou meu trabalho, ou mesmo se o levou a sério. Estávamos em mundos separados". Além disso, ele comenta, em um fragmento inédito:

Uma coisa é certa. A resistência do Dr. Freud à atuação era um obstáculo ao progresso da psicoterapia. Não apenas ele temia a atuação do paciente como também – o que é provável – temia as consequências de *sua própria* atuação. Uma análise de Freud poderia ter revelado que sua separação de Breuer não se devia apenas à atitude de Breuer em relação ao sexo, como relatou Freud, mas ainda mais ao desgosto

Moreno, o mestre

de Freud em representar o papel de hipnotizador induzindo um transe. Era o mesmo complexo que o fazia hesitar e criticar a espontaneidade e se sentir desconfortável com as brincadeiras das crianças. Observá-los e analisá-los, sim. Entrar em seu jogo e atuar com eles, não. O método psicanalítico de Freud era um oponente natural das técnicas de jogo e à terapia do jogo, exceto pelo fato de produzirem "material" para análise. Mas brincar e atuar são, afinal, irmãos. Pelo menos no círculo de Viena, o ímpeto público pelas técnicas de jogo e pela terapia do jogo espontânea veio do meu trabalho nos parques, do meu experimento no *Stegreiftheater* e de meus escritos. Os psicanalistas assumiram algumas das minhas ideias e as absorveram pouco a pouco em suas práticas e literatura. Mas é preciso lembrar que os analistas foram o maior obstáculo à aplicação do princípio do jogo à psicoterapia, na década crucial de 1914 a 1924. Lembre-se também, a esse respeito, de que Anna Freud e Melanie Klein publicaram seu trabalho sobre técnicas muitos anos depois, muito tempo depois que criei um clima receptivo para eles. (*Ibidem*, p. 14-15)

O certo é que as divergências de Moreno em relação a Freud duraram até o estágio final de sua vida. Dois exemplos podem servir para confirmar as restrições que o criador do psicodrama continuou a fazer, já com a idade avançada, às ideias do pai da psicanálise.

Sete anos antes de sua morte, Moreno publica *The Psychodrama of Sigmund Freud* [O psicodrama de Sigmund Freud], em 1967, por sua editora, Beacon House. Trata-se de uma monografia de 12 páginas, em cuja capa aparecem as menções "edição abreviada" e "edição completa em preparação". O autor dedica a primeira parte de seu texto a comentar brevemente que "Freud está morto, mas seu novo livro, *Thomas Woodrow Wilson, 28th President of the United States: a psychological study* [Thomas Woodrow Wilson, 28º Presidente dos Estados Unidos: um estudo psicológico], chocou o mundo científico" (Moreno, 1967b, p. 1).

Vale a pena nos concentrar na terceira parte da monografia, na qual Moreno se estende criticamente ao "sistema psicanalítico". "Por sistema psicanalítico, quero dizer todos os sistemas de natureza analítica. Tornei a doutrina de Freud o principal objetivo do meu ataque,

Sérgio Guimarães

porque era o mais bem desenvolvido e o mais influente." Além disso, garante: "Minhas críticas não foram dirigidas contra Freud científico, mas contra Freud metafísico, o construtor de sistemas" (*ibidem*, p. 9).

Tentando ser mais específico, Moreno observa:

> O sistema psicanalítico tem em comum com outros sistemas analíticos que seguiram seus passos a tendência a associar as origens da vida à *calamidade*. O conceito-chave do sistema freudiano é a libido. *Mas Freud, em vez de associar o sexo à "espontaneidade", associava-o à ansiedade, à insegurança, à abreviação, à frustração e à substituição.* Seu sistema mostra uma forte inclinação para o negativo e a negação, uma tendência que se tornou mais forte nele com a idade. (*Ibidem*, p. 10)

Moreno comenta que mesmo a sexualidade, "que deve a ele [Freud] sua elevação permanente a um agente respeitável e poderoso, foi estudada mais em seus aspectos negativos do que positivos". Sem dúvida, comenta, "ele esperava que, aparecendo as calamidades no decorrer da análise, surgisse uma vida sexual saudável, livre de seus grilhões", acrescentando: "Mas o tempo todo dava prioridade aos obstáculos da vida sexual e não ao seu rendimento, cultivo ou formação" (*ibidem*, p. 10).

Além disso, Moreno observa que Adler também desenvolveu seu sistema começando com outra calamidade, "a inferioridade dos órgãos e sentimentos de inferioridade". Moreno afirma que Adler posteriormente chegou a desenvolver um sistema suplementar, mas "nunca conseguiu se libertar de uma posição analítica" (*ibidem*, p. 10).

Procurando a razão dessa tendência, Moreno pensa que a abordagem freudiana pode ser entendida "se levarmos em conta o clima científico em que a psicanálise surgiu", explicando que, na segunda parte do século XIX, "a visão biológica da vida prevaleceu nos círculos médicos". Ou seja, interpreta, "era uma maneira de pensar com Schopenhauer e Darwin que a dor e o mal dominam o universo". No entanto, acrescenta, "seria errado pensar que é a abordagem biológica que deve ser responsabilizada" (*ibidem*, p. 11).

Mais adiante, Moreno diz que discorda de "alguns empiristas e [d] aqueles que juram pelo método experimental que Freud era pouco

Moreno, o mestre

científico, intuitivo e místico, a fim de descartar suas conclusões levianamente". Pelo contrário, defende:

> Freud era um cientista mais velho que a maioria dos que o criticam; suas hipóteses se baseiam em evidências parciais e talvez às vezes em tão pouco como dez por cento de probabilidade, mas ele sabia disso. Ele estava sempre disposto a mudar suas hipóteses com novas provas e as mudou várias vezes durante sua vida. Minha crítica vai contra o sistema psicanalítico como um todo e as motivações inconscientes subjacentes a ele. (*Ibidem*, p. 11)

Tentando ser ainda mais explícito sobre esse último ponto, Moreno oferece mais detalhes:

> As motivações inconscientes subjacentes podem ser lidas claramente a partir do modelo que deu impulso e inspiração contínua ao sistema – a situação psicanalítica. Foi modelado para permitir a análise e excluir a ação. O paciente era colocado no divã em uma posição reclinada e passiva; o analista se colocava atrás do paciente para não vê-lo e evitar a interação. A situação era hermeticamente fechada: nenhuma outra pessoa era autorizada a entrar, e os pensamentos que surgiam no divã tinham de permanecer no segredo da sala. O positivo e o direto no relacionamento com o paciente precisavam ser omitidos. A técnica da livre associação não é a fala natural. O paciente relata o que está acontecendo em sua mente. Não era permitido que a transferência do paciente sobre o analista se estendesse e se tornasse um verdadeiro encontro, de mão dupla. A conclusão é que a motivação inconsciente por trás do modelo é o medo do analista de ser colocado na posição de agir em relação ao paciente e que este aja sobre ele. É um dispositivo de segurança contra o amor e a agressão abertos. A dificuldade, é claro, é que com isso a própria vida era excluída da sala, e o processo de tratamento tornava-se uma forma de boxe nas sombras. (*Ibidem*, p. 11-12)

Qualquer que seja o mérito dado à argumentação usada por Moreno, a análise de seu texto de 1967 apresenta evidências de que

Sérgio Guimarães

sua posição em relação ao chamado sistema psicanalítico continuava frontalmente oposta, quase 20 anos após as tentativas iniciadas na França de reconciliar as contribuições de Freud com as de Moreno, mais tarde conhecidas como "psicodrama analítico". Suas observações finais na monografia permitem conhecer a visão que ele tinha das relações entre os componentes do método freudiano e os novos instrumentos – a sociometria, o psicodrama e a psicoterapia de grupo – propostos por ele:

> A libido continua viva no sistema sociométrico como forma secundária da criatividade. O divã psicanalítico tornou-se uma peça de mobiliário no campo sociodinâmico do estágio psicodramático. A associação livre é um complemento limitado, e frequentemente artificial, do atuar; a atuação espontânea é uma função universal do comportamento humano, uma sequência da fome de atos do bebê; a atuação, que para Freud parecia um sinal de resistência e um fenômeno a ser proibido na situação do divã, tornou-se um dos volantes [*steering wheels*] da interação terapêutica. *Tele* foi descoberto como fator universal que domina as relações interpessoais e a interação social; a transferência é um subproduto da estrutura da *tele*. A regressão é uma forma de jogo compulsivo, uma forma de jogo de papéis, o brincar em torno de papéis-conserva; o atuar dos padrões regressivos oferece certas vantagens para o indivíduo que atua; relaxam o paciente, pois reduzem ao mínimo seu envolvimento na complicada situação atual; ele pode substituir a resposta esperada para a situação atual por uma mais simples e, assim, viver com uma baixa quantidade de espontaneidade. A resistência é uma função da espontaneidade; deve-se a uma diminuição ou perda desta. A projeção é uma função da imaginação. A sublimação se torna uma função da criatividade. (*Ibidem*, p. 12)

O anúncio feito na capa da monografia, prometendo uma edição mais completa, na verdade não se concretizou. No entanto, entre os documentos catalogados pela Universidade de Harvard na biblioteca Francis Countway, estão os manuscritos que Moreno estava preparando para a publicação do projeto do livro. Em uma das páginas desse material inédito, ele afirma:

Moreno, o mestre

O princípio sobre o qual este livro é construído não é a transferência, mas o *Encontro*. A transferência representa a projeção de um homem sobre o outro, a ilusão, a distorção, alguma forma de irrealidade. Apenas um homem é o objeto de análise, o outro é o receptor de sua imaginação. É um espetáculo de um homem só. Encontro é, pelo contrário, uma transação entre pessoas reais; se não estão presentes, não há reunião. É a realidade em carne e osso, sua existência real; é confronto, não projeção. Trata-se de um combate, não de boxe na sombra. É a vida, não é um sonho. A história do encontro começa, portanto, comigo e com meu encontro com Freud. (Moreno, 1967, p. 20)

Em outro momento de suas anotações, adotando uma linguagem em terceira pessoa, ele tenta comparar "eventos importantes na vida de Freud com eventos importantes na vida de J. L. Moreno", com paralelos que dispensam comentários:

Quando Freud tinha 50 anos (1906), ele completou seu trabalho de base. Isso marcou o ponto de virada em sua carreira. A partir de então, ele começou seu esforço para conquistar o mundo. Em 1940, quando Moreno tinha 50 anos, também foi formulada a orientação básica de seu trabalho, e ele começou seu esforço para difundi-lo e conquistar o mundo. Ambos começaram como pioneiros de uma ideia, com a criação de uma ideia que foi considerada por eles e pelos outros sua criação única. A vida de ambos consistia em uma batalha contínua por reconhecimento, uma batalha com amigos e inimigos. Portanto, não surpreende que o psicodrama de Sigmund Freud seja também o psicodrama de J. L. Moreno. Ambos eram humanistas, mas em lados opostos da balança. (*Ibidem*, p. 51)

***

O segundo exemplo da posição de Moreno diante de um dos conceitos centrais desenvolvidos por Freud – o inconsciente – sai de sua última obra, já editada na fase final de sua vida. Mais especificamente, é a introdução à *Autobiografia de um gênio*, que seu filho Jonathan, ao editar o texto datado de 1985, preferiu incluir como apêndice, com o título de *"On genius"* [Sobre o gênio]. No fragmento IX, Moreno retorna aos seus conceitos fundamentais de criatividade e espontaneidade:

117

Sérgio Guimarães

Precocemente, descobri alguns postulados para o ego criativo: (1) Tanto o consciente quanto o inconsciente são funções da criatividade. (2) As ideias devem ser postas em prática com a ajuda do corpo para alcançar todas as dimensões de si mesmo no ato – seja qual for o meio – pela primeira vez na forma bruta e espontânea em que elas brotam. Em seguida, as lascas do momento devem ser coletadas e feitas novamente, cada vez maiores, reforçadas por experiências espontâneas. *Não deixe a próxima vez saber muito sobre as vezes anteriores. Tenha cuidado com as conservas culturais.* Não conscientize o inconsciente. A criatividade inconsciente sofre com a interrupção, a menos que a interrupção esteja no nível da pura criatividade. O que é bom para a sua neurose particular pode ser ruim para sua neurose criativa. (3) Seja espontâneo. Ou seja, responda adequadamente a uma nova situação ou responda a uma situação antiga como se fosse a primeira vez. (4) A maneira mais econômica de uma vida criativa é ser espontânea todas as vezes, a todo custo, e não viver de "economias". (Moreno, 1985, p. 5)

O fragmento XII também não deixa dúvidas sobre sua maneira de agir em relação ao inconsciente, diferentemente do que Freud propunha:

Confie na criatividade de seu inconsciente. Confie no poder de sua criatividade. Sua criatividade é fundamental, real e única. O inconsciente precisa mais do que análise. Precisa de proteção, conservação e manutenção bem calculada. Confie em sua espontaneidade.
Mas para onde vai minha atuação? Posso me meter em confusão, assassinato ou suicídio. Não tema suas vozes interiores. Ouça-as e use métodos positivos, como o psicodrama, como um guia. Doutor, "acredite" em si mesmo. (*Ibidem*, p. 8-9)

***

Em *Progress in Psychotherapy* [Progressos em psicoterapia], editado pela psiquiatra alemã Frieda Fromm-Reichmann e por ele, em 1956, Moreno relata que, em 1914, "em busca de uma matriz comum para todas as psicoterapias", publicou em Viena um opúsculo, *Einladung zu einer Begegnung* [Convite para um encontro]. "Poderia ter sido esquecido", comenta

Moreno, o mestre

ele, "se não fosse porque se tornou a semente da qual cresceram o psico-drama, a psicoterapia de grupo e uma importante variedade de terapias existencialistas" (Fromm-Reichmann e Moreno, p. 26- 27).

Tentando analisar especificamente o conceito 13 anos depois, no artigo "The Viennese origins of the encounter movement, paving the way for existentialism, group psychotherapy and psychodrama" [As origens vienenses do movimento do encontro, abrindo caminho para o existencialismo, a psicoterapia de grupo e o psicodrama], Moreno reconhece a dificuldade de traduzir a palavra *Begegnung*, mas explica:

> *Begegnung* implica que duas ou mais pessoas se reúnem não apenas para estar diante de outra, mas para viver e experimentar uma a outra – como atores, cada um por si. Não é apenas um relaciona-mento emocional, como o encontro profissional de um médico ou terapeuta e paciente, intelectual, como o do professor e do aluno, ou científico, como o de um observador participante da sua disciplina. É uma reunião no nível mais intenso de comunicação. Os participantes não são colocados lá por nenhuma autoridade externa; eles estão lá porque querem estar. (Moreno, 1969a, p. 8-9)

Além disso, ele pondera: "A palavra *Begegnung* contém a raiz da palavra *gegen*, que significa 'contra'. Portanto, abarca não apenas o amor, mas também relacionamentos hostis e ameaçadores", observa Moreno, resumindo:

> *Begegnung* é a soma total da interação, um encontro de duas ou mais pessoas, não no passado morto ou no futuro imaginado, mas no aqui e agora, *hic et nunc*, na plenitude do tempo; implica contato físico e psíquico. É a convergência de fatores emocionais, sociais e cósmicos que ocorrem em todas as faixas etárias, mas principalmente na ado-lescência (*síndrome de Begegnung*); é a experiência de identidade e total reciprocidade, mas, sobretudo, o psicodrama é a essência do encon-tro. (*Ibidem*, p. 8-9)

Finalmente, voltando ao emblemático encontro de 1912, e apesar de todas as críticas à psicanálise feitas por Moreno ao longo de sua vida

Sérgio Guimarães

e obra, é essencial levar em conta uma de suas próprias anotações manuscritas, encontradas em seu arquivo "Freud e a psicanálise". Nele, Moreno declara, conclusivamente: "Independentemente das realizações dos métodos, o objetivo comum de todos os psicoterapeutas é melhorar a saúde mental da humanidade. A unidade entre eles e o respeito mútuo é vital, com o devido respeito pelas diferenças de opinião científica" (Moreno, 1950, p. 3).

De qualquer forma, além do confronto do jovem Jacob Levy com o professor Freud, a etapa seguinte da vida de ambos será profundamente marcada por um conflito maior: "Antes de terminar a faculdade de medicina", diz Moreno, "a Primeira Guerra Mundial estourou" (Moreno, 1974, Cap. 5, p. 16).

8. No campo de concentração, os germes da sociometria

"Às 11h15 da manhã de 28 de junho de 1914, na capital da Bósnia, Sarajevo", informa a *Encyclopædia Britannica* (verbete World War I [Primeira Guerra Mundial], 2016), "Francisco Ferdinando e sua esposa morganática, Sophie, duquesa de Hohenberg, foram mortos a tiros por um sérvio da Bósnia, Gavrilo Princip". Exatamente um mês depois, segundo a mesma fonte, o imperador Francisco José declarou guerra à Sérvia e, no dia seguinte, a artilharia austro-húngara começou a bombardear Belgrado.

Em seu livro *Thunder at Twilight – Vienna 1913/1914* [Trovão no crepúsculo – Viena de 1913/1914], o escritor austro-americano Frederic Morton conta que as primeiras reações foram de entusiasmo, e não apenas em seu país natal: "Agora eram alemães, franceses, ingleses, russos e – o que é mais surpreendente – súditos Habsburgo etnicamente heterogêneos, todos juntos". Ele ainda acrescenta que "o mesmo calor patriótico envolveu a todos. Viva!" (Morton, 2001, p. 330-31).

Morton comenta que até o Dr. Sigmund Freud, "praticante sombrio da presunção vienense de desprezar Viena", chegou a declarar: "Pela primeira vez em 30 anos me sinto realmente um austríaco" (*ibidem*, p. 331). De fato, o médico e biógrafo psicanalista britânico Ernest Jones, no segundo volume de seu *Vida e obra de Sigmund Freud*, dedicado aos "anos de maturidade 1901-1919", afirma que "a primeira reação de Freud à declaração de guerra foi realmente inesperada". Jones confirma a declaração de que "pela primeira vez em 30 anos me senti austríaco", acrescentando que, além disso, "como ele próprio dizia: 'Toda minha libido agora pertence à Áustria-Hungria'" (Jones, 1989, p. 184-85).

Na Áustria, Freud não foi o único a expressar seu entusiasmo. Stefan Zweig, por exemplo, dedica um capítulo inteiro de seu livro autobiográfico *The World of Yesterday* [O mundo de ontem] às "primeiras

Sérgio Guimarães

horas da guerra de 1914", comentando: "Uma cidade de dois milhões, um país de quase 50 milhões, nesse momento sentiam que estavam participando da história do mundo, um momento que nunca se repetiria" (Zweig, 1964, p. 223). Descrevendo em detalhes a atmosfera da época, Zweig (*ibidem*, p. 226) acrescenta:

Todas as diferenças de classe, posição e idioma foram sufocadas por um momento na fluência do sentimento de fraternidade. Estranhos conversavam entre si nas ruas, pessoas que se evitaram por anos apertavam-se as mãos, em toda parte se viam rostos emocionados. Cada indivíduo experimentava uma exaltação de si mesmo, não era mais a pessoa isolada de outros tempos; tinha se juntado à massa, fazia parte da população, e sua pessoa, até então despercebida, tinha ganhado um sentido. [...] "Estaremos em casa no Natal", gritavam os recrutas entre risos às mães, em agosto de 1914.

"Ilusão completa", diz o historiador austríaco Robert Waissenberger em seu artigo "Entre rêve et réalité" [Entre sonho e realidade], publicado inicialmente em uma exposição com o mesmo título, organizada pelo Museu de História de Viena em 1985. Destacando alguns dos sérios problemas sociais que o império enfrentava naquele período, Waissenberger (1986, p. 65-66) comenta:

Eram sobretudo as condições de saúde que deixavam a desejar. A expectativa de vida era muito baixa para certos ofícios, como os fabricantes de ladrilhos. Durante décadas, a tuberculose, praga das classes trabalhadoras, devastou e afetou principalmente os jovens. Vários fatores favoreciam a doença: muitos não tinham o que comer, e as trágicas condições de moradia faziam o resto. Amontoavam-se em casas úmidas e mal iluminadas, o que favorecia o perigo de contaminação. Definitivamente, não apenas as classes mais baixas eram afetadas, mas também "os que tinham". A doença reunificava, por assim dizer, todas as classes: nobreza, burguesia e proletariado. A única diferença era a oportunidade para "os que tinham", que às vezes conseguiam tratamentos benéficos.

Moreno, o mestre

No entanto, acrescenta Waissenberger, as tensões causadas por esses problemas não puderam ser "acalmadas" e poucas pessoas perceberam "onde morava o perigo". O que ele detecta é "um clima de tempestade que iria estourar mais cedo ou mais tarde e mudar a situação", concluindo: "Essa tempestade foi a Primeira Guerra Mundial" (*ibidem*, p. 66).

Sobre esse panorama, Morton evoca os números, falando de uma "aritmética impressionante do militarismo" em sua *Viena de 1913/1914*. Ele relata que, apesar da resistência socialista, o parlamento de Berlim "tinha aumentado em tempos de paz a força da instituição militar alemã de 660 mil para 800 mil". Na França, o período de serviço militar estendido a três anos "acrescentou enorme poder de ataque ao exército". Na Rússia, em quatro anos, o programa de preparação militar "aumentou suas forças de 500 mil homens para 1,5 milhão", e esse número continuou a crescer. Quanto à Áustria, seu exército passou "de 400 mil para 500 mil" (Morton, 2001, p. 211). Morton também cita um comentário feito em 29 de maio de 1914 pelo jornal socialista vienense *Arbeiter Zeitung* [Jornal Operário]:

> Gastamos metade do que a Alemanha gasta em armamentos. No entanto, o produto interno bruto da Áustria é apenas um sexto do da Alemanha. Em outras palavras, gastamos proporcionalmente três vezes mais na guerra do que o Kaiser Wilhelm. Deveríamos lutar pelo grande poder à custa da pobreza e da fome? (Idem)

***

Em sua autobiografia, Moreno comenta que o conflito de 1914-1918 trouxe muitas mudanças em sua vida: "Quando a guerra começou, eu era um profeta, um líder religioso. Quando a guerra terminou, era um autor publicado (embora anonimamente), autor de poesia religiosa, líder de um grupo literário existencialista". Sobre isso, ele relata que a primeira parte de seu primeiro opúsculo, *Convite para um encontro*, foi escrita na primavera de 1914, revelando também que "a inspiração imediata para escrevê-lo foi a chegada da guerra" (Moreno, 1974, Cap. 5, p. 16). Então, em um fragmento inédito, ele acrescenta:

Sérgio Guimarães

Eu nunca concebi "Convite para um encontro" como um livro. Os livros começam com um dilema sem fim, separando a pessoa do escritor da pessoa do leitor. Eu buscava, portanto, uma alternativa, uma técnica de comunicação interpessoal, o livro como um convite para um encontro, suplantando o livro como uma conserva. Foi então que inventei o que é, talvez, a definição mais simples de relacionamento interpessoal. "Um encontro de dois: olho no olho, cara a cara. E quando você estiver perto, vou arrancar seus olhos e colocá-los no lugar dos meus, e você arrancará meus olhos e os colocará no lugar dos seus. Então, olharei para você com seus olhos e você para mim com os meus." (*Ibidem*, p. 16-17)

Diferentemente do primeiro livreto, o segundo mantém o tema do encontro, mas expõe com muito mais intensidade a retração do poeta e o tema do silêncio, recorrente em vários textos do "relatório de Jakob Levy". Na obra de 1915 aparecem títulos como "No princípio do silêncio", "Etapas do silêncio", "O caminho do silêncio", "O silêncio perfeito", "O ponto culminante do silêncio", "A elevação do silêncio", "Do silêncio ao silêncio", até terminar com "O testamento do silêncio", cuja primeira estrofe revela claramente a posição do jovem diante da catástrofe do conflito:

Sou em meu silêncio um tumor
A quem seus deuses mais fortes sobrevivem.
Sou no céu deste dia repulsivo
o único que ainda estremece de si mesmo.
Ando impertérrito e com dificuldade pela montanha
Na qual vocês empilham aço e corpos.
Calo e meu silêncio julga. (Levy, 1914 e 2014, p. 34)

Uma das consequências imediatas da guerra, de acordo com Moreno também em sua autobiografia, foi a de ter "diluído o movimento que era a Religião do encontro". Além disso, ele afirma: "A guerra teve um efeito redutor em meus êxtases religiosos", observando a ocorrência de "uma transformação gradual no sentido de um comportamento mais normal da minha parte durante os anos de guerra" (Moreno, 1974, Cap. 5, p. 17).

Moreno, o mestre

O que seu biógrafo registra sobre esse período é que, por um lado, Moreno não pôde prestar serviço militar "devido à sua nacionalidade ambígua". Segundo Marineau, ele herdara as nacionalidades romena e turca de seu pai, mas "parece que a família, que chegou à Áustria como refugiada, nunca obteve a cidadania austríaca". Por isso, o biógrafo conclui: "Moreno não tinha obrigação de participar da guerra" (Marineau, 1995, p. 71).

Moreno afirma que realmente se ofereceu para o serviço militar em 1914, mas não foi aceito por seu "status de cidadania incerta". No entanto, "como estudante avançado de Medicina com vasta experiência clínica, fui contratado pelo governo como oficial médico" (Moreno, 1974, Cap. 5, p. 17). Quanto à sua experiência, Moreno se refere ao período que passou no hospital vienense Steinhof, onde seu trabalho era cuidar dos doentes mentais:

> Tive então de contar minhas conclusões a seus parentes ansiosos. Tive dores de cabeça e fracassos, mas aprendi a examinar e tratar pacientes psiquiátricos à maneira da época. Chegava ao hospital às oito da manhã e saía às seis da tarde. Eram longos dias. Examinava de 20 a 30 pacientes diariamente e tinha quase o mesmo número de reuniões com seus familiares. Uma vez admitido no Steinhof, o paciente tinha poucas esperanças de sair, exceto para o cemitério. (*Ibidem*, p. 8)

Segundo comenta a psicóloga austríaca Friederike Scherr em sua tese de mestrado, *Jakob Levy Moreno, na Flüchtlingslager Mittendorf a. d. Fischa – Eine Spurensuche* [Jakob Levy Moreno no campo de refugiados de Mittendorf del Fischa – Uma busca por rastros], em tempos de paz o exército austríaco tinha poucos médicos, "e a situação piorou ainda mais por causa da guerra". Scherr afirma que "faltavam hospitais, médicos e enfermeiros, e os que estavam prestando serviço estavam sobrecarregados". Portanto, para compensar a escassez persistente, "lançou-se mão de todos os recursos possíveis, entre outros também os estudantes de Medicina" (Scherr, 2010a, p. 62-63).

Moreno diz que seu primeiro emprego foi em Mittendorf, "um campo de refugiados a cerca de 15 minutos de trem de Viena", e que

Sérgio Guimarães

a população era principalmente "austríacos de língua italiana do Tirol do Sul". Ele observa que as pessoas não eram livres para deixar o campo: "Era realmente como um campo de concentração", acrescentando que quando ele chegou lá "em 1915, havia mais de dez mil pessoas, a maioria idosos, mulheres e crianças" (Moreno, 1974, Cap. 5, p. 18).

Marineau também traz detalhes sobre o campo, informando que "eles estavam alojados em barracas de cem pessoas cada; quando as pessoas chegavam, eram designadas à barraca que estivesse desocupada". Além disso, Marineau comenta a existência de numerosos problemas entre os refugiados, "sobretudo porque não era feito nenhum esforço para levar em conta afinidades religiosas, de estilo de vida, sociais etc." (Marineau, 1995, p. 71).

A descrição de Moreno sobre o campo em sua autobiografia fornece elementos ainda mais concretos:

> Na chefia de cada cabana havia um *capo di baracca*, homem responsável pelo bem-estar do grupo. No geral, o campo era governado pela polícia [de fala] alemã, homens severos, às vezes rudes ou opressores em seu relacionamento com os tiroleses, mais gentis, de temperamento latino. Os de fala alemã não se mostravam tímidos ao expressar seu desprezo "ariano" pelos italianos.
>
> À primeira vista, o campo parecia bem organizado. Na realidade, era uma comunidade de cabeça para baixo, extremamente estratificada, e por isso parecia estar organizada. O governo providenciou barracas e outras estruturas, uma igreja, uma escola, um hospital e uma despensa para garantir as necessidades mínimas de uma comunidade. O campo foi instalado em 1914. Seis meses depois, uma fábrica de sapatos com dois mil operários foi transferida para o campo a fim de prover oportunidades de emprego. Isso provocou uma revolução. O pessoal da fábrica de sapatos se considerava num plano superior ao dos refugiados camponeses, mantendo-se afastado deles. Tinha uma despensa separada, outras moradias – tudo separado. Mais tarde, alguns refugiados foram contratados para trabalhar na fábrica. Mas a chegada da fábrica superlotou o campo e colocou outro nível acima dos refugiados originais, que estavam na base da escala social e eram preteridos quando se

fazia a escolha dos bens escassos, como mantimentos e roupas. (Moreno, 1974, Cap. 5, p. 19)

Analisando o fenômeno dos refugiados no contexto da Primeira Grande Guerra, Friederike Scherr observa que esta se tornou uma guerra "industrial", no que diz respeito tanto ao "uso e produção de armas e recursos como granadas, tanques, aviões, canhões, gás tóxico etc. quanto à intervenção dos meios de comunicação de massa, como jornais, cinema, imagens etc., para a propaganda belicista". Por outro lado, diz Scherr, "esse caráter industrial − no sentido de um processo em série − também pode ser observado em relação à problemática dos refugiados que essa guerra causou". Ou seja, ela explica, a população civil, nas regiões fronteiriças da monarquia em conflito, "foi evacuada à força, expulsa ou voluntariamente fugiu quase da noite para o dia". Em outras palavras, "foi vítima dos interesses da estratégia militar", o que fez que "sua acomodação, assim como o tratamento, também estivessem determinados pelos interesses da economia de guerra". Nesse sentido, conclui Scherr, "o destino desses homens e suas condições de vida constituíram pano de fundo central para a atividade de Moreno durante a Primeira Guerra Mundial" (Scherr, 2010a, p. 60).

***

Segundo Moreno, o governo estava preocupado com três problemas ao estabelecer o campo, e isso se refletia no planejamento: "a segurança contra um ataque inimigo, o saneamento e a subsistência". No entanto, ele comenta,

> O planejamento social ou psicológico nunca foi considerado, nem mesmo concebido naquele tempo, apesar de haver grandes administradores que fizeram o planejamento "sociométrico" por intuição. Fui incluído num comitê que supervisionaria os problemas sanitários no campo. Nessa posição e, mais tarde, como superintendente do hospital infantil, tive a oportunidade de estudar a comunidade desde seus primeiros dias até sua dissolução no final da guerra. (Moreno, 1974, Cap. 5, p. 21)

Sérgio Guimarães

Pelas pesquisas feitas por Scherr para sua tese, Moreno não permaneceria ininterruptamente no campo de refugiados de Mittendorf: no fim de 1915, "é muito provável que tenha ido em seguida, por um breve período, a Sternberg, na Morávia, onde havia também uma estação de observação", explica Scherr, onde "soldados doentes ou feridos eram mantidos em quarentena e inicialmente tratados, para ver se tinham doenças contagiosas, antes de receber alta ou ser transferidos a outros hospitais do reino". Ela afirma que os estudantes de Medicina indicados para "o serviço de epidemias ou assistência hospitalar" receberam cursos de formação específicos. Declara que não conseguiu confirmar se Moreno participou de um desses cursos, "mas, de qualquer forma, essa foi a área em que ele trabalhou e, também após os estudos, é apresentado em documentos como 'epidemiologista'" (Scherr, 2010a, p. 63).

Scherr também afirma que, antes de Mittendorf, Moreno esteve em Zsolna, Hungria, apresentando como evidência os dados de registro municipal e "um cartão postal que Moreno escreveu de Zsolna a seu irmão Wilhelm em março de 1915" (*ibidem*, p. 65-66).

Em seu esforço para reconstituir os traços deixados pelo jovem adulto Jacob Levy, Scherr também tenta documentar os passos de sua formação em medicina. Com base nos arquivos da Universidade de Viena, Scherr constata que, nos semestres de verão e inverno de 1916/1917, "ele não se matriculou em nenhuma disciplina, mas em 13 de julho de 1916 fez sua segunda prova oral [*Rigurosum*], em 27 de janeiro de 1917 a terceira, e em 5 de fevereiro de 1917 se formou" (Scherr, 2010, p. 67), o que comprova, em plena guerra, a determinação do aluno em concluir seus estudos. Quanto aos semestres sem matrícula, Moreno confirma em sua autobiografia: "Pedi licença da escola e me coloquei à disposição do governo" (Moreno, 1974, Cap. 5, p. 17).

Segundo ele, a estrutura do campo de Mittendorf deu origem à "mais forte corrupção que já testemunhei". Por um lado, diz Moreno, "era uma verdadeira Sodoma e Gomorra. Havia um enorme mercado negro, é claro", acrescentando que as mulheres eram particularmente vítimas de abuso: "Tantos abortos e gravidezes ilícitas! A polícia de fala alemã era a pior nesse aspecto". Por outro lado, confessa: "Como médico delas, eu estava ciente do sofrimento das mu-

Moreno, o mestre

lheres e comecei a identificar-me cada vez mais com as tirolesas, aprendendo sua língua como um nativo e igualmente mergulhando na vida delas" (*ibidem*, p. 22-23).

O que se segue no campo de Mittendorf pode ser considerado o começo da criação da sociometria, como conta Moreno (*ibidem*, p. 24):

> Estudei as correntes psicológicas que se desenvolviam ao redor dos vários elementos da vida comunitária: nacionalidade, política, sexo, pessoal *versus* refugiados etc. Considerava que a disjunção desses elementos era a fonte principal dos mais flagrantes sintomas de desajustamento que testemunhei no campo. Foi com essa experiência que a ideia do planejamento sociométrico de comunidades me ocorreu. Em fevereiro de 1916, escrevi a seguinte carta ao ministro do Interior austro-húngaro, Herr Regierungsrat Winter:
>
> *Os sentimentos positivos e negativos que emergem de cada barraca, entre as barracas, de cada fábrica e de cada grupo nacional e político na comunidade, podem ser explorados por meio da análise sociométrica.*
>
> *Uma nova ordem, por intermédio de métodos sociométricos, é aqui recomendada.*
>
> Herr Winter, que mais tarde se tornou grande amigo meu, recebeu minha ideia favoravelmente e prometeu que eu poderia colocar minha teoria em prática.

Curiosamente, o que Marineau afirma é que "ninguém conseguiu estabelecer até agora se a carta foi realmente enviada ao ministro", embora reconheça imediatamente que sua dúvida "é uma questão secundária" e que o gesto de Moreno pode ser considerado, por um lado, "a primeira iniciativa na criação formal da ciência da sociometria" e, por outro lado, "a base do trabalho que seria realizado nos Estados Unidos na década de 1930" (Marineau, 1995, p. 72).

De fato, a segunda edição de *Who shall survive? – Foundations of sociometry, group psychotherapy and sociodrama* [Quem sobreviverá? – Fundamentos da sociometria, psicoterapia de grupo e sociodrama], publicada em Beacon em 1953, traz o fac-símile alemão do "fragmento do rascunho original da carta de J. L. Moreno ao departamento do Interior da monarquia austro-húngara, pedindo a aplicação da sociometria à

Sérgio Guimarães

comunidade de pessoas refugiadas em Mittendorf", datada de 6 de fevereiro de 1916 (1953, p. 2).

***

Sobre a primeira experiência de Mittendorf, Moreno fornece mais detalhes em sua autobiografia:

> Usando os métodos da sociometria, ainda que de maneira muito primitiva, transferi famílias de lugar baseando-me em suas afinidades mútuas. Assim, a forma básica como a comunidade estava organizada foi mudada para melhor. Minha teoria foi confirmada pelo fato de que, quando as pessoas puderam viver com aquelas por quem se sentiam atraídas positivamente, tendiam a ajudar-se entre si, tendo os sinais de desajustamento diminuído tanto em número como em intensidade. Também reorganizamos os grupos de trabalho nas fábricas sempre que possível, para criar maior harmonia e produtividade entre os trabalhadores. (Moreno, 1974, Cap. 5, p. 24-25)

No entanto, o próprio Moreno (*ibidem*, p. 25) relativiza o escopo dessa iniciativa, acrescentando:

> Apesar de meus esforços terem amenizado alguns dos piores problemas do campo, Mittendorf nunca se tornou uma utopia. Continuava a haver fome, doença, corrupção, abuso de pessoas inocentes. Havia tanta gente boa, maravilhosa, que teve de sofrer e não tinha alternativa. Talvez essa fosse a pior parte. Pelo menos, sempre que as coisas se tornavam demasiado difíceis para mim, eu podia ir a Viena à noite e relaxar em um dos cafés.

Pelo que ele conta na segunda edição de *Who Shall Survive?*, é preciso buscar a origem da sociometria também no âmbito religioso. Para ter uma ideia de qual seria "a forma de uma comunidade ideal", Moreno comenta que tentou supor que imagem do universo a Divindade teria "no primeiro dia da criação". Imaginando que "um dos primeiros planos poderia ter sido uma ordem axionormativa universal do cosmos", ele afirma ter formulado consequentemente duas hipóteses:

Moreno, o mestre

1) A hipótese da proximidade espacial formula que, quanto mais próximos dois indivíduos estão no espaço, mais se devem mutuamente no espaço, devem-se mutuamente sua atenção e aceitação imediatas, seu primeiro amor. [...] Por mais próximo entende-se aquele ao lado de quem se vive, quem você encontra primeiro na rua, quem se senta ao seu lado ou quem lhe é apresentado pela primeira vez. A sequência de "proximidade" no espaço estabelece uma ordem precisa de vínculos e de aceitação social; a sequência de dar amor e atenção é, portanto, estritamente predestinada e predefinida, conforme um "imperativo espacial".

2) A hipótese da proximidade temporal postula que *a sequência da proximidade no tempo estabelece uma ordem precisa de atenção social e veneração de acordo com um "imperativo temporal". O aqui e agora exige ajuda em primeiro lugar; o próximo ao aqui e agora no tempo, para trás e para a frente, requer a ajuda seguinte.* (Moreno, 1953, p. xx)

Moreno acrescenta que, com isso, ele tinha em mãos alguns dos ingredientes do "sistema sociométrico": "a ideia de proximidade e da métrica, o amor ao próximo e a ideia do encontro, além da espontaneidade (s) e da criatividade (c)". Reiterando que a gênese da sociometria era "o universo métrico da criação de Deus, a ciência da 'teometria'", Moreno afirma que "Deus era um supersociometrista", e que o que ele próprio sabia sobre sociometria aprendeu primeiro a partir de suas "especulações e experiências no plano religioso e axiológico". Para mostrar como ele fez para "ajustar o sistema sociométrico no mundo de Deus", explica:

Fiz Deus atribuir a cada partícula do universo algo de seu s e c, criando assim para si inúmeras oposições, as contraespontaneidades de inúmeros seres. [...] Essa distribuição de s e c fez dele um parceiro, um igual; deveria servir, não governar, deveria coexistir, cocriar e coproduzir, nada para si mesmo, tudo para os outros. A sociometria recebeu o modelo do objetivo da pesquisa por excelência, "o olho objetivo" de Deus; para ele todos os eventos são de igual mérito, ele não tem vieses. (*Ibidem*, p. xx-xxi)

Sérgio Guimarães

Antecipando reações críticas que pudessem surgir em relação às suas especulações de caráter religioso, Moreno observa que teve sorte "de viver e agir em primeira mão durante minha própria vida a transformação de uma ordem cultural sagrada em secular". Com isso, garante, "o sistema sociométrico ganhou profundidade e clareza", conseguindo combinar "os dois extremos que impregnaram as culturas humanas: o que é concretamente, ativamente mágico-poético, e o que é objetivamente, metodicamente científico". Tendo tido primeiro uma "existência religiosa sagrada" e depois uma "existência secular mundana", ele afirma ter sido capaz de passar sem dificuldade "do pensamento religioso para o científico", que ele considera "os dois lados da mesma moeda". E conclui: "Como o sistema sociométrico teve primeiro um caráter religioso, todas as técnicas sociométricas e psicodramáticas eram em seu primeiro formato religiosas e axiométricas" (*ibidem*, 1953, p. XXI).

Em outro fragmento autobiográfico inédito sobre esse período, depois de afirmar que as duas últimas partes de seu *Convite para um encontro* foram publicadas "em 1915 e 1916, enquanto estava em Mittendorf", Moreno revela detalhes de seu processo de criação literária:

Minha escrita sempre foi uma atividade física intensa, acompanhada de muitas voltas e uma grande tensão. O processo geralmente começa com um período de meditação, no qual, me disseram, estou muito longe do que acontece ao meu redor. Falo comigo mesmo. Mantenho um diálogo socrático na minha cabeça. Após o período de incubação, costumo tirar um cochilo de cerca de 20 minutos. Depois de acordar, começo a ditar o material em grande velocidade, indo e vindo o tempo todo, sem parar. Obviamente, em 1914, quando comecei a publicar, tinha de escrever tudo sozinho. Na época, escrevi à mão. [...] Às vezes, no entanto, grandes efusões de material foram provocadas por um comentário casual, ou pela observação intencional de uma pessoa; nesse caso, os períodos de meditação eram excluídos. Após os episódios febris de produção, meus escritos eram editados, revisados e podados. (Moreno, 1974, Cap. 5, p. 31)

Segundo Moreno, seus dias em Mittendorf eram muito ocupados: "Eu era médico, sociometrista, consultor psiquiátrico, escritor e estudante

Moreno, o mestre

de Medicina. Como eu fiz isso? Trabalhei duro a vida toda", declara ele, relatando que dormia pouco: "Duas ou três horas por noite me permitiam seguir em frente". Além disso, alega ter sido "abençoado com a capacidade de tirar um cochilo curto, de dez minutos a meia hora, e acordar renovado, pronto para voltar ao trabalho" (*ibidem*, p. 31-32).

***

Em suas memórias sobre o período de 1914 a 1918, Moreno também fala sobre sua missão no campo de Sillein, Zsolna, na Hungria, onde auxiliou o "Dr. Wragasy, cirurgião de cérebro de Budapeste", cujas experiências Moreno qualificou de "bárbaras e sádicas". Segundo ele, era um tratamento padrão que "consistia em trepanar o crânio e jogar iodo no tecido cerebral exposto", o que, na maioria dos casos, causava septicemia no cérebro e "morte de muitos homens em agonia" (*ibidem*, p. 32).

O que Moreno retém como a primeira lição de sua missão naquele campo, porém, é que "os modos do Dr. Wragasy abriram meus olhos para a natureza do poder": como ele era o médico-chefe, "era impossível para qualquer um de nós demovê-lo de seus métodos de tratamento ou fazê-lo modificá-los":

> Mais tarde, descobri que o poder que o dr. Wragasy usava era o traço típico da maioria das instituições, não só dos hospitais e instalações militares. Mas, como o hospital é um lugar onde as pessoas se recuperam ou morrem, a política e a estrutura de poder deles é um assunto muito mais dramático e urgente do que o é na escola, na igreja ou na fábrica. (*Ibidem*, p. 33)

A segunda lição aprendida em Zsolna recebeu o título de "Como perdi minha barba", uma história contada por Moreno em sua *Autobiografia de um gênio*. Em Sillein, costumava-se manter os novos refugiados em quarentena estrita, para impedir a propagação de doenças infecciosas e, em algum momento, coube a ele um grupo de judeus ortodoxos de um povoado inteiro, que tentava escapar do inimigo. Como chegaram com vermes, Moreno deu "ordens estritas para que suas cabeças e barbas fossem raspadas" (*ibidem*, p. 35).

Sérgio Guimarães

Ele comenta que "não havia maneira mais segura e rápida de se livrar dos piolhos do corpo" e que na Primeira Guerra Mundial "mais homens morreram de tifo e outras doenças transmitidas por insetos do que por ferimentos". No entanto, conta, o supervisor veio informá-lo de que as pessoas teimavam e que não seguiriam suas ordens. Irritado, Moreno disse-lhe para trazer alguns elementos "desse povoado insensível, que estava colocando em risco a saúde de todo o campo". Três anciãos, os mais velhos do povoado, se apresentaram.

"Por que não deixam que façam suas barbas?", perguntei-lhes asperamente.

O mais velho dos três, o rabino-chefe, respondeu: "Nossa religião o proíbe. Mas, doutor, permita-me a pergunta, por que o senhor ainda usa barba? Ou será que sua barba é mais sagrada perante Deus do que a nossa?"

"Bem", eu disse, alisando a barba loura no meu queixo, minha barba de profeta, "vocês estão enganados. Não tenho barba. Não há cabelo no meu queixo. Abram os olhos". Eles não sabiam o que me dizer e responderam envergonhados: "Sim, doutor, somente agora nós vemos. O senhor não tem barba". Antes de deixarem minha sala, os três prometeram fazer o que eu lhes exigia.

Na manhã seguinte, o supervisor tornou a procurar-me, dessa vez desesperado: "Não posso fazer nada com essa gente. Nenhum deles fez a barba". Chamei os três velhos à minha sala e falei zangado: "Que senso de honra vocês têm? Ontem prometeram seguir minhas ordens, mas continuam de barba". "Caro doutor", disse o mais velho, "nós não temos mais barba. O senhor está enganado. Abra os olhos!" E, com grande prazer, os olhos brilhando com o riso reprimido, eles alisaram a barba que caía no peito. Eu os dispensei sem comentário. Naquele mesmo dia, chamei o barbeiro. Ele me barbeou. Na manhã seguinte convoquei os três velhos novamente. Quando eles me viram, exclamaram espantados: "Doutor, o senhor mandou raspar a barba! Por quê?" "Quietos", respondi, sério. "Eu lhes disse que não tinha barba. Agora vocês podem se convencer disso." Naquela noite, nenhum dos homens nas barracas de quarentena continuava de barba. (Moreno, 1974, Cap. 5, p. 35-37)

O incidente foi o primeiro evento documentado do que no futuro passou a ser conhecido como "a técnica do espelho", desenvolvida por Moreno como parte do método psicodramático. Como ele explica mais tarde, em *Psicoterapia de grupo e psicodrama*:

Um terapeuta que o estudou cuidadosamente o representa no palco. O próprio paciente senta-se na sala do espectador e vê uma cópia de si mesmo: como se comporta quando acorda de manhã, como reclama com sua mãe, como toma o café da manhã e como se comporta em situações típicas de sua vida. Vê-se e talvez se sinta estranho. A técnica oferece a ele a possibilidade de se ver no espelho, aprender com seu comportamento e tirar proveito de todo esse benefício terapêutico. (Moreno, 1966, p. 123)

Depois de dizer aos anciãos, acariciando sua própria barba, que ele não a possuía, o próprio Moreno teve a oportunidade de ver seu gesto, no dia seguinte, espelhado por eles, o que o levou à mudança concreta de se livrar de sua "barba de profeta".

Embora a experiência de Moreno no campo de Sillein não lhe tenha permitido continuar com sua pesquisa sociométrica, Marineau observa, com razão, que, "para o jovem médico, o confronto diário com a miséria e o sofrimento foi uma 'boa preparação' para seu trabalho futuro, não apenas como médico de família, mas também como sociodramatista" (Marineau, 1995, p. 72).

O que se sabe, a partir de sua autobiografia, é que Moreno continuou seu trabalho em Mittendorf, depois de fevereiro de 1917, quando recebeu seu diploma de médico, "um dos últimos ainda assinados pelo imperador Francisco José", ele diz, acrescentando: "Voltei a Mittendorf até o final da guerra" (1974, Cap. 5, p. 38). Scherr confirma a informação em sua tese, informando também que "em uma das primeiras sessões do parlamento austríaco durante a guerra, em maio de 1917", houve um debate sobre as péssimas condições dos refugiados na monarquia. Em consequência, relata, uma reforma começou no campo de Mittendorf e, com isso, "os refugiados tiveram mais oportunidades de participação", o que certamente correspondia às reivindicações de Moreno. No entanto, Scherr comenta em seu

Sérgio Guimarães

resumo em inglês: "Devido à existência de apenas alguns documentos sobre as atividades de Moreno na época, é difícil especificar seu trabalho em Mittendorf e tirar conclusões" (Scherr, 2010, p. 5).

***

O contraste entre os primeiros tempos de entusiasmo e os últimos anos do conflito foi brutal. "O avanço da tecnologia significou que a guerra, na qual se entrou com um espírito de idealismo heroico, rapidamente se tornou um pesadelo destrutivo", observa William E. Yates, professor emérito da Universidade de Exeter e autor de *Schnitzler, Hofmannsthal, and the Austrian Theatre* [Schnitzler, Hofmannsthal e o Teatro Austríaco], em seu capítulo sobre o fim da monarquia: "Seus quatro longos anos custaram, apenas às forças armadas austríacas, cerca de um milhão e duzentas e cinquenta mil vidas (sem contar os desaparecidos)" (Yates, 1992, p. 162).

Os dados da *Britannica* confirmam a enormidade da catástrofe humana, eclipsando totalmente as baixas sofridas nas guerras anteriores: "Cerca de 8,5 milhões de soldados morreram em consequência de ferimentos e/ou doenças", principalmente infligidos "por artilharia, seguidos de armas leves e depois por gás venenoso". No caso da Áustria, o recorde de 90% de baixas (7,02 milhões) foi alcançado entre as forças mobilizadas de 7,8 milhões de pessoas, seguidos por 76,3% da Rússia (9,15 milhões de 12 milhões) e 73,3% da França (6,16 milhões de 8,41 milhões), segundo as estatísticas do Departamento de Guerra dos Estados Unidos. Além disso, superando o número de baixas militares, segundo a enciclopédia, o total de mortes de civis foi de cerca de 13 milhões, causadas principalmente por "fome, exposição ao frio, doenças, encontros militares e massacres" (World War I, 2016a).

O historiador Beller (2011) ilustra a situação explicando que, como capital do império, Viena dependia da Hungria para o fornecimento de alimentos e "das terras da Boêmia para grande parte de seus materiais industriais, especialmente carvão". Ele comenta que "as novas fronteiras nacionais cortaram as cordas de salvamento de Viena" e que "o embargo imposto pela Tchecoslováquia ao suprimento de carvão, durante o inverno rigoroso de 1918-1919, foi um golpe particularmente duro". Segundo ele, "muitos austríacos só permaneceram

Moreno, o mestre

vivos nesse período por causa da ajuda alimentar dos Aliados". Além disso, ele relata: "Outro programa enviou crianças para países como a Holanda, para escapar do inferno de privações chamado Áustria" (Beller, 2011, p. 203).

Também estava ali o jovem Dr. Jacob Moreno-Levy, iniciando uma nova etapa de sua vida como médico, escritor, editor de revista e homem do teatro. "Eu vivi com tanta intensidade aqueles anos, minha vida era tão cheia que duas pessoas teriam problemas para fazer tudo que eu fazia naquele momento", ele registra no capítulo de sua autobiografia dedicada à "Viena do pós-guerra" (Moreno, 1974, Cap. 6, p. 1), nosso próximo passo.

9. Revolução no teatro: espontaneidade ou improviso?

O incidente deve ter ocorrido três anos antes do início do primeiro grande conflito, mas Moreno só o menciona no capítulo de sua autobiografia dedicado à "Viena do pós-guerra":

Certa noite, em 1911, entramos num teatro em Viena quando estava começando uma peça. Encaminhamo-nos para a primeira fileira e nos sentamos. O resto da plateia estava já num fascínio hipnótico com a peça *Assim falou Zaratustra*. Nossa intenção era a de acordar os atores e os espectadores de seu "sono histriônico". Acusamos o ator que fazia o papel de Zaratustra de não interpretar bem. Queríamos chamar a atenção para o conflito entre Zaratustra, o espectador, e Zaratustra, o ator. Meu companheiro posou como o verdadeiro Zaratustra, sentando-se na plateia, horrorizado com a violência feita pelo ator e pelo dramaturgo ao seu personagem. O "verdadeiro" Zaratustra ordenou ao ator que representasse a si mesmo e não a Zaratustra. Depois que meu amigo enfrentou o ator e o autor, subi ao palco e apresentei minha filosofia radical. Exigi que derrubassem a instituição vigente do teatro, a fim de criar um teatro novo, que não seria apenas "o espelho do sofrimento de coisas estrangeiras, mas atuaria nossa própria dor". (Moreno, 1974, Cap. 6, p. 8-9)

O próprio Moreno reconhece que foi uma "situação escandalosa": os atores ficaram ofendidos; o público, zangado. "A ficção deu caminho à realidade", comenta.

Fomos expulsos do teatro pela polícia e levados à prisão, onde passamos a noite. Na manhã seguinte, ficamos diante do juiz. Felizmente, fomos dispensados depois de sermos submetidos a uma repreensão e

Moreno, o mestre

de termos prometido nos abster de fazer isso de novo. Éramos uma dupla dura de roer, e o protesto público foi sério. (Moreno, 1974, Cap. 6, p. 9)

Essa história foi a base de um texto que Moreno publicou em 1919, já como editor do jornal *Daimon*: "A divindade como comediante", escrito como obra para o teatro e apresentando como papéis "o diretor de teatro, os atores, o intérprete de Zaratustra, o poeta, o espectador Johann, eu, o bufão da esquerda, o bufão da direita, o mais velho dos espectadores, o mais jovem dos espectadores, todos os espectadores" (Moreno-Levy, 1919, p. 48).

Para Marineau, esse material "é interessante tanto em sua apresentação como em seu conteúdo e expõe em parte o pensamento básico de Moreno". De um lado, opina, o jovem autor "deseja fazer desaparecer os papéis artificiais que as pessoas representam"; de outro, o Moreno--Levy de então "urge-os a abandonar as máscaras e apresentar seus próprios eus" (1995, p. 74). Em certo momento, o próprio "eu" declara:

Até agora o teatro simulou para nós *as dores nas costas alheias*, mas esta noite simulará *o próprio sofrimento*; até agora cometeu sacrilégios, superpovoado de falsos ídolos, mas esta noite representará *a si mesmo como obra*; até agora, o poeta revelou o ator, e o ator, o espectador, mas esta noite todos se tornaram um único povo; apenas nesta noite estupenda, revolta, exemplo, magia, estouro da gargalhada suprema; que nosso Deus da aliança e da casa seja... o comediante. (Moreno-Levy, 1919, p. 55-56)

Mais adiante, o "eu" continua:

Antes da instauração do teatro essencial, todos os seus elementos atuais devem ter sido destruídos, peça por peça, sem deixar restos, até o fundamento original. Condenação de todo o aparato cênico. Restauração do caos. Se ao fim do diálogo já restam apenas [seres] destruídos, ou seja, se já não resta nenhum ator, nem poeta, nem espectador, então pode surgir novamente do estado primitivo *o nascimento do teatro*, pode se desenvolver a aparência perfeita. (*Ibidem*, p. 56-57)

Sérgio Guimarães

Recordando o incidente em outro fragmento inédito de sua autobiografia, Moreno comenta que depois de 1911 seu trabalho com teatro se limitou ao teatro com as crianças, e que "a guerra pôs fim a essa atividade". Afirma, além disso, que até 1921 não esteve diretamente envolvido em atividades teatrais, mas que "a experiência no teatro em 1911 estava com frequência em minha mente" (Moreno, 1974, Cap. 6, p. 10).

***

O que vem em seguida marca o início oficial da história psicodramática, segundo conta o próprio Moreno na primeira parte de seu livro *Psicodrama*, dedicada ao "berço" do método:

O psicodrama nasceu em 1º de abril de 1921, entre as 19 e as 22 horas.

O *locus nascendi* [local de nascimento] da primeira sessão psicodramática oficial foi a "Komoedien Haus", um teatro dramático em Viena. Eu não tinha equipe de atores nem peça. Apresentei-me sozinho naquela noite, sem nenhuma preparação, diante de um público de mais de mil pessoas. Quando a cortina se ergueu o palco estava vazio, exceto por uma poltrona de veludo vermelho, de bordas douradas e espaldar alto, como o trono de um rei. No assento da poltrona havia uma coroa dourada. O público se compunha, além de uma maioria de curiosos e agitadores, de representantes de estados europeus e estrangeiros, de organizações religiosas, políticas e culturais. (Moreno, 1977a, p. 1)

Moreno confessa: "Quando lembro o fato me assombro com minha própria audácia", explicando que se tratou de "uma tentativa de tratar e curar o público de uma doença, uma síndrome cultural patológica que os participantes compartilhavam". Sua visão sobre o problema era a de que "a Viena do pós-guerra fervia em rebelião" e que o país "não tinha governo estável, nem imperador, nem rei, nem líder". Além disso, "como Alemanha, Rússia, Estados Unidos e, na verdade, todo o mundo habitado, também a Áustria estava inquieta, em busca de uma nova alma" (Moreno, 1961b, p. 21).

Moreno, o mestre

Tanto Beller como Yates corroboram o que afirma Moreno sobre a situação do país e de sua capital no período. Segundo Beller, apesar dos esforços das novas autoridades austríacas para restabelecer a "normalidade", até mesmo "a restauração básica de uma moeda sólida exigia recursos que faltavam". Com isso, "a política austríaca no início dos anos 1920 era dominada pela luta para controlar a inflação e restaurar a credibilidade do Estado". Beller informa que só em outubro de 1922 é que os Aliados firmaram o acordo de "um grande empréstimo para financiar a reforma monetária", com a condição de que a Áustria "permanecesse independente, e não se aliasse à Alemanha" (Beller, 2011, p. 207-08).

O professor Yates, por sua vez, comenta: "O que é menos conhecido fora da Áustria é que as próprias fronteiras da república não se resolveram definitivamente até 1922" (Yates, 1992, p. 176). Beller complementa dizendo que "a pressão no sentido da *Anschluss* [anexação] continuava forte, com plebiscitos não oficiais no Tirol e em Salzburg, ambos emitindo votos quase unânimes em favor da união com a Alemanha na primavera de 1921" (Beller, 2011, p. 207).

É precisamente nesse momento que Moreno fazia seu primeiro psicodrama público. Em sua tese de mestrado sobre Jakob Levy Moreno – Die Wiener Zeit [Jacob Levy Moreno – O período vienense], a psicóloga austríaca Anna Theresia Briburg afirma que foi o jornalista austríaco Karl Kraus que "inspirou Moreno a uma representação, com seu epílogo 'A última noite' (da obra teatral 'Os últimos dias da humanidade')". Segundo ela, Moreno, no entanto, "rechaçou a intenção de mostrar o ambiente apocalíptico". Briburg comenta também que, efetivamente, houve um anúncio no *Volkszeitung* [Jornal do Povo] de 1º de abril de 1921 informando que "o teatro bufonesco do senhor do mundo de Jakob Levy será representado pela primeira vez hoje, sexta-feira, às 10 horas, no Teatro de Comédia" (Briburg, 2011, p. 58).

O próprio Moreno conta: "Falando psicodramaticamente, eu tinha um elenco e tinha uma obra. O público era meu elenco, as pessoas do público eram como mil dramaturgos inconscientes". Em relação à obra, "era a trama na qual eles se viam acossados pelos acontecimentos históricos, e na qual cada um desempenhava um papel real". Referindo-se ao evento 25 anos depois em *Psicodrama*, Moreno explica que seu

141

Sérgio Guimarães

objetivo era, "como diríamos hoje, obter o sociodrama '*in status nascendi*' [em estado nascente] e analisar o produto" (Moreno, 1961b, p. 22).

O que fica claro, no evento de abril de 1921, é a prioridade histórica que o criador do método atribui aos problemas sociais, já que sua primeira sessão oficial foi na verdade um "sociopsicodrama" ou, como ele mesmo sintetiza, um sociodrama. A propósito, seu comentário sobre a sequência dessa cena é bastante elucidativo:

> O tema natural da trama era a busca de uma nova ordem das coisas, submeter à prova todos que no público aspirassem à liderança, e talvez encontrar um salvador. Cada um segundo seu papel, políticos, ministros, escritores, soldados, médicos e advogados, todos foram convidados por mim a subir ao palco, sentar-se no trono e atuar como rei, sem preparação e diante de um público desprevenido. O público era o júri. Mas certamente foi uma prova muito difícil; ninguém foi aprovado. Quando o espetáculo chegou ao fim ninguém foi considerado digno de ser rei, e o mundo permaneceu sem líder. A imprensa vienense na manhã seguinte se mostrou muito preocupada com o incidente. (Moreno, 1961b, p. 22)

O que Moreno não comenta em *Psicodrama*, mas em sua autobiografia, é que:

> A crítica mais "favorável" a nós foi a do *Wiener Mittagszeitung* [Jornal Matutino Vienense] de 2 de abril de 1921: "O dramaturgo se apresenta ao público como um bufão que está em busca do rei do mundo, daquele rei que não pode ser escolhido, mas deve ser reconhecido porque existe como ideia e tem seu verdadeiro hábitat no coração da humanidade. A apresentação foi recebida pelo público com aplausos irônicos que, às vezes, atrapalhavam a produção. Mas havia também algumas pessoas que pertenciam aos seguidores de Werfel [colega de Moreno] e que fortemente defenderam o misterioso poeta. (Moreno, 1974, Cap. 6, p. 12)

O papel de bufão não deve ter sido escolhido por Moreno ao acaso. Quanto a isso, no início de sua narrativa sobre o evento em *Psicodrama*, ele

Moreno, o mestre

mesmo menciona a referência a "Der Koenigsroman" [O romance do rei], e mais especificamente ao capítulo "Das Narrentheater des Koenigsnarren" [O teatro bufo do bufão do rei], publicado anonimamente em 1923 (Moreno, 1961b, p. 21). O original alemão de seu romance nunca chegou a ser exatamente traduzido, mas a leitura de partes do simples capítulo traz novos elementos pertinentes sobre as ideias de seu criador.

Conotando as amplitudes de público aspiradas pelo autor, seu texto fala, por exemplo, de um cartaz "vermelho, preto, verde, amarelo, cinza, azul" jogado como "pão ainda quente, em todas as esquinas de Moscou", assim como de uma "América com milhões de guardanapos" e das "ruas de Berlim sem buracos" (Anônimo, 1923a, p. 138). E o que se lê no cartaz revela pontos que já estiveram presentes, em parte, no evento de 1921:

> *Teatro de comédia /* O teatro bufo do bufão do rei. / A noite de primeiro de abril, em minhas botas de rei, com minha barba de rei e sob meu chapéu de rei, chegarei ao teatro de comédia com minha companhia mundialmente famosa, ao público teatral em seu conjunto. I. Ato do rei / Pausa do rei, durante a qual o rei é procurado energicamente no teatro. / II. Ato da rainha / Pausa da rainha, durante a qual a rainha é procurada energicamente no teatro. / III. A maldição do bufão do rei / Final, até que eu tenha encontrado o rei ou a rainha no teatro. (*Ibidem*, p. 139)

A conhecida enciclopédia *Britannica*, por sua vez, informa que bufão é "um ator cômico cuja loucura ou imbecilidade, real ou fingida, fez dele uma fonte de diversão e lhe deu licença para abusar e ridicularizar inclusive do mais exaltado de seus mecenas" (Fool [bufão], 2016).

Sobre isso, como costumava fazer com seus textos, Moreno retoma parte das ideias desenvolvidas no original alemão de *O romance do rei* para produzir, já em inglês, outra obra literária que continua entre os materiais inéditos arquivados na biblioteca de Harvard. Trata-se de *The King of the Hippies* or *The Cosmic Man* [O rei dos hippies ou O homem cósmico], onde aparece também um capítulo sobre "O teatro terapêutico do bufão do rei"[1]. Nele, o autor introduz o texto na primeira

---

1 Obra finalmente publicada em inglês, como o "Terceiro livro" da *Autobiography of a Genius* [Autobiografia de um gênio] de J. L. Moreno, pela North-West Psychodrama Association, 2019.

Sérgio Guimarães

pessoa: "Estou desesperado, pronto para fazer uma viagem à irrealidade do teatro. Abro um teatro de psicodrama. No meio do palco coloco meu trono dourado de rei" (Moreno, s. f.a, p. 119). Em seguida, Moreno descreve em termos um tanto distintos a situação inicial de abril de 1921 ("Não tenho elenco de atores nem peça. Estou parado sozinho, completamente desprevenido"), alterando também o cálculo de público, significativamente, para mais de duas mil pessoas" (idem). Além disso, acrescenta o autor:

O diretor de teatro se encontra no meio da sala com seus sapatos vermelhos. Ele luta contra o ruído do outro mundo que se aproxima para ser colocado em cena, contra os ditos e as contradições que estão girando em volta do público, gotejando em direção a ele desde as cavidades do cérebro de muitos dos espectadores, cheios de temor em relação a se o cortejo fúnebre do mundo cansado começará logo. Sua direção é tão cheia de contradições que ninguém toma seu assento. Todos permanecem de pé, movendo simultaneamente seus pés e seus lábios com ruído, o olhar fixo na mesma parte do trono para que não se perca nem um ápice de sua última desaparição. (*Ibidem*, p. 121)

Mais adiante, Moreno inclui outros pontos fundamentais para a compreensão de seu método:

Aqui, nesta noite, neste momento, o mundo se colocará à prova e perecerá se assim o merecer. Mas a ilusão do teatro tem sua lei. Ela se encanta com o momento, a devoção sem fé e a beleza sem dor. A imaginação o chamou a prestar contas.

Agora, de imediato, a ilusão do teatro começará. Mas, para ser sincero, eu mesmo não sei exatamente o que vai começar. Depende do senhor. Do senhor espero tanto ou tão pouco quanto o que o senhor espera de mim. (*Ibidem*, p. 122)

De um lado, trata-se de se concentrar no momento, no *aqui e agora*. De outro, o diretor não impõe conteúdo nem rumo, mas depende do que o outro propõe. Em sua crítica ao "velho teatro", o autor aponta suas principais características, ou seja, tanto "a escravidão do tempo"

Moreno, o mestre

como "a escravidão do espaço" e a "escravidão da unidade", com a consequente "excisão do espírito vivente em três papéis fixos; poeta, ator, público, seu espaço de trabalho designado no cérebro, no palco e na plateia" (*Ibidem*, p. 123).

Além disso, afirmando sua posição contrária a isso, declara:

> Eu, no entanto, não desejo o teatro da boa memória, da amenidade circular, do autoesquecimento. A ideia do teatro puro exige tempo único, espaço único, unidade única, o criador. Em vez da antiga divisão em três, existe a nossa unidade. Já não há mais poetas, atores e espectadores. Cada um é poeta, ator e espectador. (*Ibidem*, p. 123)

E, como conclusão de sua experiência no Komödienhaus, naquele 1º de abril – curiosamente o "Dia dos Bobos" também na Áustria, – Moreno comenta em sua autobiografia que perdeu muitos amigos com isso, mas que registrou "calmamente 'Nemo propheta in sui [sic] patria'" [Ninguém é profeta em sua terra] e continuou a realizar sessões públicas "nos países europeus e, posteriormente, nos Estados Unidos" (Moreno, 1974, Cap. 6, p. 12).

***

Do ponto de vista cronológico, a experiência de Moreno como médico nas proximidades de Viena precede suas experiências teatrais no pós--guerra. No entanto, em sua autobiografia, ele prefere deixar para o capítulo seguinte o tempo que passou em Vöslau, "um dos períodos mais importantes da minha vida" (Moreno, 1974, Cap. 6, p. 1) e, portanto, trata-se aqui também de aplicar seu método e seguir o protagonista. Ele comenta que "ao mesmo tempo que meus livros eram publicados, eu estava envolvido com a criação do *Stegreiftheater*, o teatro da espontaneidade, em Viena" (*ibidem*, p. 8), informando que o grupo costumava se encontrar no café Museum.

Em seu *Viena – Fin del imperio*, o historiador Valverde afirma que "o tremendo aumento da população, mesmo para a classe média, gravitava nos espaços físicos da vida intelectual, dando uma função especial aos cafés, especialmente para escritores, mas também para a vida do espírito em geral" (Valverde, 1990, p. 96).

Sérgio Guimarães

A autora de *Hitler's Vienna*, por sua vez, afirma que "os cafés de Viena também cumpriam uma importante função social". Hamann comenta que "ao custo de um café pequeno com creme ou de uma xícara de café com leite e, em seguida, quantos copos de água gratuitos fossem necessários, alguém poderia ficar sentado ali por horas, encontrando amigos, jogando xadrez ou lendo o jornal". Além disso, "durante os gelados invernos vienenses, dezenas de milhares de pessoas, que só podiam ficar nos apartamentos superlotados durante a noite, procuravam um lugar para ir durante o dia" (1999, p. 139-40), e os cafés estavam entre os locais preferidos.

Moreno relata que "enquanto eu ainda estava em Mittendorf, passei muito tempo livre em Viena no Café Museum e no Café Herrenhof" e que "havia uma mesa reservada para nosso círculo no Café Museum", referindo-se tanto ao grupo de amigos que trabalhavam no jornal *Daimon* – do qual Moreno foi editor – quanto ao grupo do *Stegreiftheater*. E, como ele próprio diz em sua autobiografia, "depois de mais de um ano de procura, encontramos um lugar para o nosso teatro em Maysedergasse, número 2. Era no topo de um edifício comercial não muito longe da Ópera de Viena", ele informa, acrescentando que "não poderíamos ter um lugar mais conveniente ou central para o teatro" (Moreno, 1974, Cap. 6, p. 13).

Em outro fragmento inédito, Moreno traz mais elementos sobre sua iniciativa teatral:

> Quando instalamos o teatro pela primeira vez, decidimos que as demonstrações ou apresentações seriam gratuitas para o público. Além disso, nenhum dos atores ganhava dinheiro por seus serviços. Muitos participantes do *Stegreiftheater* pagavam parcelas como estudantes, o que ajudou a custear algumas despesas. Tivemos mecenas que nos deram dinheiro. [...]
>
> Era nossa tarefa central realizar uma revolução no teatro: mudar todo o caráter do evento teatral. Queríamos eliminar o dramaturgo e a obra escrita. A chave do *Stegreiftheater* era a participação do público, para que os atores e os espectadores se tornassem um. E os atores/espectadores deveriam ser os únicos criadores envolvidos. Tudo devia ser improvisado: o trabalho, o tema, o ato, o con-

Moreno, o mestre

flito e a resolução do conflito. *Stegreiftheater* não precisava de muitos atores, ou seja, atores profissionais, porque nosso objetivo era a máxima participação do público. Os atores profissionais assumiam o papel de "egos-auxiliares". Embora o *Stegreiftheater* ainda não fosse psicodrama, uso aqui a nomenclatura do psicodrama para mostrar o funcionamento aproximado do *Stegreiftheater*. (Moreno, 1974, Cap. 6, p. 14-15)

Sem mencionar datas, Moreno também reproduz em sua autobiografia um artigo publicado por "Robert Müller, um jovem jornalista checo" (*ibidem*, p. 15) no Prague Presse, um jornal alemão que circulou entre "março de 1921 e 1939". Além de informar que "o Dr. Moreno, o conhecido escritor e psiquiatra, fundou um teatro da improvisação para os intelectuais de Viena", Müller (2016) também comenta que ele publicou um livro com o qual a imprensa já se ocupou o bastante" e que "deve-se dizer que o teatro da improvisação realmente é bem o oposto da alta-tensão intelectual aparente no livro". Entrando em mais detalhes, o jornalista descreve:

> O teatro se enche de espectadores colocados em cadeiras dispostas sem ordem aparente. O palco é separado do público por uma cortina e é uma sala que contém apenas as propriedades mais essenciais, cadeiras, mesas e armários. Sugestões que surgem da plateia ou do diretor de teatro, em termos de encenação, são frequentemente realizadas.
>
> Os atores são divididos em dois grupos: os profissionais do teatro antigo, reconhecidos por sua atitude e voz, bem como sua rotina, e os verdadeiros improvisadores. Esses atores, por sugestão do Dr. Moreno, produzem os chamados estados improvisados. Um estado improvisado é uma ação que se desenvolve logicamente a partir de um conjunto emocional dominante, ciúme, ganância, megalomania. [...]
>
> Uma conferência de um minuto é realizada entre o diretor e os atores antes do início de cada peça. Cabe ao chamado líder dos atores que estejam realmente no palco encontrar o momento certo para a solução final da peça antes que a cortina caia. (1974, Cap. 6, p. 15-16)

Sérgio Guimarães

Em outra parte não publicada de sua autobiografia, Moreno também comenta que "o teatro da improvisação era muito mais do que uma aventura dramática":

Acho que fomos os primeiros a experimentar os *happenings* multimídia. Tínhamos uma orquestra improvisada que tocava em todas as apresentações. A música era tão espontânea quanto as peças. Era seu trabalho ajudar a criar a atmosfera para as *performances* e "aquecer" os atores e os espectadores. [...] Também tínhamos um artista que fazia desenhos quando as dramatizações eram realizadas. Os desenhos eram feitos em carvão sobre uma superfície laqueada especialmente preparada, para que pudessem ser apagados mais tarde. Também houve um bom número de experiências com efeitos de luz. O técnico de iluminação tinha de agir tão espontaneamente quanto os músicos e os atores, a fim de responder e realçar tudo que estava acontecendo no teatro. Os efeitos de iluminação ainda são, sempre que possível, parte importante do psicodrama, pois são muito eficazes na evocação de estados de espírito e na cristalização de sentimentos. (Moreno, 1974, Cap. 6, p. 21-22)

***

Vinte e quatro anos depois de ter publicado seu livro *Das Stegreiftheater* anonimamente, Moreno lança em 1947 *The Theatre of Spontaneity* [O teatro da espontaneidade], com seu próprio nome, em Beacon, anunciando no frontispício que a obra havia sido "traduzida do alemão pelo autor". Ao comparar as duas publicações, no entanto, é possível detectar uma série de diferenças que ajudam a entender melhor a evolução de suas ideias e conceitos, permitindo uma percepção mais clara tanto da origem como do desenvolvimento de seu método psicodramático.

Começando pelo título: no original inglês, Moreno escolhe o termo "espontaneidade", enquanto no alemão *Stegreif* se refere mais a "improvisação", conceitos próximos, mas diferentes. Como veremos, ele não fará a teorização explícita sobre dois de seus conceitos básicos (criatividade e espontaneidade) sistematicamente, por escrito, a não ser no artigo "Spontaneity Theory of Child Development" [Teoria da espontaneidade do desenvolvimento infantil], publicado inicialmente em

Moreno, o mestre

1944 na revista *Sociometry*, em coautoria com Florence Bridge Moreno, sua então esposa (Moreno e Moreno, 1944).

Como ele explica no prefácio da primeira edição de *The Theatre of Spontaneity*, "devido às muitas frases novas, difíceis mesmo no original, algumas partes tiveram de ser reescritas" (1947, p. 1). De fato, as várias mudanças traduzem, sobretudo, a evolução de suas práticas e reflexões ao longo de mais de duas décadas. O próprio prefácio reconhece que "*Das Stegreiftheater* marca na obra de Moreno o início de um novo período", isto é, "a transição de seus escritos religiosos para os científicos" (idem). O mais apropriado seria falar de uma transição para textos "predominantemente" científicos, uma vez que a dimensão religiosa continuou ao longo de sua vida, em várias de suas publicações.

No original alemão *Das Stegreiftheater*, por exemplo, a ideia de *teometria* já aparece na primeira frase do texto, na qual seu autor afirma, sem definir o conceito, que "por meio de uma geometria dos lugares se determina o lugar das figuras geométricas", e que "por meio de uma teometria se determina o verdadeiro lugar das ideias e dos objetos" (Anônimo, 1923, p. 7). No texto em inglês, Moreno não abandona o termo, mas faz preceder a sentença inicial de quatro parágrafos reescritos e ampliados (Moreno, 1947, p. 17).

Além disso, os tipos de teatro que o autor anônimo apresentava como "soluções teométricas" são retomados por Moreno de uma maneira diferente. Antes, o texto indicava que "a tarefa de encontrar o lugar do teatro tem várias soluções; três serão indicadas: teatro do conflito − *theatre critique*; teatro de improvisação − *theatre immediate* [sic]; teatro da bênção − *theatre reciproque*" (Anônimo, 1923, p. 9). Já no texto em inglês, o autor afirma que "a tarefa de construir o local original do teatro é apresentada em quatro soluções: o teatro de conflito ou teatro *critique*, o teatro de espontaneidade ou teatro *immediat*, o teatro terapêutico ou teatro *reciproque* [sic], e o teatro do criador" (Moreno, 1947, p. 19).

Para além das mudanças de títulos nos diferentes tipos de teatro, o que parece ser mais significativo é o que acontece no anteriormente chamado "teatro da bênção", que também trazia, em seu âmago, o "teatro do criador". Na nova edição, Moreno mantém praticamente as mesmas ideias do "teatro da bênção", sob o título de "teatro terapêutico", mas abre um quarto exclusivamente para o "teatro do criador", o

Sérgio Guimarães

que demonstra a importância que ele continuou a dar à "teometria" e à inspiração religiosa de seu processo criativo (*ibidem*, p. 95-97).

O que é diferente entre o "teatro do criador" das duas versões é que, enquanto em 1923 o personagem principal no início é "o anjo mais belo", que "cai ao chão, sem vida, soltando-se dos braços de seus amigos" (Anônimo, 1923, p. 79), a de 1947 já traz no primeiro ato, por exemplo, uma mudança de protagonista: "Jesus de Nazaré foi crucificado. Seus amigos estão esperando sua ressurreição" (Moreno, 1947, p. 95). Nas duas versões, no entanto, o tema central permanece o mesmo: a criação do universo.

Quanto ao primeiro tipo, o "teatro do conflito" – anteriormente definido como "um teatro a partir de dois teatros", isto é, "o teatro que tenta construir o passado na arte e aquele que busca construir o momento na arte" (Anônimo, 1923, p. 11-12) – passa por uma ligeira mudança na redação, resultante "do choque entre o teatro no palco e o teatro público". Para Moreno (1947, p. 23), "o teatro no palco é um teatro do passado; o teatro da plateia é o teatro da espontaneidade".

O segundo tipo, que vai de "teatro de improvisação" a "teatro da espontaneidade", é o mais longo nos dois textos e mais modificado, embora a estrutura permaneça a mesma. Em ambos, o autor começa descrevendo o cenário proposto, uma vez que, "com a dissolução da oposição entre intérpretes e espectadores, todo o espaço interior se torna campo teatral". Na versão de 1923,

> Cada setor do solo reage improvisando. No meio, o trono de um rei, flutua o palco daquele que tem potência de atuação. Não escondido atrás, mas livre na direção de todos os horizontes; não nas profundezas, mas acima; não oculto nos bastidores, mas indefeso, localizado acima do nada. A partir do palco intermediário do iniciador os degraus ascendentes e descendentes que seguem em todas as direções levam aos palcos laterais, que, construídos sob a forma de terraço de dentro para fora, cada vez mais altos, recebem os colegas de elenco. Toda a comunidade está presente. (Anônimo, 1923, p. 15)

Os elementos indicados acima pelo autor anônimo para a construção do palco serão a base de um desenho mais simplificado que Moreno

Moreno, o mestre

apresentaria na Feira Internacional de Novas Técnicas Teatrais, em Viena, em 1924, na qual ele acusa o diretor Frederick Kiesler de plágio.

Na edição de 1947, "o trono de um rei" desaparece do texto, e o desenho original com as 13 rosetas é substituído na primeira página do livro pelo design apresentado na exposição internacional, já batizada por Moreno como o "modelo Vienense". A seguir, um capítulo que passa a ser "Dramaturgia experimental" e não mais "A cena experimental", o chamado "experimento" – que na primeira edição é definido como, "ao lado da autoanálise, o único instrumento de pesquisa em improvisação" – volta como "o teste de espontaneidade" (Moreno, 1947, p. 37). Por outro lado, dois papéis mencionados para a realização da cena experimental – (1) o *diretor de redação*, que "recebe e administra as ideias", "ordena as variações conhecidas delas na matéria e dá ouvidos a novas composições"; e (2) o *diretor experimental*, que "reúne as indicações experimentais" e cuja "tarefa é de caráter científico" (Anônimo, 1923, p. 23-24) – não aparecem mais na edição de 1947, na qual Moreno simplifica o processo. Em vez do título original "direção experimental", Moreno introduz "direção de produção", com um novo parágrafo, no qual afirma:

> Existem três formas de drama para as quais se presta um experimento baseado na filosofia do momento: o teatro da espontaneidade como arte dramática do momento, o jornal dramatizado ou vivo, e o teatro terapêutico ou teatro da catarse. (Moreno, 1947, p. 38)

A essa frase, Moreno acrescenta uma nota comentando que "essas formas foram criadas e praticadas durante os três anos de existência do *Stegreiftheater* de Viena (1922-1925)". O curioso é que, na edição de 1923, "o jornal dramatizado ou vivo" não é mencionado em nenhum momento. No entanto, uma descrição resumida dessa modalidade aparece nos arquivos de Harvard; trata-se de um texto inédito, escrito em alemão, "Die lebendige Zeitung" [O Jornal Vivente]. Nesse mesmo arquivo, aparece "*Stegreiftheater*", outro texto inédito do mesmo período, em alemão, no qual o próprio Moreno tenta dividir a experiência em fases distintas:

Sérgio Guimarães

Primeira fase (1908-1913): obras em jardins e em locais públicos. [...] Segunda fase (1918-1921): teatro do conflito, "O crepúsculo do mundo no teatro" (Teatro de Comédia de Viena, 1º de abril de 1921). Terceira fase (1921-1923): a interpretação improvisada. Dialetos, histórias maravilhosas, piadas, jogos com o público. Quarta fase (1923-1924): a revista atual. Breve produção de tópicos que dizem respeito à opinião pública. Quinta fase (1924): o jornal dramatizado. (Moreno, 1923, p. 6)

Segundo a referência feita no texto, uma reportagem sobre "o jornal dramatizado" teria sido publicada separadamente, como "suplemento I", preparada "para o festival de teatro da cidade de Viena em setembro de 1924" (p. 6). Além disso, nesse curto artigo, Moreno (*ibidem*, p. 12) descreve brevemente a modalidade:

É a síntese de teatro e jornal que o torna essencialmente diferente do costume russo medieval de um jornal oral e falado. Consiste em uma sucessão de discursos e conferências de artigos com conteúdo atual. O jornal dramatizado não é então uma recitação, mas a interpretação da própria vida. Os acontecimentos são dramatizados. Todos os dias uma reportagem dramatizada, em vez de uma reportagem jornalística.

Outro conceito que aparece inicialmente no *Das Stegreiftheater* como "comunicação medial" (ou "compreensão medial") será mais tarde um dos mais importantes para a compreensão da teoria de Moreno, chamada de *tele* na primeira edição de *Who Shall Survive?*, em 1934. No texto anônimo de 1923, o autor argumenta que, enquanto no teatro antigo, isto é, "na cena histórica são suficientes cinco sentidos", no teatro da improvisação "um sexto sentido se desenvolve: sensibilidade oculta". E explica:

Progressivamente, uma companhia bem treinada deve poder prescindir de grande parte da mídia. Existem intérpretes conectados entre si por meio de uma correspondência secreta. Eles têm uma espécie de percepção refinada dos processos internos mútuos, basta um gesto

Moreno, o mestre

e, muitas vezes, nem precisam se ver. São reciprocamente clarividentes. Têm uma alma de comunicação. [...] Quanto mais educado esse sentido, em circunstâncias iguais, maior a capacidade de improvisação. (Anônimo, 1923, p. 57)

De fato, na primeira edição de *The theatre of spontaneity*, Moreno comenta que "nos escritos recentes sobre psicodrama o nome da *tele* foi vulgarizado para se referir a esse fenômeno, o fator que opera e determina a ação interpessoal", acrescentando que "uma 'telepsicologia' abrange o fator *tele* imediato e remoto, sensorial e extrassensorial" (Moreno, 1947, p. 68).

Por outro lado, na nova edição de 1973, sempre na seção dedicada ao "teatro da espontaneidade", e após retomar a ideia formulada anteriormente de que o experimento (ou teste) "não pressupõe toda a bagagem teórica e prática do teatro como é conhecido hoje", mas "começa como se o teatro legítimo nunca tivesse existido", Moreno (1977, p. 73) acrescenta outra frase nova, que resume claramente sua expectativa em relação ao reconhecimento de sua experiência:

Por seus métodos de ação, o futuro historiador da psicologia pode ter de considerar o laboratório *Stegreif* dos anos 1921-1924 [*sic*] o evento mais importante após Fechner e Wundt, no que diz respeito ao exame do comportamento.

No fim de *The theatre of spontaneity*, Moreno apresenta a nota I, "Alguns dados sobre a relação entre psicodrama e teatro", que vale a pena ser reproduzida, pelo menos em sua parte inicial:

O teatro psicodramático se origina no teatro da espontaneidade, que em sua gênese não tinha nada que ver com terapia. Foi o início de uma nova arte de teatro e drama, uma "arte do momento", como era chamada. Passou por dois períodos; o primeiro foi um teatro infantil espontâneo, em 1911, que ocorreu [em grande parte] nos parques de Viena e também em uma casa na rua Kaiser Josef. Elizabeth Bergner, que tinha 10 ou 11 anos na época, era uma das estrelas. O segundo período, de 1922 a 1925, está associado ao *Stegreiftheater*, na Mayseder-

Sérgio Guimarães

gasse, ao lado da Ópera, um teatro espontâneo para adultos. Inicialmente funcionou como teatro de drama espontâneo, [...] mas sempre teve que ver com higiene mental e o valor educacional do aprendizado da espontaneidade, e gradualmente se tornou um teatro terapêutico. (Moreno, 1947, p. 99; Moreno, 1977, p. 165)

A esse respeito, Theresia Briburg oferece outro dado que ilustra bem a relação entre a experiência de Moreno e o mundo das artes. Ela afirma que o jovem médico alugou "um espaço na Maysedergasse 2 (distrito I), usado pela VBKÖ", isto é, o *Vereinigung bildender Künstlerinnen Österreichs* [Associação de Artistas Plásticas da Áustria], acrescentando que "ali cabiam entre 50 e 75 pessoas" (Briburg, 2011, p. 59).

Sobre a transição progressiva do teatro da improvisação – e seu componente estético-experimental – para o teatro terapêutico, será preciso aguardar o caso de "Barbara e George", além dos avanços de Moreno como médico de família perto de Viena, assunto do próximo capítulo.

***

Por fim, é importante destacar dois pontos-chave para a compreensão do papel de Moreno na construção de seu método psicodramático naquele período: o papel de bobo da corte escolhido para o evento inaugural de 1º de abril de 1921 e o próprio conceito de *Stegreiftheater*.

Quanto ao primeiro, o diretor de teatro e dramaturgo russo Nicolay Evreinoff (1879-1953) nos ajuda a entender os traços básicos do papel e sua perspectiva histórica. Em seu livro *The Theatre in Life* [O teatro na vida], ao apresentar já em 1927 três sugestões de peças de seu repertório de um "teatro para si mesmo", observa Evreinoff (2013, p. 274):

Espero que você concorde comigo que o chapéu do bobo, assumido voluntariamente pelo usuário, não é necessariamente um toucado ignominioso. Acrescente a isso os incontáveis casos históricos em que, em vez de seguir o conselho absurdo de seus ministros, os monarcas seguiram, para a vantagem inegável de seus súditos, o sábio conselho dos bobos da corte, e você definitivamente chegará à conclusão de que é mais do que injusto considerar o bobo da corte um subtipo da idiotice. Muito pelo contrário: Rabelais provavelmente

Moreno, o mestre

estava certo quando fez seu imortal Pantagruel afirmar que "os tolos geralmente nos ensinam a verdadeira sabedoria".

Além disso, Evreinoff pressupõe, o leitor entende que "existem bobos e 'bobos', tolos *voluntários* e tolos *involuntários*, sábios que se fazem de idiotas e idiotas que se fazem de sábios" (*ibidem*, p. 274). Sinteticamente, o dramaturgo russo também evoca o papel histórico do bobo da corte na figura de Tersites, personagem descrito pelo grego Homero como aquele que "ousou zombar até do onipotente Agamenon" e que Evreinoff considera "o primeiro bobo da corte da história da humanidade" (*ibidem*, p. 272).

Evreinoff também comenta que, "por incrível que pareça, os bufões haviam se aliado de uma maneira muito séria à religião", relatando que inúmeras efígies de bobos da corte "adornavam as igrejas medievais da França, Inglaterra (Cornualha) etc.", e que na Alemanha o "Dia dos Bobos" – precisamente o escolhido por Moreno para seu evento no *Komödienhaus* – "era comemorado nas catedrais com grande pompa e solenidade" (*ibidem*, p. 272-73).

Ao assumir o papel de bobo da corte na noite de 1º de abril de 1921, portanto, Moreno se inscrevia em uma tradição europeia multissecular, embora seu gesto tenha sido considerado provocador e desconfortável por muitos dos presentes e pela imprensa vienense.

Quanto ao conceito de *Stegreiftheater*, também é algo tradicional na cultura europeia e, mais especificamente, austríaca. O site do *Austria Forum*, por exemplo, criado pelo Ministério da Educação, Ciência e Cultura da Áustria, define o termo como "teatro improvisado, quase sem preparação", com personagens e sequência de cenas predefinidas, mas "com diálogos deixados à engenhosidade do ator (compare com a *Commedia dell'arte*)". Segundo esse site, o *Stegreiftheater* existe em Viena desde o século XVI, sendo praticado em palcos de madeira nas praças do mercado, e desde o século XVIII no centro dos palcos estava a figura do bobo da corte (*Stegreiftheater*, 2016).

10. Médico de aldeia, "o que brinca de Deus" e o teatro terapêutico

Localizada a cerca de 40 quilômetros ao Sul de Viena, a pequena cidade balneária de Bad Vöslau foi o palco principal do dr. J. Moreno-Levy de 1918 a 1925. Depois de atuar por dois meses como agente de saúde pública na vizinha Kottingbrunn, Moreno conta que decidiu aceitar o convite do prefeito de Vöslau, Franz Pexa, que encontrou por acaso ao caminhar "para tomar um ar fresco e conhecer o campo" (Moreno, 1974, Cap. 7, p. 4). Em "Vöslau", o capítulo mais longo de seu texto autobiográfico, ele comenta:

> Era a primeira vez na história de Vöslau que um trabalhador se tornara prefeito. Todos os outros prefeitos eram pessoas de recursos, banqueiros, empresários, advogados e assim por diante. Pexa queria fazer algo para a classe trabalhadora e estava orgulhoso de ter encontrado um médico para os trabalhadores. (*Ibidem*, p. 5)

Como Moreno explica, era comum em Bad Vöslau que o oficial de saúde também fosse nomeado médico na *Kammgarnspinnerei*, uma grande fábrica têxtil local: "A cidade fornecia alojamento; e a fábrica, um salário. Portanto, eu estava bem cuidado" (p. 5-6). Além disso, ele diz que "muitas coisas extraordinárias" lhe aconteceram em Vöslau, o que explica por que se tornou o "doutor do povo":

> Levei a ideia de anonimato ao extremo. Em Vöslau, eu era conhecido como *doutor*. Não tinha tabuleta na porta nem bloco de receitas, embora isso me tenha gerado consequências problemáticas mais tarde. Não disse a ninguém o meu nome. [...]
> Eu tinha a ideia fixa de que não era justo receber dinheiro de meus pacientes, e assim nunca aceitava nada daqueles que me vinham

Moreno, o mestre

consultar em particular. Isso, creio, explicava minha popularidade. Eu tinha mais pacientes do que podia tratar. Vinha gente de todos os vilarejos perto de Vöslau, e mesmo de longe: camponeses, homens, mulheres, crianças. Quando vinham, não era de mãos vazias. Traziam ovos, galinhas, patos e, de vez em quando, um porco. Traziam todo tipo de presentes. (*Ibidem*, p. 6)

Quanto ao anonimato, Moreno diz que não funcionou como planejado:

Tornei-me o *Wunderdoktor*. Naturalmente, os outros médicos ficaram com ciúme e inquietos. Espalharam o boato de que eu não era médico de verdade, mas um charlatão. Porém, a Universidade de Viena prontamente assegurou que eu recebera meu diploma em fevereiro de 1917. Se tivesse planejado tornar-me famoso, não poderia ter inventado um esquema melhor. Assim, o episódio terminou num paradoxo: quanto mais eu me ligava ao anonimato, mais conhecido eu ficava. (*Ibidem*, p. 24)

Durante esse período de sete anos, que ele considera "um dos mais importantes" de sua vida, Moreno viveu constantemente entre Bad Vöslau e Viena. O que ele fazia no povoado sem dúvida repercutia no que realizava na capital, e foi o que ocorreu com o que ele chamou de "teatro recíproco", desenvolvido "ao mesmo tempo que o *Stegreiftheater* estava tomando forma". Em outro fragmento não publicado, Moreno (1974, Cap. 6, p. 22) explica com mais detalhes a experiência:

Isso combinou intenção religiosa e terapêutica. A casa particular agora era o teatro. O primeiro modelo do Teatro Recíproco foi o encontro noturno, que ocorria na Casa do Encontro, antes da Primeira Guerra Mundial. Lá nos reuníamos todas as noites para compartilhar os acontecimentos, as preocupações e os problemas do dia. Nossas reuniões também tinham uma natureza lúdica. Geralmente tinham o espírito de um ritual religioso, mas que era revitalizante para seus participantes. Nosso "teatro da vida cotidiana" tinha o poder de transformar vidas e renovar os participantes de uma maneira que eu nunca havia experimentado antes.

Sérgio Guimarães

Moreno (*ibidem*, p. 23) comenta que "em Vöslau havia pessoas com problemas sérios", dando o exemplo de "um grupo que sofria de uma dor tão profunda – o que hoje chamamos de depressão – que não conseguia controlar seus sentimentos ou sua vida". Diante disso, descreve:

Sugeri que tentássemos superar o problema como grupo, como comunidade. Isso significava que toda a comunidade em torno dos doentes deveria se mobilizar como parte da terapia. Como o povo de Vöslau confiava em mim, concordou em participar desse desvio radical da medicina ortodoxa e da psiquiatria.

No Teatro Recíproco, todos na comunidade eram atores. Cada um estava envolvido com todos os outros, as almas, os estados de espírito, os corpos. A casa em que uma família vive a protege dos forasteiros. Tantas coisas acontecem em uma casa, mas como alguém pode ser salvo de todas as mentiras, fofocas, dores e loucuras de sua família? Por meio do teatro, as famílias atuavam. Assim como antes tinham interpretado seus dramas por necessidade, agora atuavam com conhecimento autoconsciente. Pelo domínio de seu próprio ser, obtido ao voltar a interpretar sua vida, conseguiam renascer. Cada segunda interpretação, dessa forma, era uma libertação da primeira. O primeiro evento pode ter trazido dor e sofrimento, mas o segundo, libertação pelo riso.

Os espectadores, os outros membros da comunidade, se reuniam no espaço aberto ao redor da casa, na rua ou no jardim. Eles também conseguiram uma libertação ao participar do drama interpretado em frente deles. Quando o Teatro Recíproco se torna parte da vida da comunidade, adquire a força de um ritual religioso, um ritual de cura. (*Ibidem*, p. 23-24)

A experiência vivida em Bad Vöslau é posteriormente transformada na "terceira solução teométrica", que em 1923 o autor chamará de "teatro da bênção – *theatre reciproque*", em seu *Das Stegreiftheater* (Anônimo, 1923, p. 74). Para ele, o teatro comum "não conhece o pudor: levanta-se em um local público", enquanto o palco do teatro recíproco "é a residência particular", onde "a peregrinação das séries de sensações, sentimentos e pensamentos pode se realizar como em sonhos, sem

Moreno, o mestre

resistência". No entanto, escreve, "quando dois se encontram na resistência" o resultado de "tal situação é o conflito". É isso que faz "dos solitários habitantes da casa uma comunidade". E detalha:

Surge aí o teatro mais profundo, porque o tesouro secreto resiste com mais veemência ao contato. É o inteiramente privado, a primeira casa em si, a casa de nascimento e a casa em que se morre, a casa das referências pessoais, que se transforma em tablados para a atuação e em bastidor. O proscênio é constituído pela porta larga, pela cornija da janela e pelos balcões; na frente, a rua e o jardim são o espaço para os espectadores. No teatro dogmático, nem o momento nem o lugar são livres. No teatro da improvisação, o momento está presente; o lugar, derivado. No trabalho da bênção, o lugar é original, como é o instante; o tempo e o espaço verdadeiros coincidem. (p. 74-75)

De acordo com o autor anônimo, trata-se no caso do "último teatro". Enquanto o teatro da improvisação era "o desencadeamento da aparência", argumenta, no teatro recíproco "essa aparência é o desencadeamento da vida". Tentando explicar que "o teatro do fim não é o seu retorno eterno por necessidade férrea, mas o oposto disso, o *retorno autogerado do eu*", o autor de *Stegreiftheater* recorre à figura de Prometeu, que "*não se desacorrentou para superar a si mesmo ou para se matar*". Pelo contrário, ele escreve: "*Ele gera a si mesmo novamente e demonstra por meio da aparência que sua existência acorrentada foi ação de sua própria vontade*" (*ibidem*, p. 76).

Ao se comparar o texto anônimo de 1923 com o assinado por Moreno em 1947, é interessante notar que, embora as ideias principais na seção correspondente permaneçam, a expressão "teatro recíproco", por um lado, é substituída por "teatro terapêutico". Por outro, o último parágrafo da seção recebeu nova redação, finalmente dando origem ao *psicodrama* como tal e passando à forma seguinte:

O teatro final não é o eterno retorno das mesmas coisas por necessidade eterna (Nietzsche), mas exatamente o oposto. *É o retorno de si mesmo produzido e criado por si próprio. Prometeu se apegou às correntes, mas não para derrotar ou destruir a si mesmo. Ele, como criador, manifesta-se novamente*

159

Sérgio Guimarães

e demonstra, por meio do psicodrama, que, se está acorrentado, é por escolha própria e livre. (Moreno, 1947, p. 92)

Como Moreno (1974, Cap. 6, p. 24) conta em sua autobiografia, o teatro recíproco continuou a ser praticado como modalidade específica de psicodrama também nos Estados Unidos:

> O Teatro Recíproco continua. Em nosso Instituto em Beacon, o processo pelo qual nossos alunos passam é muito semelhante ao Teatro Recíproco. Os alunos formam uma pequena comunidade. Eles têm sessões nas quais reinterpretam sua vida e compartilham seu ser. Depois, eles se reúnem para refeições e outras atividades habituais de uma comunidade ou família.
> No teatro convencional, nem o momento nem o espaço são livres. No *Stegreiftheater* o momento é livre, mas o espaço não é. No Teatro Recíproco, o espaço e o tempo são livres. Também me senti libertado pelo Teatro Recíproco.

***

Durante o período em que Moreno continuou como médico de família em Bad Vöslau, seu principal biógrafo relata que "por volta de 1921, ele teve um paciente que seria um instrumento útil para seu estudo da saúde mental". Marineau (1995, p. 100) comenta que, muitos anos depois, Moreno consideraria o paciente "um ponto-chave em sua carreira e em sua subsequente decisão de se tornar um psicoterapeuta". Como lemos em outro fragmento autobiográfico inédito, é mais do que isso:

> Um homem pulou pela porta aberta do meu consultório. Eu o reconheci na hora. Era um conde da Baviera que várias vezes havia anunciado, geralmente por telegrama, que viria me ver. Mas nunca viera. Mais tarde soube que o não vir, quando tinha avisado que viria, fazia parte de sua doença. [...] "Aqui estou", disse com uma voz que mal se ouvia, de maneira fria e ofensiva. "Não percamos tempo e vamos direto ao assunto. Estou aqui porque quero morrer e não consigo me matar. Sou um covarde. Por isso quero contratá-lo para me ajudar a morrer." Sentou-se e respirou fundo. Nunca me olhava. Baixou os

Moreno, o mestre

olhos para o chão, secando o suor do rosto com um lenço sujo. "Sei que o senhor é o único homem que tem a coragem de fazer algo assim. Dinheiro não é problema. Pago quanto o senhor quiser." [...] Como não respondi, continuou: "Talvez o senhor não saiba quem sou e, portanto, preciso me apresentar. Sou o último descendente de uma das famílias mais antigas da Europa. Meu pai morreu há dois anos. Ele me deixou uma fortuna incrível. É inútil para mim. Agora gostaria de escrever meu último testamento. Dê-me papel e tinta. Vou torná-lo meu herdeiro. Se me matar esta noite, o senhor pode ir aos meus advogados amanhã e reclamar toda a herança". Começou a escrever em um pedaço de papel tirado de minha escrivaninha. [...] "Sou médico", disse a ele, "e tenho licença para ajudar as pessoas a ficar bem, a viver. Não tenho licença para matar." "Bobagem", disse, desconsiderando meu argumento; "um homem como o senhor pode comparecer diante da Suprema Corte da terra e demonstrar que se tratou de um ato de caridade. O senhor se tornaria um herói. Não poderia fazer obra melhor. Cada minuto conta. Faça rapidamente." [...] Perguntei a ele como queria passar suas últimas horas. "Quero comer", disse. "Não como bem há semanas." Pediu-nos um filé grande e uma garrafa de vinho que tomou sozinho. Vê-lo comer já era participar de um espetáculo emocionante. Seus olhos agora estavam muito abertos, e o brilho febril ainda dominava seu rosto. Jogou a faca e o garfo para um lado e comeu com os dedos. De repente se levantou de um salto. "Estou pronto", disse. Em seguida, começou a falar. Um fluxo incessante de histórias de sua vida pregressa saiu. Deu ênfase especial à história de "quase não ter nascido". "Sou uma 'falha', mas não gostaria de perder a possibilidade de estar presente em minha morte por nada deste mundo. Deixe-me morrer e ajude-me a me ver enquanto estou morrendo", disse em tom de brincadeira. Estávamos de volta ao meu consultório. A mesa de operações estava preparada. A enfermeira estava ali. Ele tirou a roupa. "O que vai fazer?", perguntou. "Vamos aplicar uma injeção. O senhor estará morto em meia hora." "Ah, é rápido demais", respondeu. "Quero morrer lentamente. Quero passar à morte pouco a pouco. Não gosto de coisas repentinas. Não gosto da ideia de morte súbita." "O paciente sempre tem razão", respondi. "Quanto tempo deseja que dure sua morte?"

161

Sérgio Guimarães

"Quero que seja um dia ou dois. Gostaria de desfrutar disso. Esperei 35 anos por este momento. Dê-me essa oportunidade." Aplicamos uma injeção para fazê-lo dormir. Quando acordou pela manhã, tomou um café da manhã enorme. Imediatamente depois de comer começou a trabalhar em sua morte novamente. Assim tivemos um psicodrama do conde moribundo, minha enfermeira e eu desempenhando os papéis de egos-auxiliares. Nas pausas entre um experimento com a morte e outro, tínhamos intensos debates sobre as diversas formas de suicídio. O conde, com sua curiosidade desperta, começou a fazer pesquisas sobre os méritos de uma forma de suicídio em oposição a outra. "Com sua ajuda", disse-me, "vou tentar qualquer coisa para encontrar a melhor maneira. É *disto que preciso, um companheiro com quem possa fazer tudo e que vá compartilhar comigo*. Vamos!"

Por vários meses experimentamos a forca, o afogamento, saltar de grandes alturas, tomar venenos, cair de altas janelas. Tornou-se um especialista em escapar da morte por um fio. Por fim, um dia se fartou de ser moribundo, em todas as suas variedades gloriosas, e se despediu. A morte não vale a pena.

O conde foi meu primeiro paciente residencial, tratado pelo psicodrama. (1974, Cap. 7. p. 46-50)

Os termos que Moreno utiliza para a descrição do processo não são da época, já que seus escritos do período europeu não explicitam em nenhum momento "psicodrama" nem "egos-auxiliares", mas se trata do relato da primeira experiência completa do método psicodramático utilizado por ele com finalidade clínica. A propósito, em sua tese de mestrado *Morenos Wirken in Bad Vöslau von 1918-1925* [O trabalho de Moreno em Bad Vöslau de 1918 a 1925], a psicóloga austríaca Helga Wildhaber (2006, p. 81) confirma que o médico "implementou portanto aqui pela primeira vez um tratamento psicodramático e descobriu ao fazê-lo o valor da representação de uma imaginação", acrescentando que "esta estava a ponto de tornar-se parte essencial de seu método futuro".

***

Moreno, o mestre

Moreno não a nomeia nesse fragmento de texto, mas Marineau (1995, p. 101) comenta: durante o tratamento, "Marian atuava como o que depois se chamou em psicodrama de *ego-auxiliar*". Segundo a descrição do médico, Marian Lörnitzo era "muito loira", "muito senhora de si, mas, ao mesmo tempo, influenciável". Tinha "seus 18, 19 anos" e era professora (Moreno, 1974, Cap. 7, p. 12).

Moreno conta que, chegando a Bad Vöslau, o que "realmente queria era uma mulher que estivesse a par de minhas fantásticas ideias utópicas, que me amasse tanto física quanto espiritualmente, uma Musa" (*ibidem*, p. 9). Em outro fragmento inédito, ele nomeia "Dante [Alighieri] com sua Beatriz, [Torquato] Tasso com sua princesa [Leonora], e [Francisco] Petrarca com sua Laura", entre os "muitos homens extraordinários, apesar de não querer me comparar a eles", em busca de mulheres que pudessem exercer duas funções ao mesmo tempo: "ser a amante de um homem e ser a amante de um *Godplayer* ['o que brinca de Deus']". Ou seja, de um lado, ter filhos e, de outro, ajudar a "produzir crianças de uma espécie diferente: pinturas, esculturas, poemas, livros, invenções". A essas mulheres, acrescenta, dava-se o nome de *Musa*, "a deusa ou a potestade reconhecida como fonte de inspiração para o poeta", admitindo, no entanto, que talvez estas ficassem "confusas, ao desempenhar elas mesmas dois papéis" (*ibidem*, p. 10).

Moreno valoriza a tal ponto seu papel de *Godplayer* que menciona sua mãe, Pauline, "a primeira mulher de quem estive mais próximo", como a pessoa que "tentou, sem sucesso", lutar contra esse papel, com a ideia de "tornar-me normal":

> Até o momento de sua morte, com a idade de 84 anos, ela nunca se rendeu. [...] Com frequência pensei que sua luta para combater meus demônios me fez ser um *Godplayer* mais confirmado. Ela, em seu túmulo, estaria muito surpresa ao ouvir minha interpretação de seus cuidados maternos. É difícil descrever um personagem tão estranho, paradoxal como eu, que com tanta frequência criou confusão na vida dos outros a fim de realizar suas próprias ambições. (*Ibidem*, p. 11)

Tentando explicar suas relações com Marian, ele comenta que ela "tinha um lado aventureiro em sua natureza", e que "suas fantasias

Sérgio Guimarães

eram facilmente estimuladas por tudo que eu queria fazer naquele tempo", ou seja, "viver uma vida utópica, ser um médico utópico, escrever um livro sobre Deus e ser um *Godplayer*", algo que "apenas ela e eu sabíamos" (*ibidem*, p. 14). A propósito, o que Moreno descreve como relação entre ele e sua musa será ampliado a uma percepção mais geral:

> Acredito que possa ser mais bem expressa como uma relação baseada na fé mútua. As pessoas que estão vinculadas entre si por atos de fé não estão ligadas por qualquer promessa ou esperança de que o que construíram juntos perdurará para sempre. Tal é a encarnação da devoção máxima: um sabe intuitivamente que pode depender do outro, que a vida e a morte não podem ser obstáculo para a existência dessa devoção. Ela existe e existirá desde que as duas pessoas durem, quer permaneçam juntas, quer não. (*Ibidem*, p. 17)

Marineau observa que a presença de Marian ajudou Moreno "a retomar os ideais de sua juventude" e que os anos seguintes "foram muito produtivos" (1995, p. 94). O que Moreno comenta em sua autobiografia é que "a febre messiânica tomou conta de mim logo após a guerra", acrescentando:

> Foi em Vöslau que minha megalomania existencial amadureceu e se concretizou. A ideia de que o mundo em geral precisa de um médico com mais urgência do que a pessoa mais doente de Vöslau fervia em fogo lento na minha cabeça enquanto eu avançava no trabalho diário de médico rural. [...] Funcionário de saúde de um distrito densamente povoado, sentia-me o expoente em miniatura da Deidade terapêutica que dava base tangível para minha existência terrena. (1974, Cap. 7, p. 19-20)

Além de estar vivendo, em Bad Vöslau, seu sonho de "ser médico rural e morar em espaços abertos, em um centro a partir do qual eu pudesse mover o mundo com minhas ideias", Moreno revela: "A casa na colina de Maithal [Vale de Maio] se tornou a primeira casa com a qual me identifiquei", "a casa quase mítica no Danúbio da minha infância" (*ibidem*, p. 20), em Bucareste. Ou seja, em termos psicodramáticos, mais um cenário foi montado para outra de suas criações.

Moreno, o mestre

De repente, senti-me renascido, comecei a ouvir vozes, não como as que um doente mental ouve, mas como alguém que percebe que está ouvindo uma voz que alcança todos os seres e que fala a todos os seres na mesma língua, uma linguagem que todos os homens entendem, nos dando esperança, nos guiando, dando direção e significado ao nosso cosmos. O universo não é apenas uma selva ou um conjunto de forças selvagens. Basicamente, é uma criatividade infinita. E essa criatividade infinita, que é verdadeira em todos os níveis da existência, seja no aspecto físico, social ou biológico, seja em nossa galáxia ou em outras galáxias distantes de nós, no passado ou no presente ou no futuro, ela nos une. Todos estamos vinculados um ao outro pela responsabilidade de todas as coisas. Não há responsabilidade parcial, limitada. E nossa responsabilidade automaticamente nos torna cocriadores do mundo. Comecei a sentir que *sou*. E comecei a sentir que sou o Pai e sou responsável. [...] Mesmo que eu seja incapaz de fazer alguma coisa, de eliminar as causas do sofrimento ou de fazer qualquer coisa, agora tenho o vínculo operacional com o mundo inteiro. Tudo pertence a mim e eu pertenço a todo o mundo. Responsabilidade é o elo que compartilhamos e nos leva ao cosmos: a responsabilidade pelo futuro do mundo, uma responsabilidade que nem sempre olha para trás, mas para a frente. E assim eu vi o cosmos como uma enorme empresa, bilhões de partículas, mãos invisíveis, braços abertos, um tocando no outro, todos capazes, por responsabilidade, de ser Deuses. (*Ibidem*, p. 58-59)

Esse nível de consciência cósmica manifestada em Bad Vöslau é fundamental para a compreensão do pensamento de Moreno ao longo de sua vida e obra, para além dos aspectos técnicos que ele usará para o desenvolvimento de seu método psicodramático.

Quanto à cena da criação do livro, Moreno (*ibidem*, p. 59-60) conta:

Foi nesse estado de total inspiração que corri para a casa do Vale de Maio. Tudo que ouvia era uma voz, palavras, palavras, vindo, passando pela minha cabeça. Não tive paciência para me sentar e anotar todas. Peguei um lápis vermelho atrás do outro, fui para a parte superior da casa, perto da torre, e comecei a escrever todas as palavras nas paredes.

Marineau (1995, p. 95) afirma ter sido 1920 o ano em que "uma febre messiânica novamente voltou a dominá-lo, o que foi expresso em um livro chamado: *As palavras do pai*". De fato, esse é o título da edição revisada e ampliada, que Moreno publicou em Beacon 21 anos depois, *The Words of the Father*, com prefácio e comentários assinados por ele (Anônimo, 1941). No entanto, o livro anônimo publicado em 1922, em Postdam, Alemanha, pela editora Gustav Kiepenheuer, leva o título *Das Testament des Vaters* [O testamento do pai]. Dois anos antes, com o mesmo título – relata Marineau (1995, p. 97) –, saía um "longo poema que Moreno publicou no *Die Gefährten* [Os companheiros]", revista anteriormente chamada *Daimon*, e depois *Die Neue Daimon*, da qual Moreno foi editor.

O que é importante guardar sobre esse primeiro livro anônimo produzido por Moreno é que, no prefácio escrito nos Estados Unidos, ele comenta os conceitos utilizados na obra, começando com o de *Pai*: "Isso não deve ser entendido no sentido humano", mas com "uma conotação de coidentidade com paternidade total no universo"; e que, apesar da conotação masculina, "não deve sugerir que Deus tenha a figura do homem, já que as palavras 'mãe', 'progenitor[a]' ou qualquer outra equivalente poderiam ter sido usadas" (Anônimo, 1976, p. 183). Sobre o conceito de "voz", ele observa que "pode ser ouvida agora – no presente", que "é experimentada em momentos de extraordinária lucidez como lampejos de intuição" (*ibidem*, p. 184), e que "se faz sentir em momentos de criatividade atrevida, em atos criativos que parecem superar qualquer origem pessoal, humana, e em momentos de amor". A isso, Moreno (*ibidem*, p. 185) acrescenta que "nenhuma racionalização baseada em descobertas científicas, físicas ou psicológicas pode dar conta exata dessas experiências".

Segundo Marineau (1995, p. 94), "Moreno admite que desde a infância ouvia vozes" e que, ao compartilhar seu "segredo" com Marian, "descobriu que ela conseguia entendê-lo". De fato, o que John Casson observa em seu livro sobre dramaterapia e psicodrama com pessoas que escutavam vozes, é que se trata de uma experiência humana "antiga e generalizada". Segundo ele, com base em uma série de estudos recentes de autores holandeses e britânicos, ouvir vozes é uma experiência "compartilhada por muitas pessoas 'normais' – aproximadamente 2% a 3% da população segundo Romme (2001) e 4% a 5% segundo Tien (1991);

Moreno, o mestre

apenas 1% recebe serviços psiquiátricos". Casson (2004, p. 14-15) cita Romme, em seu artigo "Breaking down social taboos" [Quebrando tabus sociais], que explica a diferença entre pacientes e não pacientes que ouvem vozes: "Aqueles que nunca se tornaram pacientes aceitaram suas vozes e as usaram como conselheiras", enquanto "nos pacientes as vozes não são aceitas, mas vistas como más mensageiras".

Entre os "líderes religiosos, criativos e políticos" que ouviam vozes, Casson menciona Schumann, Swedenborg, Mahatma Gandhi, Martin Luther King e Simone de Beauvoir, além dos "fundadores da psicanálise (Freud), da psicologia analítica (Jung) e da psicoterapia de grupo e psicodrama (Moreno)", como exemplos de "direção inspiradora", para mostrar aspectos positivos "que não devem ser reduzidos à patologia". No entanto, ele reconhece que "até recentemente, a experiência de ouvir vozes era considerada provavelmente patológica, de fato, um 'sintoma de primeira classe' da esquizofrenia" (*Ibidem*, p. 7-8).

No caso de Moreno e de *Das Testament des Vaters*, seu biógrafo considera que "colocando-o em seu próprio contexto, pode ter sido a melhor maneira que Moreno encontrou para transmitir sua mensagem, o que não exclui uma perda temporária de 'limites'". Marineau (1995, p. 99) também acredita que ele seguia o exemplo de Swedenborg, permitindo "falar com suas 'vozes' interiores na tentativa de unir religião e ciência". De fato, informa a *Britannica*, o cientista, filósofo e teólogo sueco Emmanuel Swedenborg (1688-1772) "escreveu copiosamente interpretando as Escrituras como a palavra imediata de Deus" (Emmanuel Swedenborg, 2016). Além disso, Marineau (1995, p. 99) acrescenta: "Mais tarde, ao desenvolver sua filosofia nos Estados Unidos, Moreno insistiria na importância dessa tarefa revolucionária de integrar religião e ciência".

O certo é que a experiência das vozes no Vale de Maio é um marco histórico tão profundo na vida e na obra de Moreno que, dois anos antes de sua morte, Moreno (1972a, p. 203) retorna a esse período com detalhes:

> E escrevi e escrevi e escrevi naquela manhã, até cair exausto no chão. Durante semanas e meses ninguém soube das palavras que tinha escrito naquela parede. E não achei que fossem minhas palavras. Senti

Sérgio Guimarães

que estavam passando por mim, que elas passam por cada homem com algumas modificações aqui e ali, talvez. Mas, em princípio, compartilho essas palavras e essa experiência com todos.

Nesse último texto, Moreno (*ibidem*, p. 204) também relata que "por volta de 1920 o período de compromisso religioso total chegou ao fim" e que "depois de 1920 comecei a me tornar cada vez mais uma pessoa diferente".

***

Na literatura psicodramática, o caso a seguir passou a ser conhecido como caso de "Bárbara e George". O nome de George corresponde fielmente ao do jovem poeta vienense Georg Kulka, mas 'Bárbara' é o pseudônimo de Anna Höllering, integrante do grupo *Stegreiftheater* em Viena. Em seu primeiro volume de *Psicodrama*, Moreno já havia feito uma descrição do processo, mas parece mais apropriado reproduzir a versão não publicada contada em sua autobiografia:

Uma experiência que tive com um jovem casal envolvido no *Stegreiftheater* ajudou a encontrar o caminho para o teatro terapêutico. Bárbara era uma bela e jovem atriz que era muito popular com o público porque desempenhava papéis ingênuos, que encarnavam o ideal alemão de feminilidade para nossos espectadores. Casou-se com um poeta e dramaturgo que era colaborador frequente da *Daimon*. George entrou no círculo do *Stegreiftheater* depois que a *Daimon* parou de ser publicada. O casamento de Bárbara não teve efeito em seu trabalho no *Stegreiftheater*. George casara-se com Bárbara contra os desejos de seu pai superprotetor e rico. O pai culpou Bárbara pelo que ele pensava ser a corrupção da inocência de seu filho.

Um dia, George me procurou desesperado. Por fim, disse-me: "Esse ser doce e angelical que todos vocês admiram age como uma criatura endemoniada quando está sozinha comigo. Fala na linguagem mais abusiva e, quando fico brava com ela, como ontem à noite, ela me bate com os punhos".

"Espere", disse a ele, "venha ao teatro como de costume hoje à noite. Vou tentar um remédio." Quando Bárbara chegou ao teatro naquela

Moreno, o mestre

noite, pronta para interpretar mais papéis de Madonna, eu a parei. "Veja, Bárbara, você atuou maravilhosamente até agora, mas temo que esteja se repetindo. As pessoas querem vê-la em papéis nos quais a crueldade da natureza humana pode ser retratada, papéis que são mais mundanos do que você costuma assumir, papéis que demonstram vulgaridade e estupidez, a realidade cínica das pessoas que foram levadas ao extremo, não apenas as pessoas como são, mas piores do que são as pessoas quando submetidas a circunstâncias incomuns. Você quer tentar?"

Bárbara respondeu com entusiasmo: "Sim, fico feliz que você tenha mencionado. Há algum tempo, senti que deveria estar dando ao nosso público uma nova experiência. Mas você acha que consigo fazer isso?"

"Tenho confiança em você", respondi. "Acaba de chegar a notícia de uma garota em Ottakring (bairro marginal de Viena) que foi atacada e morta por um estranho enquanto estava na rua procurando homens. O homem ainda está livre. A polícia está procurando por ele. Você é a prostituta. Aqui (apontei para Richard, outro ator de nossa companhia) é o Apache. Preparem a cena." Uma rua no palco foi improvisada, um café, duas luzes. Bárbara avançou. O marido estava no lugar de sempre na primeira fila. Estava bastante emocionado e cheio de expectativa. Richard, como Apache, deixou o café com Bárbara e a seguiu. Tiveram um enfrentamento que rapidamente se tornou uma discussão acalorada. Era sobre dinheiro. De repente, Bárbara mudou suas maneiras de forma totalmente inesperada. Amaldiçoou como um cocheiro, bateu no homem e chutou sua perna repetidamente. Vi George erguer-se de seu lugar. Ansiosamente, ele levantou o braço em minha direção como se para eu parar a produção. Apache foi à loucura e começou a perseguir Bárbara. Ele pegou uma faca falsa do bolso e continuou sua perseguição. Enquanto corriam em volta do palco, ele se aproximava cada vez mais dela. Bárbara representou seu papel tão bem que o público acreditou que seria morta. Eles se levantaram e gritaram: "Basta! Chega!" Mas o Apache não parou a cena até que Bárbara fosse devidamente "assassinada".

Depois que o drama foi feito, Bárbara ficou exuberantemente alegre. Ela abraçou George e eles foram para casa em êxtase. A partir de

Sérgio Guimarães

então, continuou a desempenhar papéis semelhantes. Interpretou empregadas domésticas, solteironas solitárias, esposas vingativas, namoradas rancorosas, garçonetes e companheiras de gângsteres. George me dava relatórios diários sobre a vida deles juntos. "Bem", me disse, depois de algumas apresentações, "algo está acontecendo. Ela ainda tem alguns arroubos de mau gênio em casa, mas perderam a intensidade. São mais curtos, e às vezes ela até sorri no meio de um ataque de raiva. E, como fez ontem, lembra-se de cenas semelhantes às que interpretou no teatro. Então ri, e eu rio com ela porque me lembro também. Nós dois rimos. Às vezes, se põe a rir antes de sofrer um ataque, antecipando o que vai acontecer. Enfim, seu temperamento esquenta, mas não tem o calor habitual." Bárbara experimentara uma catarse que vinha do humor ao riso. Continuei da mesma maneira com Bárbara e George, mas tentei atribuir papéis a ela o mais cuidadosamente possível, tentando fazer que se ajustassem às suas necessidades e às de George também. Depois das sessões no teatro, eu conversava com os dois, analisando suas produções e reações. (Moreno, 1974, Cap. 6, p. 26-29)

Para Paul Hare e June Hare (1996, p. 14), autores de uma breve biografia sobre Moreno, as sessões com Bárbara e George "ilustram o uso precoce de técnicas psicodramáticas". A isso, acrescentam que, "nos anos seguintes, Moreno se referia às reuniões como psicodrama". De fato, no primeiro volume de *Psicodrama*, Moreno comenta sobre um "quarto berço" do método: "Depois de brincar de Deus" aos 4 anos de idade, "da revolução nos jardins" com as crianças em Viena e "da Komoedien-Haus", em 1º de abril de 1921, veio o Teatro da Improvisação, que "certa noite imprecisa tornou-se um Teatro Terapêutico". Observa também:

Alguns meses depois, Bárbara e George sentaram-se sozinhos comigo no teatro. Tinham encontrado a si mesmos e um ao outro novamente. Analisei o desenvolvimento de seu psicodrama, sessão após sessão, e contei a eles a história de sua cura. (Moreno, 1961b, p. 26)

Moreno, o mestre

A propósito, em sua tese de doutorado *The Theatre of Truth – Psychodrama, Spontaneity and Improvisation: The Theatrical Theories and Influences of Jacob Levy Moreno* [O Teatro da Verdade – Psicodrama, espontaneidade e improvisação: as teorias teatrais e influências de Jacob Levy Moreno], Eberhard Scheiffele considera que "mudanças profundas podem advir da experiência sem análise". Segundo ele, os alunos costumam relatar que "a cura profunda ocorreu a partir do estudo e da prática de certas escolas de atuação". Os alunos nunca trabalharam conscientemente sobre nenhum assunto e não houve análise, acrescenta. O que aconteceu foi que "eles tiveram certas experiências no palco que resultaram em mudanças em sua vida".

Scheiffele (1995, p. 102) afirma que essa foi "a maneira como Moreno teve suas ideias para o psicodrama no Teatro da Espontaneidade, em 1922, em Viena", sublinhando a importância do "caso Bárbara", "frequentemente citado por Moreno e seus seguidores", como um "berço" do método psicodramático.

Quanto à transição do teatro de improvisação para o teatro terapêutico, Moreno (1974, Cap. 6, p. 26) argumenta que no último "era mais fácil defender 100% de espontaneidade":

> As imperfeições estéticas de um ator no palco não podiam ser perdoadas por seu público, mas as imperfeições e inconsistências que uma pessoa com doença mental demonstra no palco do psicodrama não são apenas mais facilmente toleradas como esperadas e, muitas vezes, calorosamente bem-vindas. Os atores se tornaram verdadeiros "egos-auxiliares" com a chegada do teatro terapêutico. Eles também, em sua função terapêutica, foram aceitos na nudez de seu talento natural, sem o perfeccionismo emprestado do teatro.

Sempre na parte inédita de sua autobiografia, Moreno (*ibidem*, p. 32) comenta que "dezenas dessas relações terapêuticas emergiram do palco do *Stegreiftheater*", acrescentando:

> Assim, meu método terapêutico se desenvolveu a partir de relações reais de trabalho com as pessoas, diferentemente da relação terapeuta-paciente tradicional que Freud e seus seguidores institucionalizaram.

Sérgio Guimarães

Ou seja, a ideia de que o terapeuta deve estar tão distante do paciente que projetará seus problemas no terapeuta, procurando o tipo de relação de fantasia que causou os problemas do paciente em primeiro lugar. Freud chamou esse processo de "neurose de transferência" e exortou seus seguidores a não se envolver com o paciente no que chamou de "contratransferência".

Pelos dados apresentados, fica claro que o caminho para o teatro terapêutico percorrido por Moreno passava pelo teatro da improvisação, no qual suas intenções eram bastante experimentais e exploratórias. Antes dele, também é verdade, várias iniciativas para fins terapêuticos haviam sido documentadas historicamente, tanto no campo da dramaturgia como no da medicina.

11. Mudança radical de cenário: a transição para o Novo Mundo

Para Jacob Moreno-Levy, a mudança de continente começa com um sonho estranho, segundo o que ele conta em outro fragmento inédito:

Vi a mim mesmo dirigindo um automóvel pela avenida de uma grande cidade. Anos depois, pareceu-me que a avenida de meu sonho assemelhava-se muito à Quinta Avenida da cidade de Nova York. Havia arranha-céus dos dois lados da rua e grandes alto-falantes conectados em cada janela. Muitos automóveis – tentei contá-los, mas não soube quantos havia – seguiam em longas filas. O trânsito estava muito intenso; cada carro tinha um alto-falante no lugar da buzina. Quando um motorista tocava sua buzina, um anúncio falado saía em vez do ruído habitual da buzina de um carro. Ouvi: "O transatlântico de passageiros mais rápido dos Estados Unidos é o *Mauretania*". O estranho é que os anúncios, e sons semelhantes, se repetiam automaticamente, como gravações. (1974, Cap. 8, p. 1)

Moreno comenta também que nenhum outro evento o influenciou tanto, ao longo de sua vida, "desde que tentei brincar de Deus aos 4 anos de idade, quanto o estranho sonho que tive na primavera de 1922" (*ibidem*, p. 3). Sobre isso, Marineau informa que "durante todo esse período", Moreno trabalhou "em uma máquina reprodutora de sons, com Franz, irmão de Marian". Segundo o biógrafo, Moreno não tinha nem os conhecimentos nem as habilidades técnicas necessárias, "mas Franz Lörnitzo era um gênio da engenharia e, depois de árduo trabalho, conseguiu produzir essa máquina" (1995, p. 123). O que Moreno (1974, Cap. 8, p. 3) observa é:

Através da pesquisa, soubemos que os discos de gravação de aço eram uma novidade. A única coisa que havia sido experimentada no

Sérgio Guimarães

passado, de natureza similar, foi o sistema de gravação de um engenheiro dinamarquês [Valdemar] Poulsen. Entendi os princípios da física que o envolviam – leis de Faraday –, mas Franz, o jovem engenheiro de Vöslau, tinha a experiência técnica para traduzir a física e o sonho em uma realidade que funcionasse.

Antes que o projeto desse certo, porém, outros fatores estavam contribuindo para que Moreno tomasse a decisão de emigrar. O antissemitismo seguia seu curso, em um país dividido basicamente – segundo Beller – "em dois campos políticos, os socialdemocratas e os socialistas cristãos, com o nacional-socialismo alemão constituindo seu próprio posto avançado, algo menor". Havia também, sobretudo na capital – comenta o historiador –, uma burguesia liberal que era em grande medida judia, "enfrentando um crescimento em massa do sentimento antissemita a partir da fase final da guerra". Com isso, os judeus eram culpados por tudo, "desde o bolchevismo até a 'punhalada nas costas', a corrupção econômica, a própria modernidade", e a presença de refugiados judeus da Galícia em Viena durante a guerra ajudou a exacerbar esse sentimento ainda mais (Beller, 2011, p. 209).

Sobre a vida de Moreno em Bad Vöslau, Marineau afirma, por exemplo, que os burgueses da pequena cidade "achavam muito perturbador esse jovem médico cujos aliados naturais eram os trabalhadores, sobretudo os comunistas", comentando que "seu judaísmo agravava a situação". O biógrafo menciona também um incidente ocorrido com Marian e Moreno, que esperavam o trem na estação da vizinha cidade de Baden, "quando um grupo de jovens os cercou. Um deles se aproximou de Moreno e, com desdém, o provocou: 'judeu'". Na sequência, comenta Marineau, apesar de "Moreno se considerar cidadão do mundo, uma pessoa cósmica", naquele momento "só sentiu uma intensa identificação com sua herança judaica. Depois de derrubar seu oponente, olhou-o nos olhos e também para a multidão. Ninguém o desafiou" (1995, p. 100).

Infelizmente, não foi um incidente isolado. O próprio Moreno (1974, Cap. 7, p. 38) relata:

Às vezes parecia que nossa vida estava ameaçada. Era possível ver e ouvir grupos de estudantes nacionalistas caminhando pelo vale durante a noite. Gritavam para nós e vociferavam insultos difamatórios. Com frequência se apresentavam à nossa porta e cantavam canções nacionalistas, olhando para as janelas iluminadas, com a esperança de nos provocar a agir contra eles. Às vezes ouvíamos tiros no vale, e o ar se enchia de pânico. Chegou o ponto em que Marian tinha medo de caminhar pelo vale, mesmo durante o dia.

***

Outro incidente, ocorrido "por volta de 1920" e que Moreno vai considerar um "grande e importante episódio" de sua vida, ilustra bem tanto o ambiente da época quanto a capacidade provocadora de nosso protagonista. Segundo ele, a cena com o padre ocorre em um domingo pela manhã, quando a católica Marian e Moreno se propõem a "ouvir seu sermão sobre o amor". Aproximando-se da igreja, veem o pregador em uma esquina, acompanhado de seus fiéis, e Moreno começa a falar com ele, fazendo-lhe uma série de perguntas sobre suas relações pessoais e questionando sua coerência entre o sermão previsto e sua prática:

Você já iluminou e salvou seu próprio pai e sua mãe? Você já experimentou seu sermão com eles? Na cidade mais próxima de você, até com o mais humilde mendigo que bate à sua porta? Não, não, leio em seus olhos: você não fez nada, ou apenas vagamente, ou pelo menos não entrou na situação com a seriedade completa exigida pela autoridade religiosa. [...]
O pregador respondeu: "Não percebi nada, talvez porque estivesse muito envolvido com meu objetivo. Mas sempre pensei assim: 'Guarde seu sermão para si até estar no lugar em que ele deve ser dado'. Sempre pensei que o poder de uma verdade cresce com a duração de mantê-la em silêncio."
Ao que respondi: "Oh, você é um profeta confuso, senhor. Permanecer em silêncio diante de uma emergência que exija sua ajuda não pode ser admitido sem uma isenção especial. É melhor confessarmos ao Deus do Amor, que é, segundo você, sua autoridade final. Não aconteceu com você, todos os dias que você passou por seus vizinhos, o que Ele ora em seus ouvidos: 'Ouça, ouça, por que você ainda espera com o amor que eu lhe dei?' Ouça, Deus não é

Sérgio Guimarães

amor. *Deus é um amante.* A verdadeira maneira de agir é tão lógica e tão óbvia!" [...]

"Há uma hora você saiu de casa e começou a vir aqui. Quando saiu para a rua, o porteiro lhe fez uma reverência. Quando se aproximou da segunda esquina do quarteirão, um garotinho implorou para limpar seus sapatos. À sua esquerda, um cavalo coxo e cansado puxava um carro. À direita, havia um velho amigo esticando o braço para tocá-lo. Mas você seguiu em frente. Ou seu sermão fez alguma coisa?"

"Nada" [...]

"Você não começou a seguir o Homem que queria ensinar amor? Esse Homem tinha o amor dentro dele, sem dúvida [...], até que um dia quis se convencer se realmente o tinha ou não. O que você pensa? Para colocar seu amor à prova, ele teria ordenado às pessoas de um lugar distante, o mais longe possível dele? Oh, o amor desse homem amava a proximidade!

Diga, se soubesse *agora* que havia *alguém* aqui, fora da igreja, precisando muitíssimo de seu sermão, e que esse alguém poderia ser *eu*, ainda assim não o daria a ele, a mim, imediatamente, ao mesmo tempo?

"Eu faria, eu faria, eu faria." O pregador começou seu sermão na rua. O encontro foi apenas um aquecimento. As pessoas ficaram do lado de fora em vez de entrar na igreja. Outras saíram da igreja para ouvir. (1974, Cap. 7, p. 40-43)

A partir daí, de acordo com Moreno, clérigos, rabinos, padres e ministros de Bad Vöslau passaram a vê-lo unanimemente como "um inimigo de Deus, ou o criador de um novo Deus", considerando-o pior do que os comunistas, já que estes "tentam controlar a política, mas não interferem na religião". Ele menciona as críticas violentas e pressões para que renunciasse ao posto de oficial de saúde e comenta que foi "desafiado em todos os lugares por comunistas, nacionalistas, religiosos, pessoas regulares e irregulares". Olhando para trás décadas depois, Moreno acredita que o drama de Vöslau, "que na verdade deveria ser chamado de psicodrama de Vöslau, foi um dos muitos precursores despercebidos da revolução nazista" (1974, Cap. 7, p. 44).

O incidente com o pregador também permite observar em Moreno algo semelhante ao que ele e sua então esposa Florence Bridge Mo-

Moreno, o mestre

reno posteriormente formularão como conceito, no artigo "Spontaneity Theory of Child Development" [Teoria da espontaneidade do desenvolvimento infantil], publicado inicialmente na revista *Sociometry* (Moreno e Moreno, 1944, p. 108), e dois anos depois, no primeiro volume de seu livro *Psychodrama*. Ou seja, seria a *síndrome da fome de atos*, na qual a disposição da criança de agir "é tão grande que ele usa toda a sua energia para isso" (Moreno, 1977a, p. 66).

Outro conceito de interesse, implicitamente usado no encontro com o pregador, é o *axiodrama*. Moreno vai formulá-lo teoricamente muitos anos depois, já nos Estados Unidos, na segunda edição de *Who Shall Survive?*, publicada em 1953. Em sua introdução de cem páginas, *Preludes of the Sociometric Movement* [Prelúdios do movimento sociométrico], ele retoma uma série de momentos históricos de sua vida, incluindo o evento daquele domingo na rua. Depois de comentar que "outros saíram da igreja para ouvir", Moreno acrescenta: "e agora o 'axio'drama começa", observando que "o axiodrama trata da ativação dos valores religiosos, éticos e culturais de maneira espontâneo-dramática". Além disso, ele relata que "o 'conteúdo' original do psicodrama era axiológico", explicando que, "ao contrário da afirmação dos livros de texto atuais, comecei com o psicodrama de cima para baixo". Ou seja, primeiro veio o axiodrama, depois o sociodrama, declara, concluindo: "O psicodrama e sua aplicação aos transtornos mentais foi o último estágio do desenvolvimento" (1953, p. xxvi).

***

Em 24 de setembro de 1924, em Viena, a Exposição Internacional de Novas Técnicas Teatrais foi inaugurada com um escândalo, e Moreno foi seu protagonista. No palco da *Konzerthaus* [Casa de concertos], estavam reunidos "todos os dignitários, o presidente da Áustria, o prefeito de Viena, os artistas participantes" (1974, Cap. 6, p. 38), incluindo o austríaco Friedrich Kiesler, diretor artístico do festival. Segundo conta Moreno, "Kiesler era um arquiteto interessado no *Stegreiftheater* e em seu potencial para um novo tipo de arquitetura teatral" (*ibidem*, p. 37), e fora um de seus alunos.

Nesse período, Moreno-Levy já publicava suas obras escritas anonimamente e, com a ajuda de esboços do jovem arquiteto Rudolf

Sérgio Guimarães

Hönigsfeld, apresentou na exposição um modelo também anônimo de seu *Theater ohne Zuschauer* [Teatro sem espectadores]. No entanto, ao contrário do primeiro desenho publicado no livro *Stegreiftheater* – que propunha um palco central redondo circundado por doze palcos secundários –, a nova versão era mais simples, sempre com o palco central, mas limitando o número de palcos secundários a quatro. Marineau comenta que "o projeto incluía uma cúpula que cobria o palco, semelhante a um templo ou igreja". Em outras palavras, acrescenta o biógrafo, "o palco era o teatro inteiro" (Marineau, 1995, p. 118). Narra Moreno (1974, Cap. 6, p. 38-39):

> Quando Fred [Kiesler] foi chamado e o prefeito estendeu a mão para apertar a de Fred, interrompi as atuações. Falei alto, chamando-o de ladrão. O prefeito parou a cerimônia e todos, delegados e espectadores, se levantaram, surpresos com a minha ação. A polícia entrou e eu saí do auditório. Na manhã seguinte, os jornais estavam tomados pelo escândalo. Fred sentiu-se compelido a me processar por difamação, a fim de limpar seu nome. Foi assim que meu ideal de anonimato, a natureza do *Stegreiftheater* e o "Raumbühne" ["palco do espaço", projeto de Kiesler, também chamado de "teatro ferroviário"] foram levados a julgamento perante a Suprema Corte da Áustria em 19 de janeiro de 1925.

Sobre a polêmica controvérsia com Kiesler, Moreno publicou em 1925, também anonimamente, seu último trabalho antes da viagem aos Estados Unidos: *Rede vor dem Richter* [Discurso perante o juiz]. Traduzido para o inglês em duas versões – primeiro em 1929 como *Speech before the Judge on the Doctrine of Anonymity* [Discurso perante o Juiz sobre a Doutrina do Anonimato], depois em uma versão ampliada em 1953, como parte do livro inédito *Philosophy of the Here and Now* [Filosofia do aqui e agora] (Moreno, 1952-1953) –, o texto é precedido por uma introdução do próprio Moreno, essencial para a compreensão de sua última fase europeia:

> Por mais importantes que tenham sido as invenções sociais que criei naquele período, o Teatro da Espontaneidade, o Jornal Vivente e o Teatro Terapêutico para mim não poderiam ser comparados em importância ao princípio do anonimato como forma de comportamento

Moreno, o mestre

axiológico; de fato, como um imperativo axiológico de primeira ordem. Pareceu coroar todos os meus esforços em abrir espaço para a visão de uma ordem cultural futura que se estendesse a toda a humanidade. Parecia-me inútil escrever outro "livro" defendendo a virtude do anonimato, mas acrescentando meu nome como autor. O ponto crucial da minha situação, como eu a via, era processar *o anonimato em ação*, demonstrar o princípio para todos, ser um *ator do anonimato*. A noção de disseminar anonimamente ideias científicas, livros, obras de arte, tem um exemplo no camponês e no trabalhador que deixa suas mercadorias e produtos à universalidade sem ser conhecidos. (Moreno, 1929)

Em sua autobiografia, Moreno comenta que ele "fez um longo discurso perante a corte, a fim de expor minha posição em relação ao anonimato e minha contribuição ao teatro e aos problemas existenciais do homem". Considerando que seus livros "foram publicados anonimamente" e que suas ideias "foram dadas livremente, sem nenhuma patente ou proteção de direitos autorais", Moreno pondera que "ele não tinha reivindicações *legais* sobre nenhuma parte de seu trabalho", mas que "o núcleo do argumento" (1974, Cap. 6, p. 39) era o seguinte:

Presenteei a comunidade com minhas ideias, em todas as suas partes, para uso gratuito; com isso, dei a todos o privilégio, e a todos o direito de considerar minhas ideias propriedade coletiva, para levá-las ao pé da letra, usar e distribuir de qualquer maneira, impressa ou oralmente, desde que isso seja realizado *sem* referenciar seus nomes ou qualquer outro nome. Mas não foi minha ideia deixar minhas contribuições para uma única pessoa, a fim de trazer a ela um relacionamento de propriedade com minhas ideias, vincular minhas contribuições ao nome da família de uma pessoa para enriquecê-la. (*Ibidem*, p. 39)

[...] Quando um bem comum é anunciado publicamente como um bem privado, o retorno desse bem à comunidade deve ser exigido no local do roubo e diante do mesmo público. Se meu trabalho também tivesse sido assinado por um nome, então uma pessoa vítima de fraude deveria enfrentar um trapaceiro. Aqui, no entanto, eu agi, não em meu próprio nome, mas em nome de uma comunidade enganada; não como uma pessoa particular, mas como uma pessoa pública. O

Sérgio Guimarães

mundo público é o lugar onde o erro público deve ser corrigido... A democracia deu à humanidade uma terrível bênção, o Eu... Uma "praga do eu" consome a humanidade. O "eu" é o Baal a quem a natureza é sacrificada e para quem a geração jovem é acorrentada. E é uma praga para a vida... O "eu" se torna um "eu-ctosauro" (Ich-thyosaurus, em alemão). (*Ibidem*, p. 40)

[...] O queixoso está entre os que me encontraram, comeram à minha mesa e dormiram em minha casa. Se ele não tivesse me encontrado e feito o que fez, eu não teria olhado para ele. Se tivesse me conhecido e feito o mesmo, mas em total anonimato – escondendo tanto o meu nome quanto o dele – ou se tivesse, pelo menos, o nome dele impresso em letras minúsculas, eu não teria observado. Mas o barulho que alguém pode fazer sobre si mesmo deve ter um limite. [...] O plágio não é a causa disso, mas uma violação da confiança privada, uma violação de uma lei ética universal. (*Ibidem*, p. 42)

[...] Como pessoa privada, não posso censurar o demandante. Ele não tomou nada de *mim*. Ele privou o público de um bem de uma maneira que viola a lei moral. Não é da natureza de um tribunal de justiça impugnar o direito de todos em favor de um indivíduo. Se o tribunal aprovar sua ação, o público é condenado. Então devo sofrer a multa como seu representante. Nesse caso, o plágio é apagado e o anonimato é um desejo do diabo. (*Ibidem*, p. 45)

"Fui ressarcido", conclui Moreno (idem) em sua autobiografia, explicando separadamente que "poucas semanas depois, quando deveria ocorrer a segunda sessão do tribunal, o demandante não apareceu". Segundo ele, Kiesler "tinha deixado a Áustria com destino desconhecido" e, consequentemente, "perdeu o julgamento por omissão" (1929, p. 3).

***

Para além da dimensão jurídica do conflito, no entanto, é interessante reter outro conceito que aparece na visão de Moreno sobre o "teatro sem espectadores" apresentado na exposição de Viena: sua concepção do palco como "símbolo de um todo oculto", como ele próprio descreve no *Discurso perante o juiz*:

Moreno, o mestre

O objeto da controvérsia é um palco com ênfase em todas as dimensões do espaço; ele tem três propriedades: a posição central, a estrutura vertical e um auditório circular. E como esse palco simboliza um todo oculto, ninguém será capaz de descobri-lo, visualizá-lo ou exigi-lo, a menos que carregue o todo dentro de si. Quem exige um palco como esse também conhecerá sua verdadeira função, o novo teatro para si. E quem exige para isso o teatro, o Teatro da Espontaneidade, também conhecerá a sociedade que o exige. Assim, mesmo o objeto mais humilde, a manipulação mais modesta, podem ser adequadamente requeridos apenas do centro. Somente a partir daí pode ser alcançada a verdadeira posição. O impostor que oferece uma parte se torna um traidor, inclusive nisso. Somente do conjunto saem as partes. Somente da mãe pode sair a criança. (Moreno, 1974, Cap. 6, p. 41)

De fato, a concepção exposta nesse período por Moreno parece ter sido obscurecida pelo escândalo causado por ele, mas o canadense Christopher Innes, autor de *Avant Garde Theatre 1892-1992* [Teatro de Vanguarda 1892-1992] está entre os que reconhecem o escopo mais amplo de seu projeto teatral. Depois de comentar que "o projeto arquitetônico de seu teatro ideal dá uma impressão quase religiosa que refletia com precisão a crença impressionista na divindade do homem, e a realização de Deus em cada pessoa pela libertação total do potencial humano", Innes observa que esse projeto "foi o protótipo do design em forma de ovo da Bauhaus para um 'teatro total'", apresentado pelo influente arquiteto alemão Walter Gropius em 1928 (Innes, 1993, p. 49).

O professor da Universidade de York de Toronto também informa que "o conceito de Moreno era muito mais radical", comentando que seu público não era espectador, mas participante ativo. Além disso, ele explica, "ficar de pé incentivava respostas mais abertas e permitia a livre circulação de um centro de ação para outro", possibilitando uma troca constante "mesmo entre o reagir e o atuar". Innes observa que a estrutura desenvolvida por Moreno refletia seus "elementos desejados de espontaneidade e igualdade", acrescentando que "não havia roteiros, nem intérpretes profissionais, nem apreciação estética, nem paisagens" (*ibidem*, p. 50). Em resumo, conclui:

Sérgio Guimarães

O teatro de Moreno oferecia um valor psicológico à abordagem egoísta do expressionismo e sua elevação de 'Seele' (Alma) – o aspecto emocional descontrolado do subconsciente expresso pelo 'Schrei' (Grito) – ao constituinte essencial da arte. Também oferecia uma razão justificável para o repúdio expressionista da sociedade, que – sendo psicológica – era mais consistente do que o tipo de rejeição ideológica que levou vários artistas a uma posição comunista. (*Ibidem*, p. 50-51)

***

Como Moreno afirma em seus *Preludes of the Sociometric Movement* [Prelúdios do movimento sociométrico], a hipótese de emigrar para a União Soviética também havia sido estudada antes de sua opção pelos Estados Unidos:

A questão era: para onde ir, leste ou oeste? A Europa Oriental era dominada pelo comunismo soviético, que em 1924 estava firmemente enraizado. Pouca esperança era oferecida para uma nova ideia, a menos que eu estivesse disposto a aceitar a estrutura dada pela sociedade soviética e perfurar a partir de dentro. Decidi contra a Rússia soviética e em favor dos Estados Unidos pelas seguintes razões. Todas as minhas inspirações para meus métodos e técnicas vinham direta ou indiretamente da minha ideia de Divindade e do princípio de sua gênese. Minha hipótese de Deus me levou a ser enormemente produtivo; todas as conclusões que tirei dEle e traduzi em termos científicos foram corretas. *Eu não tinha nenhuma razão para supor que a hipótese original em si é falsa simplesmente porque não é popular entre os cientistas.* Minha ideia de Deus, a partir da qual o sistema sociométrico cresceu, era, portanto, em última instância, a maior barreira para ir à Rússia, aceitar a doutrina soviética e, por assim dizer, não deixar minha mão esquerda saber o que faz a mão direita. Eu estava tratando de uma humanidade que é construída a partir do Deus do primeiro dia. Preferia ser a parteira em um modo de vida democrático confuso e incoerente, em vez de comissário de um mundo altamente organizado. Foi meu livro de Deus que me direcionou para os Estados Unidos. (*Ibidem*, p. XXXIX)

Moreno, o mestre

O editor do *Die Neue Daimon* demonstra estar atento ao que estava acontecendo na Europa Oriental, publicando naquele jornal, em janeiro de 1919, o artigo "Erklärung an Spartakus" [Declaração de Spartacus], na qual afirma que "a substituição de uma classe por outra, como, por exemplo, a substituição da dominação da burguesia pelo governo do proletariado, é secundária". Jakob Moreno-Levy insiste que "a tarefa essencial" é que "o recém-criado Estado da ditadura do proletariado, instalado pelo povo reprimido como órgão da revolução, desapareça verdadeira e realmente". No entanto, acrescenta o autor do artigo, "esse Estado não pode eliminar a si mesmo, a menos que tenha ocorrido uma restruturação interna completa de todos os setores da sociedade" (Moreno, 1949, p. 132).

Na seção "1925, EUA e Rússia Soviética" de *Who Shall Survive?* (1953), Moreno faz uma declaração que irá manter também em sua autobiografia: que a reação alemã ao seu livro *As palavras do Pai* "foi insatisfatória" e que "o movimento *Stegreiftheater*, embora tivesse começado a criar raízes nas cidades da Baviera e da Prússia, moveu-se lentamente demais para minha expectativa" (Moreno, 1953, p. XXXIX). Aliás, no livro *The First Psychodramatic Family* aparecem fragmentos de críticas à experiência do *Stegreiftheater*, publicadas em jornais de Viena, Berlim, Praga, Leipzig, Roma e Haia, no período de abril de 1924 a março de 1925 (1964, p. 22-24). De fato, o *Rheinische Musik und Theatre Zeitung* de Leipzig, em 19 de julho de 1924, traz uma crítica positiva de duas páginas sobre o assunto, nomeando cada um dos membros da equipe de três mulheres e três homens "sob a direção do Pai" (Anônimo, 1924a, p. 225-26).

De qualquer forma, Moreno também revela que "desde 1921 exortava meus amigos a deixar a Europa e preparar um novo cenário para o nosso trabalho nos Estados Unidos, e em 1925 os acompanhei", acrescentando: "Como a história mostrou, foi a decisão certa a tomar". Em relação à sua motivação para emigrar, pondera que "talvez" estivesse em um plano superior a "uma preocupação puramente pessoal" por sua segurança física. Ele reconhece, no entanto, que, não fosse por "ter experimentado o amor de uma mulher gentia por um homem judeu", a luta desse judeu "contra a mediocridade dominante da sociedade alemã da época", além do "ciúme contra mim e aquele desejo de vingança", ele nunca seria capaz de desenvolver a intuição de ter de deixar a Europa a tempo de encontrar "um novo refúgio" no continente americano: "Eu

Sérgio Guimarães

era como uma ave migratória que sentiu os ventos frios do outono antes
que realmente começassem a soprar" (Moreno, 1974, Cap. 7, p. 45).

***

Em sua edição de 3 de julho de 1925, o *New York Times* apresenta uma
notícia de cinco parágrafos com o título "Invenção de gravações de
rádio" e o subtítulo "Cientistas vienenses capturam a transmissão em
discos fonográficos" nos seguintes termos:

> Viena, 2 de julho – Uma inovação na radiodifusão foi anunciada hoje
> pela imprensa de Viena. É a invenção do cientista austríaco e especia-
> lista em raios X, Moreno Levy, e do engenheiro Frank Loeritzo [*sic*],
> que afirmam que é possível fixar sons de rádio como se fossem um
> disco de gramofone e reproduzi-los mais tarde, à vontade, várias vezes.
> A parte principal da invenção consiste em discos nos quais os sons de
> transmissão são gravados por uma espiral, consistindo não em uma
> impressão mais ou menos profunda como no disco de gramofone,
> mas em uma linha contínua de pontos mais ou menos magnetizados
> conforme a força ou a quantidade de som.
> Também é possível reproduzir apenas certas partes desse disco, pu-
> lando outras. Os discos são desmagnetizados por um processo sim-
> ples e podem ser usados novamente.
> Os inventores não declaram ter descoberto novos princípios, mas
> combinaram elementos conhecidos em algo decididamente novo.
> Diz-se que a invenção terá uma influência importante na transmissão
> sem fio de imagens e nos "sinais sem fio". (Invent Radio Records, 1925)

Além da natureza de novidade da invenção, o que chama a atenção nessa notícia é a qualificação de Moreno Levy como um "especialista em raios X", que não encontra confirmação de nenhuma outra
fonte. Provavelmente, o erro se deve aos esforços malsucedidos feitos
em Bad Vöslau por Moreno "em sua tentativa de introduzir a radiote-
rapia, para a qual ele havia adquirido um caro aparelho de raio X", diz
Marineau. Segundo o biógrafo, "foi-lhe negada a permissão de usar o
equipamento e ele foi informado de que não possuía os conhecimentos
necessários para realizar esses tratamentos" (Marineau, 1995, p. 91).

Moreno, o mestre

Além da possível falta de conhecimento de Moreno, no entanto, o que é interessante ressaltar nesse episódio é sua disposição criativa em relação às inovações tecnológicas. Nesse caso, era um aparelho resultante de uma descoberta recente (1895); sabe-se também que o físico alemão Wilhelm Conrad Röntgen descobriu esses raios por acidente, nomeando-os "X" precisamente "devido à incerteza quanto à sua natureza", segundo a *Britannica* (Electromagnetic radiation, 2016).

Cinco semanas depois, o mesmo jornal abre uma página inteira para as "Últimas notícias sobre rádio, desenvolvimento e comentários". Dessa vez, são três colunas ilustradas, com o título "Fita de aço chamada radiofilme faz gravação de transmissões" e o subtítulo "Inventores afirmam que novo dispositivo tem influência importante na transmissão de imagens via rádio – concertos podem ser gravados e tocados depois". O *Times* retoma com mais detalhes as informações reveladas anteriormente, comentando que os "dois inventores vienenses" construíram a nova máquina "na tentativa de resolver o problema de tornar os ouvintes de rádio independentes do tempo de transmissão" (Steel Band, 1925, p. 14).

Marineau relata que "ambos foram convidados a ir aos Estados Unidos pela General Phonograph Company de Ohio" e que "a invenção foi patenteada no escritório do governo austríaco". No entanto, comenta, "provavelmente devido ao fato de numerosos engenheiros trabalharem em projetos similares", a invenção não teve o eco esperado, "mas deu a Moreno uma razão convincente para emigrar aos Estados Unidos" (1995, p. 124).

Sobre esse período de transição, em outro fragmento não publicado, Moreno (1974, Cap. 8, p. 3-4) também registra:

> Quando fui embora para os Estados Unidos, quis enterrar meu passado, não porque me envergonhasse dele, mas porque havia atingido o clímax possível. Tinha apenas duas alternativas: ou ser Deus e viver como Deus, como um Cristo da Segunda Vinda, ou começar do zero, ser um homem comum como todo mundo, abandonar todo o mistério, ser apenas um cara simples. E foi o que aconteceu.

Seu irmão William já havia ido para Nova York, e Moreno relata os últimos momentos de sua vida em Viena:

Sérgio Guimarães

Em 1925 eu estava pronto para deixar a Europa. Na estação ferroviária do Norte em Viena, em setembro de 1925, minha mãe veio se despedir. Ela brincava e ria como se eu estivesse indo para Salzburg e voltasse no dia seguinte. Alguém lhe disse: "Alguns meses atrás, houve uma cena semelhante, era seu filho William que estava viajando. Mas naquele momento você chorou e não conseguia se separar dele. Agora, quando seu filho Jacques deixa você, isso não parece lhe importar". "Bem", disse ela em uma profunda reflexão, "quando William saiu, fiquei preocupada. Willie é um bom garoto. Deus sabe o que poderia acontecer com ele lá. As pessoas podem prejudicá-lo. Mas com Jacques é diferente. Ele pode cuidar de si mesmo. Primeiro, ele sabe por que está saindo e, se não for assim, suas ideias cuidarão dele. E assim foi. (*Ibidem*, Cap. 6, p. 49-50) [...] Cheguei a Nova York em outubro de 1925. (*Ibidem*, Cap. 8, p. 4)

Marineau não se deixa convencer pelo que seu biografado nos conta, preferindo afirmar que "segundo o que a família Lörnitzo disse, Moreno e Franz partiram em dois transatlânticos diferentes: *Aquitânia* e *Bremen*; Moreno em 21 de dezembro de 1925 e Franz alguns meses depois" (1995, p. 239). Jonathan Moreno também prefere outra fonte à de seu pai, relatando que "J. L. desembarcou em uma doca de Hudson em janeiro de 1926 como imigrante de 36 anos, sem um centavo" (2014, p. 94).

É verdade que Moreno às vezes se confundia com as datas e se enganava quanto ao mês de sua chegada, mas dados oficiais do Serviço de Migração dos Estados Unidos, obtidos em junho de 2015, confirmam que Jacob Moreno-Levy chegou a bordo do *Mauretania* em 20 de novembro de 1925 (List or Manifest, 1925) e Franz Lörnitzo desceu do *Berengaria* em Nova York em 4 de dezembro de 1925 (List or Manifest, 1925a). Não é um mero detalhe: no caso de dúvidas como essa, vale lembrar uma recomendação básica do método psicodramático: é melhor seguir o que o protagonista diz.

Com relação à bagagem, Moreno ressalta que trouxe "os três veículos que inventou", ou seja, "o palco do psicodrama, o sociograma interativo e um dispositivo magnético de gravação de som":

Cada um levou a uma revolução conceitual – o palco do psicodrama, ao superar o divã psicanalítico, levou às técnicas de atuação, à teoria

Moreno, o mestre

da ação e à participação do público da psicoterapia de grupo; o sociograma, à investigação sistemática de pequenos grupos; o dispositivo de gravação de som, a um método para registrar e reproduzir o material dos casos, a uma nova objetividade, precisão e integridade dos dados. (Moreno, 1953, p. xli-xlii)

Quanto ao sonho de três anos antes, Moreno confirma em sua autobiografia a origem de sua principal motivação para a mudança de continente:

Olhando para os últimos 50 anos, esse sonho insignificante foi na verdade o que precipitou minha chegada à América. O sonho continuou falando comigo: "As coisas estão ficando desconfortáveis aqui na Europa. Não é um bom lugar para obter novas ideias. Dei a você, nesse sonho, a ideia de uma máquina que deveria interessar às grandes cabeças norte-americanas. Portanto, vá trabalhar. Você botou seus ovos aqui, mas terá de chocá-los em outro lugar". (1974, Cap. 8, p. 2)

Em resumo: ao deixar a Europa, Moreno tinha conseguido acumular um grande número de experiências fundamentais: praticar suas primeiras trocas de papel com o Deus da criação; absorver voraz e criticamente, em sua adolescência e juventude na Áustria, um conjunto de autores de fontes religiosas, filosóficas, literárias e científicas; privilegiar os encontros e as relações interpessoais com crianças, refugiados, prostitutas, pacientes, comunidades e artistas; testar suas primeiras tentativas de sociometria; exercitar novas técnicas teatrais que favorecessem o desenvolvimento da espontaneidade e da criatividade dos participantes, para citar apenas algumas de suas realizações. Foram necessários 36 anos para construir os fundamentos empíricos do tripé moreniano, que ele desenvolveria sistematicamente nos Estados Unidos: a psicoterapia de grupo, a sociometria e o psicodrama. É o desenvolvimento deste último que tentaremos examinar mais de perto nos próximos capítulos. A gravidez estava bem adiantada, mas o parto do novo método psicodramático ocorreria apenas no continente americano.

12. Da escola de meninas ao teatro *impromptu*

O país em que Moreno se encontra na sexta-feira, 20 de novembro de 1923, vive tempos de progresso. Segundo o jornalista estadunidense Frederick Allen (2010, p. 137), autor de *Only Yesterday – An Informal History of the 1920s* [Apenas ontem – Uma história informal dos anos 1920], depois da depressão dos primeiros anos do pós-guerra "a onda de prosperidade estava em plena ascensão". Era a chamada "prosperidade Coolidge", referência ao presidente John Calvin Coolidge Jr., que governou os Estados Unidos de 1923 a 1929.

Segundo Allen, o que caracteriza o período é sobretudo o conjunto de inovações tecnológicas que vão provocar "uma revolução nos costumes e na moral, que já começava a afetar homens e mulheres de todas as idades em todos os rincões do país". A mais evidente, e a que primeiro aparece no sonho anteriormente recordado por Moreno, é a transformação do setor automobilístico: enquanto em 1919 eram "menos de sete milhões os veículos de passageiros registrados nos Estados Unidos", informa Allen, havia "mais de 23 milhões de automóveis apenas dez anos depois" (*ibidem*, p. 6).

Outro setor que sofrerá mudanças profundas é o da comunicação de massa. "Em primeiro lugar", insiste Allen, "estava o rádio", informando que "a primeira estação de radiodifusão foi aberta no Leste de Pittsburgh em 2 de novembro de 1920" (*ibidem*, p. 67) para a transmissão dos resultados da eleição presidencial; depois, ele comenta que "na primavera de 1922 o rádio havia se tornado moda". Por fim, afirma o jornalista, enquanto naquele ano as vendas de aparelhos de rádio e acessórios "chegavam a US$ 60 milhões, dez anos depois passaram a US$ 842,5 milhões", ou seja, um aumento "de mais de 1.400% em relação aos números de 1922" (*ibidem*, p. 142).

Dólares à parte, o que chama a atenção de David Kyvig, professor de História da Northern Illinois University, em seu *Daily Life in the United States*

Moreno, o mestre

1920-1940 – How Americans Lived Through the 'Roaring Twenties' and the Great Depression [A vida cotidiana nos Estados Unidos 1920-1940 – Como os estadunidenses superaram "os frenéticos anos 1920" e a Grande Depressão], é que em 1920 "o censo encontrou 106,5 milhões de pessoas morando nos Estados Unidos", e a expectativa média de vida era de "pouco mais de 53,6 anos para os homens e 54,6 para as mulheres" (Kyvig, 2004, p. 71).

Além disso, acrescenta que a população era "majoritariamente branca e nativa": o censo havia identificado 89,7% de brancos (incluindo os hispânicos), 9,9% de negros, 0,23% de americanos originários e 0,17% de asiáticos. Comparativamente, comenta, ao longo de 70 anos a proporção de brancos foi caindo, enquanto a população de negros, americanos nativos, asiáticos e hispânicos "cresceu muito além dos níveis de 1920" (*ibidem*, p. 10-11).

Outro dado importante é o crescimento urbano: também pela primeira vez na história, comenta Kyvig, "mais da metade da população – mais de 54 milhões de pessoas, segundo o censo – vivia em lugares descritos como urbanos", em contraste com os 40% do fim do século anterior, e "apenas 15%" 50 anos antes, em 1850. Com isso, os Estados Unidos tinham alcançado o ponto de "nação predominantemente urbana", observa o historiador, acrescentando também comparativamente que, perto da década de 1980, "mais de três entre quatro norte-americanos se encontravam em zonas urbanas" (*ibidem*, p. 12-13).

Para o professor de Illinois, foram tanto o crescimento urbano como as inovações tecnológicas "provocadas pelo automóvel, pelo rádio e pelo cinema" os fatores que, gradualmente, nas zonas rurais, e "com surpreendente rapidez" nas áreas urbanas, conseguiram transformar a vida cotidiana dos norte-americanos a partir dos anos 1920. Especificamente sobre o cinema, Kyvig reconhece que já não se tratava de algo novo, mas que os filmes tinham mudado radicalmente durante o período: "A adição de som às imagens na tela transformou a experiência de ir ao cinema", a ponto de que "95 milhões de ingressos de cinema eram vendidos toda semana no fim da década" (*ibidem*, p. 91).

***

Pelo menos outros três temas recorrentes vão chamar de imediato a atenção de quem abrir os jornais dos primeiros anos dessa época: o voto das

Sérgio Guimarães

mulheres, a ameaça vermelha e a lei seca. Em seu *America in the Twenties – A History* [América nos anos 1920 – Uma história], Geoffrey Perrett, especialista inglês em história dos Estados Unidos, considera que na vitória do republicano Warren G. Harding para a presidência, em 2 de novembro de 1920, "a característica mais interessante entre os eventos do dia foi que as mulheres votaram pela primeira vez em uma eleição presidencial". Perrett comenta que "tomando a democracia no sentido de governo da maioria, os Estados Unidos passaram a ser finalmente um país democrático – o vigésimo segundo a sê-lo" (Perrett, 1983, p. 115).

Quanto ao fenômeno da "ameaça vermelha", Kyvig o situa no marco de "uma onda sem precedentes de greves por salários mais altos em 1919", que tinha provocado um alerta generalizado no país. Além disso, opina que a comunidade empresarial estadunidense em geral vinha resistindo ao sindicalismo, "até que as circunstâncias dos tempos de guerra induziram a uma aceitação a contragosto". Em contrapartida, informa Kyvig, em 1919 uma série de atentados não explicados "colocou em questão se os conflitos trabalhistas poderiam determinar o começo de um levante bolchevique similar ao da Rússia dois anos antes". Por último, acrescenta, o impulso da "ameaça vermelha" levou à prisão e deportação de quase mil radicais estrangeiros, assim como à expulsão de cinco socialistas "devidamente eleitos pela assembleia estadual de Nova York" e de um congressista da Câmara de Representantes dos Estados Unidos (Kyvig, 2004, p. 7-8).

O terceiro assunto inevitável nos jornais dos anos 1920 era a chamada *Prohibition*. Adotada em 1919 e derrubada em 1933, a lei que proibia a fabricação, venda e transporte de bebidas alcoólicas não era algo novo na história norte-americana. Segundo Perrett, em 1908 já havia cinco estados "completamente secos", e em 1914 o número subiu para 23 (Perrett, 1983, p. 166). Allen comenta que o movimento por sua ratificação foi adiante "com rapidez surpreendente", obtendo o número necessário de 36 estados em um ano: "O uísque e o 'bando das bebidas' foram golpeados tão venenosamente quanto os Vermelhos", observa (Allen, 2010, p. 18). Kyvig, por sua vez, comenta que "os habitantes de aldeias, povoados e cidades pequenas de todo o país em geral respeitaram a proibição", enquanto "em outros lugares houve exceções", à medida que a década avançava (Kyvig, 2004, p. 21).

Moreno, o mestre

As pessoas que mais sentiram os efeitos da lei seca foram as da classe trabalhadora, opina Perrett, afirmando que as aguardentes passaram a ser muito caras e "só os ricos podiam se dar ao luxo de beber regularmente e sem correr o risco de cegueira ou de morte". Com isso, argumenta o historiador, os trabalhadores passaram a recorrer a outras diversões mais seguras que a bebida − "o rádio, os filmes, os automóveis". Como resultados, comenta, prisões por embriaguez passaram a ser pouco frequentes, artigos sobre alcoolismo quase desapareceram da literatura médica e as mortes por doenças relacionadas ao álcool caíram drasticamente (Perrett, 1983, p. 177-78).

***

Para o historiador Kyvig, que entre os autores consultados é o que mais aprofunda a pesquisa sobre a vida cotidiana nos Estados Unidos durante as décadas de 1920 e 1930, não obstante as influências que tiveram as novas tecnologias do automóvel, da eletricidade e da comunicação de massa, nem todas as mudanças se deveram a influências externas: "Modificações também foram realizadas dentro da cultura das relações pessoais, da educação, da atenção à saúde, da religião e do lazer" (Kyvig, 2004, p. 132), aspectos que receberão por parte de Moreno uma atenção especial e constante, como veremos.

Kyvig começa por apontar "alterações fundamentais" no cortejo, que ele define como "o processo de identificar e atrair um parceiro de vida", observando que, com a mudança nessas práticas, "a decisão de casar-se passou a ser considerada de uma nova luz" (*ibidem*, p. 134). Ou seja, comenta, uma nova noção havia emergido, "popularizada por psicólogos, profissionais de serviço social e educadores", segundo os quais um casamento bem-sucedido se baseava "principalmente no afeto e no companheirismo" (*ibidem*, p. 135).

No entanto, comparando os dados oficiais entre os anos 1880 e 1920, Kyvig afirma que os divórcios dispararam, "passando de um a cada 18 casamentos para um a cada seis". Além disso, informa que o segundo casamento se tornou comum, e que em 1930 "os recenseadores encontraram apenas pouco mais de 1% dos adultos anunciando seu estado atual como divorciados, muito menos do que os que em algum momento tinham se divorciado". Ou seja, comenta, a questão não era

Sérgio Guimarães

que as pessoas estivessem se voltando contra o casamento, mas que, "ao contrário, começaram a desejar uma vida familiar feliz e satisfatória".

No caso de se sentir decepcionados, mostravam-se cada vez mais dispostos a começar de novo, conclui Kyvig: "A satisfação emocional e sexual estava substituindo a segurança econômica como padrão de escolha conjugal e de contentamento" (*ibidem*, p. 135-36).

Outro aspecto que vai chamar a atenção de Kyvig – e que ocupará a de Moreno em seus primeiros tempos de trabalho nos Estados Unidos – é o que o historiador descreve como "disputas pessoais" que estouravam "em enfrentamentos emocionais e às vezes violência", resultando em crimes. Para ele, "a atividade criminal não só afetava a vítima e o perpetrador, mas também desafiava as normas definidas de comportamentos socialmente aceitos" (*ibidem*, p. 163). Kyvig atribui à *Prohibition* o fato de os índices de criminalidade "terem se elevado bruscamente" durante os anos 1920, informando que no princípio da década "apenas 7% das prisões na prisão federal haviam sido por violações à lei seca", enquanto, em 1930, "com penas mais severas" o número havia subido para 49%. Em relação ao número de presos registrados no censo de 1926, o historiador revela que, nesse ano, "96 mil detentos residiam nas prisões estaduais e federais". Ao comparar esses dados com os do fim do século XX, Kyvig afirma que a população de detidos passava de 1,25 milhão. Ou seja, proporcionalmente à população geral, "o número de delinquentes encarcerados era mais de cinco vezes superior ao da década de 1920" (*ibidem*, p. 178).

***

A psicanálise tinha chegado aos Estados Unidos em 1908, e quem a levou foi Abraham Arden Brill, como afirma o professor George Makari (2009, p. 220), diretor do Instituto Cornell para a História da Psiquiatria. No ano seguinte, o próprio Freud tinha estado na Clark University dando "cinco conferências improvisadas, cada uma delas falada e ensaiada em um passeio pela manhã com Ferenczi", segundo o biógrafo Peter Gay (2006, p. 210). Para o professor emérito de História da Universidade da Carolina do Norte William E. Leuchtenburg, no entanto, apesar de em 1916 haver "cerca de 500 psicanalistas, ou pessoas que assim se intitulavam, na cidade de Nova York", as teorias

Moreno, o mestre

freudianas "não se difundiram popularmente até depois da guerra".

Em seu *The Perils of Prosperity 1914-1932* [Os perigos da prosperidade 1914-1932], Leuchtenburg afirma que a participação estadunidense no conflito tinha deixado "todo o país consciente da psicologia, se não consciente de Freud"; mais de cem psicólogos tinham trabalhado na equipe do cirurgião geral do exército [equivalente ao diretor nacional de saúde] e "nos anos posteriores à guerra a psicologia se tornou uma mania nacional" (Leuchtenburg, 1958, p. 165).

Leuchtenburg comenta que a vasta popularidade de Freud chegara a alarmar muitos psicanalistas, explicando que eles tinham se dado conta de que "Freud tinha se tornado mania", menos pela compreensão de suas ideias, mas pela "crença de que ele compartilhava a convicção norte-americana de que toda pessoa tem direito não só a buscar a felicidade como a possuí-la". Segundo o professor da Carolina do Norte, essa distorção teve uma série de "resultados infelizes", como a decepção experimentada por pacientes quando "se davam conta de que o progresso poderia ser feito apenas se as fantasias autocomplacentes se rendessem". Mesmo assim, conclui, "seu efeito final era bom" (*ibidem*, p. 166).

Perrett segue a mesma linha de Leuchtenburg, afirmando que antes de 1920 já havia "mais de 200 livros e artigos sobre Freud e suas teorias", mas que a maior parte interessava apenas aos médicos e psicólogos: "Foi nos anos 1920 que Freud ficou famoso". Segundo o escritor, os jovens o celebravam "porque ele se colocava como uma ruptura total com o passado", explicando que "o freudismo rejeitava dois dos elementos mais importantes do protestantismo tradicional: o julgamento moral absoluto e o ascetismo". Além disso, acrescenta Perrett, havia surgido uma nova palavra "para todos os males do mundo – a repressão", e com ela surgiu a visão de toda a história dos Estados Unidos como "três séculos de repressão puritana, frustrando tudo que era sadio, espontâneo, positivo na vida e afável" (Perrett, 1983, p. 148).

Referindo-se a *A interpretação dos sonhos* de Freud, Perrett garante que poucos livros tiveram mais impacto no período, durante o qual a psicanálise era vista como "uma espécie de cura milagrosa", ou seja, que, "uma vez aplicada corretamente, o paciente era libertado de seus tormentos na hora e para sempre". Para o historiador, tratava-se de uma visão "tão mecanicista quanto o behaviorismo", criação do

Sérgio Guimarães

dr. John B. Watson, que, segundo Perrett, "transferia as técnicas e suposições da psicologia animal para a psicologia humana, como se não houvesse diferenças importantes entre as duas" (*ibidem*, p. 148). Perrett comenta também que, no momento de sua edição em 1925, o livro de Watson *Behaviorism* tinha sido aclamado por um crítico influente de então como "talvez o livro mais importante jamais escrito" (*ibidem*, p. 149). Exageros à parte, a *Britannica* informa que o behaviorismo de Watson se tornou "a psicologia dominante nos Estados Unidos durante os anos 1920 e 1930" (verbete John B. Watson, 2016).

Segundo Perrett (1983, p. 149), "o terceiro grande guru" dos anos 1920 foi o francês Emile Coué, que, ao chegar aos Estados Unidos em 1923, "tinha sido recebido como um conquistador". A *Britannica* o descreve como um farmacêutico que em 1920 tinha introduzido em sua clínica de Nancy "um método de psicoterapia caracterizado pela frequente repetição da fórmula 'Todos os dias, em todos os aspectos, vou melhorando cada vez mais'", agregando que esse método de autossugestão chegou a ser chamado de "coueismo" (verbete Emile Coué, 2016).

Para Perrett, os anos 1920 foram uma época em que os cultos prosperaram, ilustrando como exemplo os tabuleiros de ouija, um repentino interesse pela ioga (Perrett, 1983, p. 149) e até antes desse período o crescente culto ao corpo, "com a proliferação de colônias nudistas na maioria dos estados mais quentes". De uma forma ou de outra, "milhões alçaram voo", comenta o historiador, explicando em síntese que, "desgostosos do que eram, ou do que o país tinha se transformado, buscaram escape na boemia, no sexo, na psicanálise, na ioga, no coueismo, na morte, na arte, no nudismo, no espiritualismo". E conclui opinando que se tratava de "uma obsessão com o próprio ego, que agora aceitamos como tipicamente moderna" (*ibidem*, p. 150).

***

Assim comecei minha nova vida nos Estados Unidos, com todas as suas novas demandas e exigências. Demonstrei o modelo da minha invenção logo que cheguei a Nova York. Assinei um contrato com a General Phonograph Corporation para fabricar e distribuir a máquina. A empresa recebeu a patente; concordamos que eles nos pagariam royalties por dois anos e meio após a distribuição inicial do

Moreno, o mestre

produto. A empresa instalou a mim e a meu colaborador em Elyria, Ohio, mais ou menos por seis meses, a fim de ajudá-la a desenvolver e melhorar o "radiofilme". (Moreno, 1974, Cap. 8, p. 4)

Assim Moreno começa a contar o início de sua vida nos Estados Unidos, abordando um tema que, aos olhos de seu biógrafo, não teve resultados positivos. Segundo Marineau, Moreno visitou a empresa em Ohio, "mas não encontrou o entusiasmo que esperava", observando que naquele período "eram muitos os inventores que trabalhavam na área de gravação de som e já existiam máquinas melhores" (1995, p. 132). O que comentam Paul e June Hare (1996, p. 16) é que "não há registro da fabricação da invenção, mesmo estando registrada no escritório de patentes dos Estados Unidos".

Marineau (1995, p. 133) observa que "os primeiros cinco anos foram uma luta constante" e que "Moreno se transferiu a Montreal, Canadá, a fim de obter um novo visto temporário". Em sua autobiografia, Moreno comenta que "austríacos ou romenos tinham dificuldade para entrar nos Estados Unidos dentro dos contingentes de imigração regulares" e que por isso tinha ido ao Canadá, mas acrescenta que não conseguiu obter seu visto permanente: "O serviço de imigração estava infestado de corrupção naqueles dias". Mesmo assim, observa, "se não tivesse ido ao Canadá, poderia ter sido deportado" (1974, Cap. 8, p. 5).

Pelo que Moreno conta em terceira pessoa em *The First Psychodramatic Family*, é nesse período que ocorre o que ele considera o início do psicodrama em território estadunidense:

Fazia mais ou menos um ano que Moreno estava na cidade de Nova York quando Edward Bernays, eminente especialista em relações públicas e sobrinho de Freud, organizou a primeira demonstração de psicodrama nos EUA. O sucesso de Moreno foi surpreendente, levando-se em conta que seu inglês era quase incompreensível e cru.

Alguns dos homens presentes abordaram Moreno pouco depois, com contratos para que ele assinasse, o que lhe daria o direito de apresentar suas ideias ao público em todo o país. Quando estava pronto para assinar, um dos homens se levantou e disse: "Há uma coisa que temos de fazer primeiro, Moreno – temos de fazer um seguro de um milhão

Sérgio Guimarães

de dólares para seu corpo, para proteger nosso investimento". Quando Moreno escutou isso, sentiu-se como um palhaço de circo e negou-se a assinar. (Moreno, Moreno e Moreno, 1964, p. 104)

Segundo ele, por outro lado, seu contato com o pediatra austríaco Béla Schick – que em 1913 tinha apresentado um método para determinar a susceptibilidade à difteria (verbete Schick test, 2016) – garantiu-lhe a primeira oportunidade de trabalho:

Béla e eu éramos bons amigos, e ele estava interessado em meu trabalho com crianças. A convite seu, fiz uma demonstração das técnicas psicoterápicas de *impromptu* em problemas de crianças. Esse modesto acontecimento bem pode ser visto como a primeira apresentação do jogo de papéis ou técnica de terapia de ação em uma instituição americana. Os médicos e as enfermeiras do departamento pediátrico do Mount Sinai aceitaram de imediato as técnicas de *impromptu*, e comecei a trabalhar na clínica de higiene mental do hospital, em colaboração com o dr. Ira S. Wile. O teste de espontaneidade e outros testes sociométricos foram desenvolvidos e refinados no Mount Sinai. (Moreno, 1974, Cap. 8, p. 5-6)

Nesse hospital Moreno conhece a psicóloga infantil Beatrice Beecher, que, para resolver os problemas migratórios de Moreno, sugere que se casem. "Fomos à prefeitura e nos casamos", comenta o autobiógrafo, agregando: "Fui salvo por uma santa mulher" (1974, Cap. 8, p. 7). A menção a Beecher é oportuna porque é graças a seu trabalho no Plymouth Institute, localizado no distrito do Brooklyn, que Moreno volta à atividade com crianças fora do âmbito terapêutico, retomando a experiência dos parques de Viena.

Em maio de 1928, Moreno publica o opúsculo *Impromptu School* [Escola *Impromptu*], no qual introduz o tema do pensamento *impromptu*, informando que o Movimento *Impromptu* começou "em Viena em 1910". Depois de explicar que a escola impromptu não faz questão da formação de hábitos intelectuais e dos valores de "exibição" do trabalho concluído, mas que "concentra seu esforço em um princípio: **o próprio ato criativo**", Moreno (1928, p. 2-3) expõe sua visão crítica:

Moreno, o mestre

As ciências mecânicas e psíquicas, por si, não são capazes de proporcionar a nossos jovens métodos eficientes de orientação; e é essa insuficiência da ciência que está nos obrigando a buscar outros métodos. A ciência conseguiu uma influência milagrosa, uma vez que seu programa era experimentar laboratórios físicos, construir máquinas, inventar meios de transporte e proporcionar padrões materiais e mentais. Mas tropeçou em um obstáculo insuperável quando tentou levar o indivíduo em crescimento ao reino moral e volitivo que está além da análise científica. Foi aqui que o método *impromptu* se ofereceu como guia. Dá um novo significado aos arrebatamentos de espontaneidade dos primeiros anos da infância. Sustenta-se que a improvisação tem uma importância fundamental para o crescimento mental e emocional, assim como a importância da luz para o crescimento físico. O valor sobre-humano da experiência religiosa é restabelecido. Vai além da ciência, já que não tenta fazer a investigação psíquica e espiritual em tom baixo, mas pressupõe um alto (intenso, aquecido) tom de sentimento. Estudar o ato criativo significa improvisar, saltar para uma situação de uma maneira muito pouco científica, experimentar a elevação livre e imediata das formas em elaboração. *Esses aspectos do experimento criativo, os estados* impromptu, *proporcionam a base de um novo tipo de experiência*, que segue em paralelo ou é, melhor dizendo, completada apenas pelas contemplações do gênio religioso.

Além de colocar em evidência uma vez mais suas ideias sobre criatividade previamente formuladas no período europeu, Moreno volta a deixar explícita sua concepção religiosa como parte da experiência humana. O que continua em sua argumentação mostra também a amplitude do pensamento moreniano para além dos aspectos puramente médico-terapêuticos:

Esses estados aquecidos, altamente tonificados (não as pausas entre eles) são as unidades que constituem uma personalidade. Portanto, toda proposição, trate-se de um sistema de formação religiosa, dramática, educativa ou curativa, que se esforça para guiar o indivíduo em crescimento não pode ignorar as regras da improvisação; mais ainda,

Sérgio Guimarães

cada sistema educacional que se construa de modo que seja capaz de operar apenas nas pausas entre atos criativos surgidos improvisadamente é um obstáculo para um desenvolvimento sólido. (*Ibidem*, p. 5-6)

A partir daí, Moreno expõe dois tipos de sistemas educativos possíveis. Em relação ao primeiro, ele o descreve como o que age "nas pausas entre os momentos criativos", caso dos "sistemas populares hoje em dia, que se baseiam no princípio da reprodução", incluindo também "os métodos avançados, que utilizam o termo 'criação' no sentido de repetição e correção dos elementos criados, individualmente ou em grupo, e não no sentido de improvisação pura". Sobre o outro sistema, Moreno o define com o "que age de uma maneira improvisada, conduzido segundo a elevação e a queda das ondas dos momentos criativos", ou seja, explica, "um sistema que inclui todos os métodos que se baseiam no princípio da criação imediata" (*ibidem*, p. 3-4).

Na sequência, Moreno apresenta seu método de instrução, explicando que "a Escola *Impromptu* baseou seu sistema de formação totalmente nos métodos vienenses para a educação improvisada". Informa também que seu programa "inclui lições de treinamento físico e de dança, mas sobretudo lições que têm a correlação *impromptu* entre a fala e o corpo como seu objetivo" (*ibidem*, p. 5). Além disso, o folheto também explica a formação das aulas:

O teste *impromptu* é o princípio de formação das aulas. O teste de inteligência estuda as qualidades intelectuais de um indivíduo, mas o *teste impromptu* mostra principalmente a intensidade de seus impulsos e habilidades criativas. Representa, em contraste com a psicanálise, o *surgimento imediato* do chamado inconsciente, a transformação autônoma direta de elementos conscientes em um jogo mimético visível e completo, ou seja, sem intervalo de tempo entre sugestão e criação, de modo que os estados inconscientes não tenham nenhuma possibilidade de interferir, inibir, perturbar ou distrair.

O significado do teste é baseado em seu *imediatismo*, daí o nome *impromptu* ou *teste de improvisação*. O teste é dividido em três partes. Somente o teste completo tem valor. As três partes são: I - Teste de imaginação; II - Teste de pantomima; III - Teste de personagem.

Moreno, o mestre

Grupos de formação: I - Formação do corpo; II - Formação da imaginação; III - Formação dramática. (*Ibidem*, p. 6-7)

O programa da primavera de 1928 aparece na parte final do livreto com a proposta de (a) dança e (b) ginástica para o grupo I; (a) hora de histórias e (b) esporte cerebral para o grupo II; e (a) pantomima, (b) discurso, (c) jogo improvisado e (d) clínica, para o grupo III. Os mesmos temas são apresentados para o programa de outono (*ibidem*, p. 7).

O método proposto por Moreno chamou a atenção do *New York Times*, que, em sua edição de 3 de fevereiro de 1929, publicou em suas manchetes: "Plano *impromptu* usado na educação – Crianças da nova escola do Brooklyn aprendem a exercitar sua espontaneidade em vez de depender de hábitos normalizados" (Impromptu Plan, 1929). Em sua entrevista ao jornal, Moreno explica:

> As crianças são dotadas do dom da expressão espontânea até os 5 anos de idade, quando ainda estão em um estado criativo inconsciente, sem ser atrapalhadas pelas leis e costumes estabelecidos por uma longa sucessão de gerações anteriores. Depois disso, passam a ser herdeiras dos métodos de expressão aceitos; tornam-se imitadoras, autômatas e, em grande parte, são privadas das saídas naturais da criação volitiva. (p. 138)

O *Times* afirma que Moreno "inventou o que ele chama de 'esporte cerebral', explicando que é um exercício da mente e das emoções que estimula a improvisação e pode ser adaptado para adultos e crianças". No caso dos adultos, continua a matéria, pode ser aplicado a um jogo improvisado: "Um tema é dado a um grupo, a situação é analisada, as partes são atribuídas, o cenário e os figurinos são produzidos a partir do material que está à mão e a peça avança". Além disso, referindo-se à experiência vienense, o jornal comenta que um pintor de cenários "desenhava rapidamente o pano de fundo necessário em uma cortina" e que um alfaiate "cortava e costurava e consertava de acordo com as necessidades dos personagens".

Sempre nesse texto, o jornal também informa sobre "o jornal dramatizado, tema favorito e em constante mudança para os atores impro-

Sérgio Guimarães

visados". Nessa modalidade, também já usada em Viena, "as manchetes oferecem amplo material para improvisações muito coloridas", acrescenta o *Times*, observando que "o mesmo jogo pode ser aplicado às crianças em linhas mais simples". Além de fornecer evidências claras de que Moreno estava retomando experimentos de seu período europeu nos Estados Unidos, o jornal de Nova York conclui o texto informando que o autor do método identifica "três fases importantes" no movimento *impromptu*: "sua relação com o teatro, com a educação e com a clínica" (p. 138). Com isso, Moreno antecipa uma classificação que anos depois ele proporá como sua visão para um "sistema geral de métodos psicodramáticos".

***

Sobre esse período, Marineau (1995, p. 135) relata que Moreno começou a "dar palestras e demonstrar seu trabalho sobre espontaneidade em escolas, igrejas e universidades". O que ele não comenta é que, em 1929, o médico fundou seu "Moreno Laboratories, Inc." em Nova York, confirmando assim a natureza experimental de suas iniciativas. E é precisamente em nome dessa empresa que ele publica o folheto *Impromptu vs. Standardization* [*Impromptu versus* padronização], apresentando inicialmente como título "O problema: jovens na era das máquinas":

O jovem criativo está regulamentado e circunscrito em nosso mundo moderno por dispositivos mecânicos. Cinema, rádio, livros, teatros – em todos os lugares ele é mantido sob controle pelas instituições e invenções dos adultos. Ele é moldado do lado de fora por uma civilização de alta pressão, e raramente lhe é permitido dar rédeas à sua imaginação ou expressar seu impulso criativo. Ele deve seguir para onde outros, mais velhos e mais sábios (?), conduzem. Anos atrás, um grande psicólogo apontou que mesmo o sistema muscular do corpo humano estava passando por um ajuste acentuado sob as condições sedentárias da idade da nossa era de máquinas, que certos músculos grandes estavam se deteriorando devido à perturbação da economia geral.

Esse resultado inevitável da nossa era das máquinas até agora não foi compensado por dispositivos educacionais. À medida que mais energia

Moreno, o mestre

vital da criança foi expulsa do trabalho doméstico ou agrícola, mais ela foi reclamada pelas escolas. Um número crescente de livros didáticos é lido e mais tópicos são estudados. Mas a educação por meio da ação e para a ação (o que os psicólogos chamam de educação motora) foi negligenciada. (Moreno, 1929a, p. 1)

Para Moreno, a resposta para o problema estava no "*Impromptu* – Teoria e método", que, "baseado nos fatos conhecidos da fisiologia e da psicologia", como afirma no livreto, "oferece um método prático simples para a direção das forças que determinam o desenvolvimento da personalidade" (*ibidem*, p. 1). Mais adiante, o autor tenta explicar que "a criança aprende por uma busca espontânea pelas coisas de que precisa", observando que "seu aprendizado está estritamente relacionado aos atos" e que "seus atos são baseados nas necessidades". No entanto, ele diz, logo o adulto começa a se imiscuir no mundo da criança com "conteúdos" que não estão relacionados a suas necessidades e "que permanecem como uma substância estranha no organismo".

[A criança] começa a diferenciar entre seu eu imediato, a vida, a multidão de atos e sonhos que surgem de suas necessidades biológicas e a massa de conteúdos que a autoridade lhe impôs. Começa a aceitar esses conteúdos como superiores e a desconfiar de sua própria vida criativa. O ponto que precisa ser levantado é que essa chamada vida criativa não deve ser confundida com o sonhar acordado fantasioso, que é de fato um sintoma patológico, nem com os arrebatamentos desenfreados que marcam o período depois da escola. A vida criativa, como usamos o termo, é a vida que cria a energia vital que trabalha no e por meio do organismo físico e pessoal.

Assim, muito cedo na vida do ser humano civilizado, há uma tendência a estragar e desviar o crescimento natural. O erro continua ao longo da vida; o indivíduo vive cada vez menos a partir de seu interior, cada vez menos consciente de si mesmo como centro ativo, enquanto os mecanismos de todos os tipos, filmes, fonógrafos, livros e todas as culturas herdadas lhe impõem seus padrões e exigências. Em termos gerais, os pais (e em particular a mãe) não veem a suprema oportunidade de estimular os impulsos criativos.

Sérgio Guimarães

Aqui o *impromptu* vem em socorro. Oferece uma escola de formação que pode ser praticada no grupo pequeno como no grupo grande, ou dentro do próprio círculo familiar. (*Ibidem*, p. 2-3)

O próprio Moreno responde àqueles que consideram esse método um recurso antigo, há muito acalentado pelos defensores da educação dramática. Para ele, não se trata de treinar arduamente para que as crianças ajam como cavaleiros do rei Arthur, "com a esperança de que os mesmos modos cavalheirescos possam ser transferidos para a vida cotidiana". Sua opinião é a de que os resultados dessa educação teatral não foram convincentes porque "nunca tivemos uma psicologia desse processo e vínhamos trabalhando sem um plano". No *impromptu*, ele diz, "temos tanto uma psicologia descritiva como um processo de aprendizado" (*Ibidem*, p. 3-4).

Com relação ao "estado *impromptu*", Moreno afirma que o primeiro objetivo da formação que ele propõe é alcançá-lo e que esse estado é "uma condição psicofisiológica distinta". Dirigindo-se diretamente ao leitor, ele explica que é possível descrevê-lo, por exemplo, como "sua condição quando, como poeta, você sente vontade de escrever" ou então, "no caso do empresário, sente quando a grande Ideia se apodera de você". Ou seja, completa, "é o *momento* do Amor, da Invenção, da Imaginação, da Adoração, da Criação". Além disso, observa Moreno, o estado *impromptu* pode ser desenvolvido de duas maneiras: (a) de fora para dentro; (b) de dentro para fora. Por isso, ele esclarece, "falamos sobre (a) formação do corpo à mente e (b) formação da mente ao corpo" (*ibidem*, p. 4).

Outro aspecto da escola proposta por Moreno é sua programação em dois níveis de formação: "escola primária" e "ensino de grau superior". Na primeira, são previstas três etapas:

Primeiro, o aluno realiza plenamente certos atos normais da vida, como comer pão, beber água, vestir um casaco etc. O instrutor toma nota do comportamento do aluno. O aluno faz esforço, desperdiça energia em um esforço grosseiro ou é descuidado? Existe uma consideração social correta?

Segundo, é o período de eliminação. O aluno assume os mesmos fatos da primeira etapa, mas as propriedades objetivas são gradual-

Moreno, o mestre

mente eliminadas. Ele come carne imaginária, bebe de um copo imaginário e veste um casaco imaginário. [...] Terceiro, o aluno retorna à tarefa do primeiro período. É um processo de restauração para completar a realidade. Os modelos de comportamento foram refinados e remodelados no período criativo transitório. Enquanto a localização da primeira e da segunda fase está na escola, a da terceira é a vida cotidiana. (*Ibidem*, p. 5-6)

Quanto ao "ensino de grau superior", Moreno afirma que seu objetivo é "treinamento da mente". Embora o esforço no nível anterior seja tornar o comportamento do corpo "eficiente, sensível, controlado, expressivo das intenções da mente", o esforço nesse nível é "levar a aprendizagem abstrata e o conteúdo da mente aos estados ativos criativos" (*ibidem*, p. 6).

Para ilustrar com mais clareza o método utilizado, Moreno menciona um grupo de meninos e meninas com idade "não muito variada", com os quais rapidamente se procura criar um "espírito de grupo amigável". O que se segue, após uma discussão preliminar, é um teste no qual se propõe a cada criança uma situação para atuar: "Johnny, você vai pescar, no começo é um bom dia; chegue perto da água, pesque... uma tempestade está chegando – o que você faz?" Moreno recomenda que não haja tempo entre a sugestão e a criação, argumentando que o aluno deve "mergulhar antes que estados autoconscientes tenham a oportunidade de intervir". Terminado o teste, ele afirma que instrutores experientes poderão fazer "uma qualificação mental, emocional e imaginativa do aluno", tentando discernir pontos de coordenação mental e corporal, condições de julgamento, conteúdos mentais e hábitos, bem como a intensidade e a forma do impulso criativo. Segundo o autor do método, são essas observações que orientarão o instrutor na seleção de testes adicionais (*ibidem*, p. 6-7).

Depois de expressar sua confiança de que as informações fornecidas no livreto serão suficientes "para despertar curiosidade e desejo de investigar", o autor conclui seu texto prometendo que "a Moreno Laboratories, Inc. responderá às perguntas, enviará palestrantes e fará todo o possível para esclarecer a ideia e colocá-la a serviço do público" (*ibidem*, p. 8). De fato, o jornal de Nova York *The Brooklyn Daily Eagle*, em

Sérgio Guimarães

sua edição de 9 de maio de 1929, relata que o professor William H. Bridge, da Hunter College, "e diretor de educação da Moreno Laboratories, Inc. fará uma série de quatro palestras sobre o movimento *impromptu* na educação" e que o tema será "As carreiras de nossos filhos". O jornal observa que o movimento, "introduzido no país pelo dr. J. L. Moreno", é "uma revolta contra a arregimentação da juventude no mundo moderno". Ele também informa que, em sua primeira conferência, "Bridge discutirá o problema social urgente do que fazer com as crianças no final do dia escolar" e, entre outros, o tema da "tragédia do desvio de crianças e adolescentes e a necessidade de educar as crianças a assumir o controle da vida moderna em um espírito entusiasmado e criativo" (To Lecture on Youth, 1929, p. A9).

Em paralelo, com o título de "A personalidade humana se deteriorou – com o desenvolvimento da máquina", o jornal *The Cournam County Carmel* de Carmel, estado de Nova York, informa em 30 de agosto de 1929 sobre a conferência "O teatro redescoberto" feita por Bridge naquela cidade. Segundo o jornal, Bridge comentou sua colaboração com Moreno "estimulando e desenvolvendo o impulso criativo atrofiado das pessoas", acrescentando:

> A técnica do sistema de tratamento psiquiátrico desenvolvido pelo dr. Moreno e pelo prof. Bridge consiste em colocar uma pessoa em determinada situação, o que lhe permite reagir e superá-la, fazendo valer todas as suas faculdades criativas no trabalho com os problemas que propõe a situação em particular. Esse sistema está sendo utilizado com sucesso na área de formação profissional e foi adotado por RH Macy & Co. (p. 6)

A notícia do jornal de Carmel não só traz novos elementos sobre a abordagem de Moreno na área de teatro e da educação no período, mas também adiciona uma informação inédita sobre um campo que no futuro será objeto de múltiplas aplicações: o uso do método *impromptu* e, em seguida, do chamado *role-playing* [jogo de papéis] na área empresarial. De fato, no artigo "A Guide to Drama-based Training", publicado pela revista americana *Employment Relations Today*, os consultores Joyce St. George, Sally Schwager e Frank Canavan informam que

Moreno, o mestre

"a aplicação do drama à educação de adultos foi introduzida nos anos 1920 pelo psicólogo [sic] Jacob Levy Moreno, fundador do psicodrama". Além disso, comentam: "Moreno demonstrou que mudanças construtivas de comportamento em indivíduos e grupos poderiam ocorrer por meio de vários métodos de representação dramática", acrescentando que, com o tempo, "ele estendeu suas ideias também para treinamento empresarial" (1999).

Além disso, os consultores americanos confirmam que "em 1933 ele conduziu oficinas de capacitação para a R. H. Macy nas relações com os funcionários – a primeira desse tipo", acrescentando que "as aplicações pioneiras de Moreno do teatro como ferramenta de treinamento se tornaram o fundamento de muitas atividades desenvolvidas para a capacitação em gestão nos anos 1940 e 50".

***

Como Jonathan Moreno comenta no livro escrito sobre as ideias e ações de seu pai no começo dos anos 1930, Moreno tinha se envolvido com o *Group Theatre*, "uma das companhias de teatro mais influentes da história", e que já naquele ano havia dirigido "exercícios de espontaneidade" no *Civic Repertory Theatre* [Teatro de Repertório Cívico]. Gilbert Laurence, um dos entrevistados de Jonathan, comenta sua experiência com Moreno enquanto ele era iniciante nessa última companhia:

> O grupo de Moreno se reunia regularmente em um estúdio, nos fundos do Carnegie Hall. [...] Não havia dinheiro para nós que atuávamos nos esquetes *"impromptu"* retirados dos jornais. O dr. Moreno falaria conosco individualmente, explicaria qual era o nosso personagem e como interagiríamos com os outros personagens. Quando terminasse, sairia do pequeno palco e nós entraríamos. Às vezes, o resultado seria uma iluminação dramática da sinopse que o dr. nos dera; outras vezes, o esquete seria curto e desprovido de qualquer contato dinâmico. Mas em nenhum momento houve uma interpretação psiquiátrica apresentada por Moreno. Alguns dos atores eram profissionais e decidiu-se apresentar uma demonstração no domingo à noite do que foi anunciado como o "Teatro *Impromptu*". (2014, p. 105)

Sérgio Guimarães

A propósito, no convite preparado para o evento inaugural de domingo, 5 de abril de 1931, dirigido por J. L. Moreno, é anunciado não apenas o *ensemble* [conjunto] de 11 mulheres e 11 homens, mas também uma orquestra improvisada de seis componentes e cinco instrumentos. Além de informar que haverá peças "sugeridas pelo público", o impresso também menciona que os dois números da revista *Impromptu* estariam disponíveis. De fato, a edição inicial, de janeiro, afirmava que a revista estava comprometida com três princípios: (1) "interpretar e elaborar uma filosofia do criador como corretor antimecânico para o nosso tempo"; (2) "apontar as técnicas *impromptu* já conhecidas e ampliar o conhecimento sobre elas pela colaboração com muitos grupos experimentais"; e (3) "ser o órgão de registro das criações feitas com a ajuda de várias técnicas *impromptu* no calor do momento" (1931, p. 3).

Quanto ao artigo inicial assinado por Moreno, "Ave Creatore", vale lembrar a conclusão em que ele apresenta o *momento* como "a principal categoria do criador". Moreno chama a atenção para o desenvolvimento de uma técnica "que levaria o criador entre a Cila da espontaneidade bruta e a Caribdis do trabalho final e sua idolização [idolatria] e repetição". Ou seja, recusando-se a ficar "preso a duas alternativas desagradáveis", o autor sugere que "um procedimento desse tipo levará gradualmente a uma reavaliação de todas as técnicas anteriores, que lidam com a formação e as mutações do equipamento mental e nervoso do homem" (p. 5).

Sobre os artigos escritos por Moreno nessa publicação, há pelo menos duas contribuições que interessa citar. A primeira trata do ato criativo, "The Creative Act", artigo em que Moreno apresenta cinco características do *impromptu*. Antes de comentar a primeira, ele observa que "a distinção entre consciente e inconsciente não tem cabimento na psicologia criativa. É uma *logificatio post festum*" ["racionalização de uma retrospectiva", de acordo com Reinhart Koselleck (2004, p. 218)], então ele a utiliza apenas como uma "ficção popular".

Quando o processo inconsciente se torna consciente, explica Moreno, "esse processo de despertar é '*impromptu*'". Então, esse ato de "despertar" é acompanhado por "uma sensação de surpresa, do inesperado; essa é a segunda característica do *impromptu*". Para ilustrar a terceira característica, Moreno afirma que, por exemplo, se você telefona ao dentista por ter dor de dente, esse ato é um "elemento de um nexo causal do processo da vida de uma pessoa real". Só se trataria de um *impromptu* se você fingisse estar ligando para seu dentista, ou seja, "uma estratégia para um propósito fictício" (Moreno, 1931, p. 18). Quanto à quarta característica, ele afirma que "no processo da vida, somos muito mais atuados do que atuantes", e que essa é "a diferença entre a criatura e o criador". Por fim, Moreno observa que esses processos inconscientes-conscientes não só determinam as condições psíquicas, mas também produzem efeitos miméticos: "Paralelamente às tendências que elevam certos processos à consciência estão outros que levam à sua realização mimética. Essa é a quinta característica do *impromptu*", conclui (*ibidem*, p. 19).

Em relação à segunda contribuição – *Towards a Curriculum of the Impromptu Play School* [Rumo a um currículo da escola de brincar *impromptu*] –, trata-se de uma crítica ao currículo de "nossos jardins de infância progressistas", desenvolvidos para a idade pré-escolar. Referindo-se ao suíço Jean-Jacques Rousseau, cujo nome "geralmente está ligado à mudança na teoria da educação durante o século passado [XIX]", Moreno comenta que seu chamado para retornar à natureza foi, sem dúvida, "um estimulante para uma revalorização dos instintos humanos, mas, apesar disso, sua fé na orientação da criança pela natureza tornou-se mais reacionária do que progressiva". Ou seja, ele explica, "se os instintos humanos são deixados à solta em sua espontaneidade 'bruta', o resultado dos processos não será espontaneidade, mas, pelo contrário, o produto final, organizado", já que a lei da inércia "dominará o início espontâneo da natureza e tentará aliviá-la dos esforços contínuos, através do estabelecimento e da conservação de padrões" (*ibidem*, p. 20). Além disso, pondera:

> A psicologia do ato criativo e do processo criativo deixa claro por que a reforma da educação desde Rousseau mudou apenas a superfície de nossa civilização ocidental. Uma pedagogia suficiente para o nosso ideal deve se basear completamente, e sem nenhum tipo de compromisso, no ato criativo. Uma técnica da arte criativa, uma arte da espontaneidade, deve ser desenvolvida para capacitar o homem para a criação contínua.

Sérgio Guimarães

O problema de um currículo para escolas de jogos deve reconsiderar três elementos. Primeiro: o hábito secular de cercar a criança com brinquedos acabados, ou com material lúdico para a fabricação de brinquedos, promove na criança a concepção de um universo mecânico do qual ele é o único governante desinibido [...] Segundo: O currículo deve ser parcialmente ampliado com a adição de todos os tópicos oferecidos à escola pública e ao aluno da escola secundária, apenas que eles sejam apresentados e vivenciados no nível inferior correspondente. Terceiro: as técnicas de ensino para esses tópicos, de acordo com as técnicas do *Impromptu*, devem ser inventadas. (*Ibidem*, p. 21)

***

Na autobiografia de Moreno sobre esse período, há pelo menos dois elementos importantes para entender a origem de seu método psicodramático, ambos diretamente relacionados a Stanislavski. Moreno menciona "J. J. Robbins, poeta e dramaturgo, tradutor de *My Life in Art* [Minha vida na arte], de Stanislavski", como um "fã inicial" do teatro *impromptu* que se tornara "um ator regular na companhia" (1974, Cap. 8, p. 34-35).

Segundo Moreno, J. J. Robbins "era um personagem", observando que "pesava entre 300 e 400 libras [de 136 a 181 quilos] e nunca conseguiu reduzir o peso". Além disso, sempre se sentia atraído por loiras magras, ao estilo norte-americano, que não o suportavam. Moreno comenta que uma delas o rejeitou cruelmente: "Se você caísse morto agora, eu não me importaria. Não temos nada em comum. A única vez que me importo com você é quando você lidera um grupo. Então sinto sua força". O comentário contundente da jovem sobre cair morto foi tão demolidor para Robbins, acrescenta, que "o grupo de teatro *impromptu* decidiu psicodramatizar sua morte para mostrar a Robbins quanto eles realmente se importavam com ele" (Moreno, 1974, Cap. 8, p. 35).

Jamais esquecerei essa morte psicodramática. Robbins interpretou a si mesmo e atuou muito bem. A plateia estava em prantos por ele. Não consigo esquecer a maneira como Robbins nos mostrou como voltaria para casa para morrer. Ele mal podia andar, então uma

Moreno, o mestre

dúzia de nossos atores o ajudou a subir as escadas. Prepararam seu leito de morte e o deitaram. Agora alguém era capaz de acreditar que ele poderia, de fato, estar morto. Esse psicodrama foi uma grande afirmação de Robbins de seu valor para o grupo. As pessoas realmente se importavam com ele. (*Ibidem*, p. 35-36)

Embora o termo "psicodrama" provavelmente não tenha sido usado naquela época (1931), "a morte de Robbins" deve ter sido uma das cenas precursoras do método desenvolvido por Moreno. A propósito, ele acrescenta:

Certa vez Robbins nos surpreendeu. Ele morreu. Isso foi muito mais tarde, por volta de 1950. Desempenhou seu papel lindamente mais uma vez. Deixou uma carta de condolências à esposa, que continha apenas algumas linhas. "Maria", escreveu, "como boa esposa, ao estilo indiano, você deveria me acompanhar". (*Ibidem*, p. 36)

O segundo aspecto a que Moreno se refere, a respeito de suas experiências com o teatro *impromptu*, diz respeito às diferenças entre suas ideias e as de Stanislavski. Esse é o ponto principal: "Stanislavski via a espontaneidade como algo *usado* pelo ator para revitalizar sua técnica dramática a serviço da conserva cultural", afirma Moreno, enquanto "eu vejo a espontaneidade como um princípio fundamental a ser desenvolvido sistematicamente, *apesar* da conserva cultural" (*ibidem*, p. 37). De fato, ele observa que não se pode "liberar o ator dos clichês com o uso da improvisação, apenas para enchê-lo várias vezes com outros clichês, os clichês de Romeu, do Rei Lear ou de Macbeth, os quais", opina, "por mais inspirados que sejam, continuam sendo clichês" (*ibidem*, p. 38).

E para que não reste dúvida de que, do ponto de vista de sua "filosofia do teatro" e da de Stanislavski, "estamos realmente de lados opostos da estrada" (*ibidem*, p. 37), Moreno traz mais um elemento para o entendimento do processo de construção progressiva de seu método:

Assim como Stanislavski foi um adepto consciente da conserva teatral, nos tornamos protagonistas conscientes do teatro espontâneo.

Sérgio Guimarães

Eu tinha plena consciência de que a tarefa de produção se tornara muito complicada e formulei uma arte do momento em contraste com a arte da conserva que dominou as artes do teatro e suas ramificações em nossa civilização. O passo em direção à espontaneidade do ator causou o estágio seguinte, a desconservação intermitente por parte do ator dos clichês que poderiam ter se acumulado no decorrer de sua produção ou de sua vida e, finalmente, no terceiro passo, a formação consciente e sistemática de espontaneidade. Essa metodologia de formação da espontaneidade abriu caminho para o psicodrama. (*Ibidem*, p. 38-39)

Para concluir a visão desse período, o que parece certo é que, depois de obter alguma estabilidade no novo continente, Moreno começa a seguir um caminho semelhante ao feito em Viena: do trabalho com crianças – desta vez primeiro no âmbito hospitalar, depois na escola – para a atividade de teatro *impromptu* com adultos, retomando e recriando suas ideias iniciais. Não haverá mais prostitutas da Praterstrasse nem refugiados de Mittendorf, apenas os detidos da prisão Sing Sing e as adolescentes com problemas criminais na escola de reeducação de Hudson, como veremos nos próximos dois capítulos.

13. O caso Morris, a prisão de Sing Sing e a psicoterapia de grupo

O "caso Morris" é pouco conhecido. Trata-se do "paciente 21", cujos arquivos estavam sob proibição legal nos Estados Unidos por 80 anos, e que somente a partir de 2010 foram liberados para consulta pela biblioteca Francis Countway, da Universidade de Harvard. São quatro arquivos que totalizam 294 páginas, um quarto delas em alemão. Como Moreno relata em um resumo sobre o "curso do processo", datado de 4 de dezembro de 1929, seu paciente de 27 anos, Morris P., está hospitalizado desde abril de 1928 no sanatório Bloomingdale, no estado de Nova York. A causa do aparecimento de seu *status* atual foi "um desacordo com seu cunhado por razões financeiras" (1929b, p. 1).

Moreno conta que, no primeiro encontro entre os dois, Morris – nome fictício – comentou: "Platão esteve aqui hoje à tarde". Quando perguntado se tinha visto ou ouvido sua voz, respondeu que "era seu espírito". Além disso, acrescenta o psiquiatra, o paciente afirmou enfaticamente ter visto "outros espíritos lá, não muito longe de onde mora – os espíritos de Mussolini, Lenin, Hoover e Wilson", e que sabia que estava em um manicômio, mas não se considerava doente. Alegava estar sendo maltratado, "tendo sido colocado nesse lugar por parentes e inimigos sem qualquer motivo", comenta Moreno, acrescentando que Morris "se opunha revoltado a eles e insistia em sair ao mesmo tempo" (*ibidem*, p. 2).

Além de confirmar o exercício da medicina por Moreno Levy em sua área de especialidade, uma vez que recebeu sua licença oficial em setembro de 1927, o "caso Morris" é emblemático por pelo menos três razões. Primeiro, porque ilustra claramente a argumentação usada pelo psiquiatra para entender a lógica do paciente. Segundo: as notas de arquivo revelam o uso terapêutico do que Moreno então chamou de "*impromptu* plays" [peças *impromptu*]. Terceiro: as anotações do médico confirmam sua abordagem ao tratamento por meio da "técnica do

Sérgio Guimarães

ego-auxiliar", anos antes da criação do chamado método psicodramático. Quanto ao primeiro aspecto, o médico pondera:

> Antes de prosseguirmos com qualquer concepção sobre o tratamento adequado, precisamos analisar minuciosamente o paciente, seu transtorno mental e suas causas. O passo seguinte seria traduzir as experiências do paciente em uma linguagem poética com a qual, uma vez familiarizado, o médico estivesse habilitado a falar, brincar e conviver com o paciente em seu próprio idioma e em seu próprio universo. (*Ibidem*, p. 3)

A esse respeito, vale a pena descrever o raciocínio de Moreno sobre as opiniões do paciente Morris: "Se um homem considerado normal se encontrasse certa manhã em um sanatório para lunáticos, naturalmente tentaria descobrir como tinha chegado àquele lugar". Então, ele diz, tentaria pedir aos responsáveis que explicassem por que o consideravam lunático e que o tirassem de lá. Da mesma forma, se suas tentativas fossem frustradas, o homem normal provavelmente ficaria "muito zangado e deprimido, mas sua concepção do mundo e suas forças manifestas não mudariam". Até aquele momento, observa Moreno, a lógica do homem normal e a de seu paciente eram as mesmas. A partir daí "é observada uma mudança de atitude do paciente, que o diferencia claramente da inteligência normal" (*ibidem*, p. 3). Assim, o médico analisa:

> Depois de falhar em sua tentativa de sair, ele vê que seu poder individual enfrenta poderes maiores, que ele não consegue superar. À medida que se preocupa com seu impulso para a liberdade, começa a operar de maneira confusa do ponto de vista da mente normal, mas de uma maneira muito lógica, se a estudamos mais profundamente. Obviamente, uma lógica que é diferente da lógica do senso comum. (*Ibidem*, p. 3-4)

De fato, o que Moreno diz sobre o "curso do processo" não deixa margem para dúvidas quanto às atitudes e práticas a ser adotadas, segundo ele, por quem está no papel de terapeuta:

> Para acompanhá-lo a partir desse momento, para entender suas ações, suas conversas, seus planos etc., devemos renunciar à lógica do

senso comum, já que suas experiências estão além do alcance de nossa lógica; devemos nos comportar como um poeta e criar uma lógica poética que nos permita ler suas ações. Temos de considerá-lo, por assim dizer, um poeta preocupado com a criação de um cara tolo como o rei Lear ou como Otelo, e, se queremos desempenhar um papel no drama de sua confusão mental, temos de aprender a gramática de sua lógica e assumir um papel que se encaixe exatamente em seu universo. O médico tem, por assim dizer, o dever de não ser um observador ou analista, mas de transformar-se, de criar para si mesmo um estado de espírito que lhe permita produzir uma loucura semelhante à ficção que o paciente realizou por compulsão. (*Ibidem*, p. 4)

Moreno insiste que o paciente tem "um objetivo fundamental e último", isto é, "deixar o sanatório e ser um homem livre novamente". No entanto, como nem os médicos nem os guardas o permitem, "seus irmãos e irmãs não prestam atenção aos seus pedidos" e, nas várias vezes em que tentou fugir, foi capturado, "o que ele pode fazer agora?" Moreno responde:

Em sua memória, há uma multidão de homens associados ao símbolo do poder – Lenin, Mussolini, Hoover, Pershing, Wilson, Trotsky e outros poderes intelectuais, como Platão e Sócrates. Em seu grande desamparo e fraqueza, ele imagina estar sendo abandonado por todas as forças que chamamos de realidades. Talvez esses poderes possam ajudá-lo a sair e, assim, alcançar seu objetivo. (*Ibidem*, p. 4-5)

Os manuscritos encontrados nos arquivos do caso Morris sobre o "enredo de uma peça com quatro personagens – Hoover, Coolidge, Smith, Debs – figura revolucionária de liderança" indicam claramente o uso do *impromptu* em 1930 por Moreno e os seus três assistentes que acompanharam o paciente. Aí é possível ler, por exemplo, em uma grafia que não é a do médico, observações como: "comparação com a vida das pessoas de cada período a ser considerado"; "tentativas do homem de desenvolver, melhorar a si mesmo e a sociedade"; e "o que o homem deseja? Comida, roupas, abrigo, contato social. O que o homem precisa fazer para obtê-lo?" (Moreno, 1929c, p. 28, 29, 32).

Moreno também observa que, assim como o comportamento de Morris é lógico se "entendermos sua poesia", é possível entendê-la ainda melhor "se estudarmos o comportamento do homem normal em sua relação com a religião". Explica:

> Um homem que pertence a uma das grandes religiões, diante de um grande problema, e incapaz de encontrar alívio em seus semelhantes, também procuraria alguém que tivesse um poder maior do que os homens e pediria ajuda a Deus, o Todo-Poderoso. Mas, do ponto de vista de um ateu, isso é um disparate e não tem lógica. Acontece que nosso paciente não é religioso, mas radical e ateu. Portanto, em sua mente, a imagem de Deus era orientada, como fonte de recursos, pelas imagens dos heróis da humanidade; e quando ele se tornou diferente, não buscou refúgio na imagem de Deus Todo-Poderoso, mas apelou aos poderes de Lenin e Hoover. Portanto, seu procedimento não é tão anormal, afinal. Se um homem religioso vai à igreja e ora, ele faz o que todos nós fazemos. Não é sua obsessão individual, mas uma obsessão da qual todos os membros de sua religião participam. Mas nosso paciente tem uma atitude singularmente peculiar. Ninguém mais participa além dele. Não é estranho para nós entender sua concepção de que o presidente Hoover faça dele um general e que o general Pershing tenha estabelecido seu quartel-general no bairro do sanatório. Também entendemos que ele está tentando mudar o sanatório e seu significado. Ele chama isso de prisão, e a comida, "suja". Agora, finalmente, se sente como um mártir que foi colocado lá por certas razões e, uma vez que se entregara a ideias radicais, não fica surpreso ao encontrar Lênin, Trotsky e suas famílias presos no mesmo sanatório. Tem alívio e se autoeleva ao sentir que está preso e cercado por tantas pessoas famosas e brilhantes. (Moreno, 1929b, p. 5-6)

Quanto ao uso da "técnica do ego-auxiliar", o que os arquivos registram no tratamento de Morris é a presença alternada do médico e de seus assistentes acompanhando o paciente já em casa, bem como o recurso a "correspondência fictícia", como a elaboração de cartas supostamente enviadas pelo prefeito de Mamaroneck, NY, e pelo famoso aviador Charles A. Lindbergh (Moreno, 1929d, p. 82, 123). Como comenta um

Moreno, o mestre

dos assistentes, receber a correspondência "satisfaz sua vaidade, mas ele não responde", acrescentando, no entanto, que "pelo menos ele guarda cuidadosamente todas as cartas nos bolsos" (Moreno, 1929b, p. 7).

O que parece ter resultado positivo foi "a entrega das chaves", de acordo com o que um dos assistentes de Moreno registra, descrevendo um episódio que já ocorreu na casa de Morris, após sua saída do sanatório:

> M., agressivo, fugindo, quer outra casa, quer expulsar todos de sua própria casa, com exceção do doutor. Junto com isso, diz que quer comprar outra casa. Nessa situação, a decisão será tomada para lhe fornecer todas as chaves da casa. [...] Na hora de entregar as chaves, o que é feito pessoalmente pelo doutor. com um abraço, ele muda repentinamente toda a sua atitude. Vai ficar em casa, quer passar longas horas com o doutor. Está muito emocionado, experimenta várias vezes todas as chaves de todas as portas, fala de uma maneira coerente e muito esperançosa. (Idem)

Diga-se de passagem: por enquanto, a técnica do ego-auxiliar aparece na prática clínica de Moreno como um recurso para apoiar o paciente em situações de seu cotidiano, sem necessariamente estar vinculado ao uso do *impromptu*. Teremos de esperar até 1937 para obter uma formulação explícita de Moreno, em seu já mencionado artigo "Inter-personal Therapy and the Psychopathology of Inter-personal Relations" [Terapia interpessoal e psicopatologia das relações interpessoais], como veremos mais adiante.

***

O poder de Herbert Hoover não era apenas resultado da imaginação de Morris. Eleito presidente dos Estados Unidos em 1928, "agora Hoover tinha o poder e o púlpito da presidência, e pretendia aproveitar vigorosamente a posição", diz David M. Kennedy, professor de História na Universidade de Stanford, em seu *Freedom from Fear – The American People in Depression and War, 1929-1945* [Entre o medo e a liberdade – EUA: da grande depressão ao fim da Segunda Guerra Mundial, 1929-1945] (Kennedy, 1999, p. 48). Segundo ele, Hoover já era reconhecido internacionalmente como "um grande humanitário" por seu trabalho

Sérgio Guimarães

durante a guerra na administração de ajuda na Bélgica e como administrador de alimentos (*ibidem*, p. 49), e com isso conseguiu "resgatar milhões de europeus da fome", conclui a *Britannica*, referindo-se ao conflito de 1914-1918 (verbete Herbert Hoover, 2016). O historiador Robert S. McElvaine, autor de *The Great Depression – America, 1929-1941* [A Grande Depressão – Estados Unidos, 1929-1941], observa que "as esperanças eram especialmente altas em 1929" e que, para muitos, "a maior esperança era o retorno do progressismo, após oito anos de governo republicano conservador" (McElvaine, 1993, p. 65). Referindo-se ao ponto principal da campanha presidencial de Hoover em 1928, McElvaine observa que a questão da prosperidade tinha sido decisiva: "Uma galinha em cada panela, dois carros em cada garagem" (*ibidem*, p. 63).

Para o jornalista Frederick Lewis Allen – que foi o primeiro a retratar os anos 1920 com seu já mencionado *Only Yesterday* –, "para entender as mudanças na vida americana nos anos 1930", devemos começar em 3 de setembro de 1929, uma vez que foi nesse dia que o *Big Bull Market* [Grande Mercado em Alta] atingiu seu pico "antes de cair e explodir" (Allen, 1940, p. 1). Em seu trabalho seguinte, *Since Yesterday – The 1930s in America* [Desde ontem – A década de 1930 nos Estados Unidos], Allen resume sua visão do evento e suas consequências:

> Se você quisesse ser definido como o mais louco dos profetas por qualquer um dos homens e das mulheres que viu ocupados com seus negócios sob a luz do sol deslumbrante de 3 de setembro de 1929, bastaria dizer a eles que, em dois meses, eles testemunhariam o maior pânico financeiro da história norte-americana, e isso seria o começo de uma crise econômica prolongada e desesperadora. (*Ibidem*, p. 21)

Entre os que descrevem vividamente a situação de milhões em todo o país naquele período crítico está o professor Kennedy:

> Já era o terceiro inverno da Grande Depressão. No interior há muito arruinado, as colheitas não comercializáveis apodreciam nos campos e o gado invendável morria nos abrigos, pois as empresas de estabilização do Federal Rural Board tinham esgotado seu fundo de manu-

tenção de preços. Nos vilarejos e cidades de todo o país, homens emaciados em casacos esfarrapados, com as golas levantadas contra o vento gelado e jornais tapando os buracos dos sapatos, faziam fila para pedir ajuda, taciturnos, nos refeitórios populares. (1999, p. 87)

O que Kyvig (2004, p. 226) conta segue a mesma direção, ao descrever adultos e crianças, em 1931, escavando depósitos de lixo em St. Louis e Nova York. Além disso, observa:

Com os trabalhadores urbanos desempregados buscando desesperadamente qualquer fonte de renda, os produtores de maçãs no noroeste do Pacífico, em face de uma excelente colheita em 1930, encontraram uma maneira de se dar bem fazendo o bem. Os distribuidores vendiam caixas de maçãs a crédito para os desempregados. Um homem podia comprar uma caixa por US$ 1,75, ficar numa esquina e vender maçãs por cinco centavos cada. Com sorte, conseguia vender uma caixa cheia de 60 maçãs em um dia, ganhar US$ 3, pagar ao distribuidor e guardar US$ 1,25 (exceto alguma fruta em mau estado que não pudesse ser vendida). Os produtores anunciavam: "Compre uma maçã por dia e devore a depressão", e aqueles que podiam se dar a esse luxo compraram a fruta com um senso de responsabilidade. A venda de maçãs se tornou uma atividade comum nas grandes cidades, de fato, um símbolo de como lidar com a depressão. (*Ibidem*, p. 225)

***

Um ano depois de ter ajudado Morris a se libertar do que seu paciente considerava "uma prisão", Moreno escreve um artigo de cinco páginas que nunca seria publicado: "Prisons must go" [As prisões devem desaparecer]:

"É isso que você sugere? Devemos abrir todas as prisões e libertar todos os prisioneiros? Os gângsteres? Os assassinos? Os sequestradores? Deixá-los sair e inundar a comunidade? É nisso que você acredita, que devemos abolir as prisões? E tornar a comunidade um campo de batalha aberto?"

Sérgio Guimarães

Sim, é exatamente nisso que acredito, porque é exatamente o que acontece. Você se esquece de que todos os dias as portas de nossas prisões se abrem e os criminosos retornam à comunidade. As prisões pioram as coisas. Se não mandássemos o homem condenado pelo crime para uma prisão, se o deixássemos lá, a comunidade não poderia ser pior do que está hoje, com seu sistema penitenciário atual. Seríamos pelo menos forçados a pensar, considerar o problema de uma maneira nova e talvez experimentar remédios que poderiam custar menos do que nossas prisões e que apelariam ao bom senso. Sei que você, como muitos outros, se apega à ideia de que as prisões podem ser reformatórios. Isso é uma ilusão. A comunidade prisional é uma estrutura social doentia. A negação das relações sexuais, da liberdade, de uma ocupação agradável e de atividades físicas normais afeta o corpo, a mente e o moral do recluso e suscita atitudes antissociais. As prisões são esgotos de crime e crueldade que infectam todos os que entram em contato com elas. São centros de distribuição para o crime organizado. Aos olhos da comunidade, o condenado é um animal perigoso e degenerado. Aos seus próprios olhos, ele é vítima de uma ordem social injusta. A reforma penitenciária é fútil. Todas as chamadas reformas, a educação do prisioneiro, a socialização dos prisioneiros, são gestos pequenos. A reforma é fútil uma vez que não se dá ao prisioneiro a oportunidade de ter uma vida normal e saudável. (Moreno, 1931c, p. 1-2)

É evidente que as ideias mais radicais de Moreno, expressas claramente em junho de 1931 em Toronto, durante a mesa-redonda promovida pela Associação Americana de Psiquiatria, não puderam ser postas em prática, mas o Comitê Nacional de Prisões e Trabalho Prisional solicitou que o psiquiatra elaborasse um estudo sobre tipos de disciplina interna e "um plano concreto para a socialização das instituições correcionais" (Moreno, 1932, p. 3). O Sing Sing Correctional Center, uma das prisões de segurança máxima dos Estados Unidos em Nova York, foi o local escolhido para o estudo de caso e, no ano seguinte, Moreno apresentou seu relatório preliminar, *Application of the Group Method to Classification* [Aplicação do método de grupo para a classificação].

O plano proposto visava "sugerir como transformar o sistema carcerário promíscuo e desorganizado em uma comunidade socializada,

Moreno, o mestre

por meio de um método de designação dos prisioneiros a grupos sociais". A ideia era dividir a grande massa de prisioneiros em "unidades sociais", compostas "por um número limitado de homens" e em grupos organizados "pela combinação de um número limitado de unidades". Segundo o plano, a distribuição não poderia ser "nem acidental, nem circunstancial, nem por decisão superficial", mas baseada em uma "análise social e psicológica" (*ibidem*, p. 7).

Em contrapartida, o autor evoca, curiosamente, como antecedente histórico do plano, a abordagem do sistema monástico adotada desde os anos 500 em *The Rule of St. Benedict* [A regra de São Bento] (Bento, 1998, Cap. 65, p. 64-65), observando que Bento pediu ao abade, diretor do mosteiro, "que conhecesse cada monge intimamente e, se a população fosse muito grande, que a subdividisse em pequenos grupos e designasse os decanos para liderá-los". Entre os pioneiros da ciência criminal, Moreno também menciona o coronel Montesinos, que, como diretor da prisão de Valência, em 1835, "dividiu a população de mil a 1500 homens em pequenas unidades e designou prisioneiros para serem oficiais subalternos" (*ibidem*, p. 8).

Referindo-se aos testes de inteligência então usados na classificação dos prisioneiros de Sing Sing, os chamados "testes Binet" – referência ao psicólogo francês que os formulou –, Moreno argumenta que "responder a perguntas preparadas antecipadamente e enfrentar a realidade são duas coisas diferentes" e que é necessário "um método que siga o modelo de uma situação de vida", observando que é isso que o "teste de espontaneidade" busca. Basicamente, ele explica:

> Verificou-se que os participantes do primeiro grupo apresentaram maior satisfação ao enfrentar situações pela primeira vez. Incomodava-os repetir a mesma situação na mesma tarefa, e se estivessem sob a compulsão de fazê-lo, seu desempenho era menos adequado do que na primeira vez. [...] O segundo grupo tinha boa memória para o texto. Eles gostavam de repetir a mesma situação e tarefa novamente, corrigir e polir, reformá-la novamente, aperfeiçoá-la. Ficaram incomodados por mostrar algo inapropriado. Sua primeira tentativa de "aquecimento" ficou manchada em sua memória e resistente, com tendências contraditórias em enfrentar uma situação pela primeira vez. (*Ibidem*, p. 13)

Sérgio Guimarães

É justamente aí que a noção de "aquecimento" (*warm-up*) aparece explicitamente pela primeira vez, o que Moreno aborda mais adiante no mesmo relatório, afirmando que "o elemento de 'aquecimento' de um estado exerce uma influência diferente sobre pessoas diferentes no resultado" do teste de espontaneidade. O conceito de "*warm-up*" será desenvolvido posteriormente por ele na primeira edição de seu *Who Shall Survive?* (Moreno, 1934, p. 194) e, depois, no artigo inicial sobre psicodrama em 1937 (p. 21). Mais tarde, o termo também será usado para nomear a etapa introdutória do método psicodramático, ou seja, o processo inicial que ocorre antes da dramatização.

Ao resumir os pontos discutidos nas bases para a classificação dos presos, Moreno volta repetidamente a mencionar Freud e Jung, em uma nota de rodapé:

> Freud, Jung e outros chegaram a uma descrição de atitudes e persona-gens que aparentemente diferem da nossa. Pode ser que várias teorias sejam igualmente verdadeiras. Uma abordagem diferente sugere um arranjo diferente de fatos e relacionamentos. Tanto Freud quanto Jung estudaram o homem como um desenvolvimento *histórico*; um a partir do ponto de vista biológico, o outro do aspecto cultural. Por outro lado, nosso foco tem sido o da experimentação direta: o homem em ação; o homem jogado em ação, o momento não como parte da história, mas a história como parte do momento – *sub species momenti*. (p. 21)

Deve-se notar também que é esse estudo – apresentado inicial-mente em 1931 em Toronto e depois em maio do ano seguinte na Fila-délfia, durante a reunião anual da Associação Americana de Psiquiatria – que permite que Moreno seja visto nos Estados Unidos como pionei-ro na área. Ou seja, como afirma Marineau (1995, p. 153), o ano de 1932 "é considerado a data em que ele usou pela primeira vez o termo 'psicoterapia de grupo' nas ciências sociais". É também nesse relatório, no tópico "Com relação à terapia de grupo", que Moreno apresenta o argumento de que "o tratamento individual, embora eficaz, é uma ta-refa impossível na prática, uma vez que o número de reclusos que pre-cisam de algum tipo de correção inclui a maioria da população carcerária". Além disso, ele explica:

Moreno, o mestre

O tratamento psicológico copia a relação do médico com o paciente. Um deles é superior; o outro, inferior nesse relacionamento. Essas funções são fixas e a situação é *assimétrica*. Na situação de grupo, uma vez que a tarefa é executada, os grupos funcionam por si e o processo terapêutico flui através de suas inter-relações mútuas. Todo homem tem o mesmo nível. Os papéis são plásticos e a situação é *simétrica*. O psiquiatra tem sua posição estratégica não dentro, mas fora do grupo. Ele observa o desenvolvimento de perto. Se surgirem dificuldades em um grupo, sua tarefa é determinar a causa e restaurar o equilíbrio por meio da substituição de membros discordantes. (Moreno, 1932, p. 60-61)

Portanto, conclui Moreno, os tratamentos individuais serão limitados "aos casos que resistem obstinadamente ao ajuste por meio das possíveis associações atribuídas". Por fim, ele acrescenta, o sistema de ciência criminal que tinha duas funções no passado, ou seja, "punir e reformar através de agências de correção", é aumentado com uma terceira, "o ajuste dos homens aos homens e a designação aos grupos" (*ibidem*, p. 61).

Moreno também inclui no documento "uma ilustração da terapêutica de grupo", descrevendo o caso de uma menina de dez anos que "costumava roer as unhas implacavelmente" (*ibidem*, p. 74-76), a aplicação do método a "uma instituição para doentes mentais" (*ibidem*, p. 77-79) e a análise sumária de "um agrupamento espontâneo" realizada na "escola pública 181", no Brooklyn.

No adendo acrescentado ao documento, por outro lado, entre os comentários de 19 profissionais envolvidos no assunto, há um que chama especialmente a atenção. Sua autora, Fannie French Morse, superintendente da Escola Estadual de Formação de Meninas de Nova York, declara ser "um grande incentivo encontrar um parceiro para uma ideia que me envolveu por mais de 20 anos" e que, depois de ler o relatório, "aparentemente a psicologia está encontrando sua expressão natural". Morse afirma que, durante 30 anos, mantinha contato próximo "com a criança, até a chamada criança-problema", e desse contato surgiu "uma ideia que moldou cada uma das minhas atividades ao lidar com a criança delinquente". Ou seja, que cada criança, "até a criança problemática, tem uma personalidade diferente" e que essa mesma criança, "ainda que em uma instituição", deve ser tratada como indivíduo. Além disso, Morse argumenta:

Sérgio Guimarães

Essa criança não ajustada é frequentemente o resultado de um conflito entre sua interioridade e a exterioridade: entre a tentativa de sua própria expressão emocional e uma tentativa de controlar essas mesmas emoções por forças externas. Em outras palavras, um resultado de personalidade reprimida ou desviada. E como essa qualidade ilusória da personalidade é a força mais poderosa no trato com os relacionamentos humanos, o indivíduo deve ser altamente protegido. (Moreno, 1932, p. 98)

Por fim, Fannie F. Morse revela que está

ansiosa para ver seu plano [o de Moreno] se estendendo a todas as instituições. Por que limitar-se a prisões ou instituições para o grupo dos menos favorecidos? Certamente, tem muito a oferecer às nossas instituições educacionais. (*Ibidem*, p. 99)

Imediatamente convidado a aplicá-lo na Escola para Meninas, dirigida por Morse na cidade de Hudson, Moreno conduz, entre 1932 e 1934, a pesquisa que o levará a escrever sua obra-prima, *Who Shall Survive?* Antes que isso aconteça, no entanto, terá de passar por seu primeiro evento de grande repercussão midiática nos Estados Unidos: a defesa pública do presidente Abraham Lincoln.

***

Senhor Presidente, senhoras e senhores: ouvi atentamente, mas não tenho certeza agora se o papel do dr. Brill era um documento sobre Lincoln ou um documento sobre a psicanálise. O título de seu trabalho é "Abraham Lincoln como humorista". Poderia muito bem ter sido chamado de "Dr. Brill como humorista". Não é justo psicanalisar a personalidade de um homem já morto, pois isso tem que ser feito sem o seu consentimento. Deve haver, portanto, uma razão *especial*. As conclusões do dr. Brill são baseadas em declarações de amigos e contemporâneos que podem ter tido todos os tipos de razões para contar todo tipo de histórias sobre Lincoln. Se um psiquiatra contemporâneo fizesse um estudo de Lincoln, o dr. Brill estaria até certo ponto justificado ao aceitar as descobertas. Mas, como nenhum estudo científico do grande emancipador americano foi realizado duran-

Moreno, o mestre

te a sua vida, não havia justificativa para nenhuma tentativa de analisar sua personalidade a partir do que é contado sobre ele por leigos. (Moreno, 1974, Cap. 8, p. 13-14)

Estes são os primeiros comentários de Moreno em 5 de junho de 1931, em Toronto, durante a reunião conjunta da Associação de Psiquiatria e da Associação Psicanalítica norte-americanas, como orador convidado a discutir um trabalho do psiquiatra austríaco Abraham Arden Brill, considerado por George Makari o introdutor da psicanálise nos Estados Unidos e o primeiro tradutor de Freud naquele país (Makari, 2009, p. 220).

De acordo com o que diz Moreno na segunda edição de *Who Shall Survive?*, sua crítica continua:

> "Brill tentou demonstrar que o humor grosseiro e vulgar de Lincoln era determinado inconscientemente. Minhas opiniões foram desenvolvidas por *um método diferente – o psicodrama* [itálico meu]. Baseiam-se no estudo de pessoas colocadas em situações improvisadas. As pessoas respondem espontaneamente a uma nova situação, como um ator ou uma atriz no palco da vida, e cultivam uma personalidade que consideram a mais apropriada para as circunstâncias e que melhor cumpre o propósito que se esforçam para servir. (Moreno, 1953, p. xlv)

Diga-se de passagem, a referência de Moreno a "um método diferente – o psicodrama" certamente foi introduzida mais tarde por ele em seu discurso original, uma vez que toda a literatura consultada, pertinente às décadas de 1920 e 1930, registra apenas o termo *impromptu*. Na primeira edição de sua obra-prima, publicada em 1934, o termo "psicodrama" também não aparece, emergindo pela primeira vez apenas em 1937.

O que é importante reter é que o "incidente Lincoln" tem impacto internacional imediato: "No dia seguinte, os jornais de Nova York, Washington D. C., Chicago, Los Angeles, Toronto, Montreal, Londres e Paris transmitiram a surpreendente notícia de que Abraham Lincoln era realmente uma personalidade esquizomaníaca", diz o psiquiatra. A história terminou com a alusão de que "um americano por adoção se levantou em defesa do presidente morto dos Estados Unidos", mencionando o nome de Moreno.

Sérgio Guimarães

A recepção de suas ideias naquele período foi variada. Moreno comenta que o Dr. William Alanson White, "um dos gigantes da psiquiatria americana", o alertou: "Primeiro você atrairá sociólogos, depois psicólogos sociais e, em seguida, médicos de clínica geral, depois as pessoas da rua, mas nunca será capaz de viver o dia em que os psiquiatras aceitarão a psicoterapia de grupo" (White, 1974, Cap. 8, p. 14-15).

Mesmo assim, quando, no âmbito da reunião da Associação Americana de Psiquiatria, "um grupo de psiquiatras e psicólogos" se reúne na cidade de Filadélfia em 31 de maio de 1932, sob a presidência de White, para discutir os resultados do trabalho e a proposta do plano de psicoterapia de grupo para a prisão de Sing Sing, Marineau (1995, p. 153-54) comenta que "sua pesquisa foi muito bem recebida e considerou-se que abria novos caminhos no campo do diagnóstico e da terapia dos presos". No entanto, entre os 79 psiquiatras presentes, pelo menos uma voz discordante foi ouvida significativamente. O dr. Benjamin Karpman, do Hospital St. Elizabeths da capital, reagiu imediatamente contra:

Como um médico pode ter chegado à noção de grupo? Não entendo. O método de grupo surge como um compromisso, uma vez que não podemos permitir o outro, o método individual. A única maneira de obter resultados é por um estudo individual completo e, se o tivermos, o método de grupo não será necessário. Também se sabe que os presos se dão muito bem com outros presos, de qualquer forma. (Moreno, 1957, p. 122)

"Para minha sorte", diz Moreno, "a previsão de White sobre psiquiatras estava errada, embora sempre tenha havido obstáculos à aceitação de minhas ideias" (1974, Cap. 8, p. 15). O que é verdade é que, já em 1932, Moreno tinha conseguido ser conhecido tanto nacionalmente, na área médica de sua especialidade, como no estado de Nova York, por suas experiências nos ambientes escolar, teatral e carcerário. Seu próximo passo o levaria à Escola de Formação de Meninas, à produção de seu primeiro filme com exercícios de dramatização, e à formulação de seu sistema sociométrico.

14. As adolescentes de Hudson: do filme mudo à sociometria

A senhora Fannie French Morse deve ter causado um impacto tão grande em Moreno que, em seu registro autobiográfico, depois de mais de 40 anos de tê-la conhecido, ele declara: "Desde o momento em que conheci essa mulher rechonchuda, forte, com uma personalidade decidida e poderosa, tive de dizer que era a mulher mais extraordinária que havia encontrado" (1974, Cap. 8, p. 22), acrescentando:

> A doutora Morse era uma grande educadora e uma administradora magistral. Tinha a seu cargo aproximadamente 10 mil meninas entre as idades de 12 e 18 anos. A escola em si tinha cerca de 500 meninas. As demais estavam em casas de acolhida ou em liberdade condicional com suas famílias em todo o Estado. A doutora Morse estava à frente de seu tempo ao notar que as meninas desfavorecidas e delinquentes que chegavam a ela necessitavam de educação e oportunidades. (*Ibidem*, p. 22-23)

Sempre segundo Moreno, ele permaneceu em Hudson por um ano fazendo a pesquisa "que formou a coluna vertebral" de *Who Shall Survive?* Mas antes de o livro sair, os resultados preliminares já tinham sido revelados, como se lê no *New York Times* de 3 de abril de 1933. *Emotions mapped by new geography* [Emoções mapeadas por uma nova geografia] anunciava o jornal, sobre uma primeira série de gráficos "que tentam retratar as correntes psicológicas das relações humanas" por meio de linhas de várias cores, ou seja, "o vermelho para o gostar, o preto para o não gostar" e o azul quando o sentimento é "simplesmente indiferente" (Emotions Mapped, 1916, p. 17).

Para além dos dados obtidos até então na escola de Hudson, no entanto, o *Times* publica uma extrapolação feita pelo psiquiatra, segundo

Sérgio Guimarães

a qual "é possível estimar que proporcionalmente há de 10 milhões a 15 milhões de indivíduos isolados nos Estados Unidos, que levam sempre a pior parte de tudo". Consequentemente, afirma Moreno, "eles sofrem, estão descontentes e refletem sua infelicidade na vida dos outros". Para ele, com a ajuda desses gráficos, haveria uma oportunidade não apenas "de compreender a miríade de redes de relações humanas" como também de fazer que as pessoas rejeitadas pudessem se transferir para outros ambientes, "onde elas possam se tornar seres humanos felizes".

E para deixar mais clara sua intenção nesse momento, ele observa que "se conseguíssemos mapear toda a cidade ou uma nação inteira" o resultado seria "um intrincado labirinto de reações psicológicas que apresentariam a imagem de um vasto sistema solar de estruturas intangíveis, influindo poderosamente nas condutas, como a gravitação faz com os corpos no espaço". Enquanto não se consegue pelo menos determinar "a natureza dessas estruturas fundamentais que formam as redes", conclui Moreno na nota, "estamos trabalhando às cegas em um esforço aleatório para resolver problemas causados pela atração, pela rejeição e pela indiferença de grupos" (*ibidem*, p. 17).

***

Ainda antes de lançar sua obra-prima, Moreno realiza sua primeira experiência cinematográfica ao produzir *Spontaneity training* [Treinamento da espontaneidade], um filme mudo em preto e branco de cerca de 22 minutos. O material é importante, por um lado, porque confirma o papel pioneiro do psiquiatra no uso da tecnologia: em seu artigo "The Role of Film and Media in Mental Health" [O papel do filme e da mídia na saúde mental], Jean-Anne Sutherland, professora da University of North Carolina, concorda, informando que "em 1944, em um artigo intitulado 'Psychodrama and Therapeutic Motion Pictures' [Psicodrama e filmes terapêuticos], Moreno argumentava que os filmes poderiam revelar comportamentos similares aos dos clientes". Além disso, comenta Sutherland, "um pouco adiantado para sua época, Moreno se antecipou à aclamada série de televisão [norte-americana] *In Treatment* em cerca de 60 anos" (Sutherland, 2010, p. 297; Moreno, 1944). *Spontaneity training* (UQTR, 2003b), por sua vez, é o primeiro

Moreno, o mestre

documento de Moreno no qual aparecem as três fases que comporão o formato de seu futuro método psicodramático (aquecimento, dramatização e intercâmbio).

A primeira parte do filme apresenta "dr. Moreno falando às estudantes", em sua primeira sessão de formação sobre a teoria e o treinamento da espontaneidade, elementos "baseados em fatos conhecidos da fisiologia e da psicologia", que "oferecem um método simples e prático, para o direcionamento das forças que determinam o desenvolvimento da personalidade". Várias explicações dele aparecem sucessivamente na tela:

- Constrói-se uma série de situações que podem ocorrer no transcurso da vida comunitária – situações na vida do lar, no trabalho doméstico ou na empresa. As situações são – dependendo das necessidades mentais da estudante – escolhidas pela estudante ou sugeridas a ela pelo instrutor. [...]
- As situações da vida são construídas de modo que uma função específica seja interpretada pela estudante. As situações da vida construídas a princípio são tão simples quanto possível. Quando isso é bem interpretado, as estudantes são colocadas gradualmente, ou vão se colocando a si mesmas, em situações cada vez mais complexas. [...]
- Muitos traços que indicam dificuldades de personalidade chegam a se expressar – ansiedades, medo cênico, gagueira, tendências egocêntricas, postura inábil, teimosia, excesso de excitação, atitudes fantásticas e irracionais. Passo a passo, por meio desse tipo de formação, a estudante se torna capaz de superar essas limitações. (UQTR, 2003b)

Sobre o processo de aquecimento, Moreno o apresenta como "um importante fator no treinamento da espontaneidade":

- É o aquecimento para um estado. É possível comparar isso ao fazer uma corrida antes de pular. Ao estado obtido chamamos de estado Impromptu (*Stegreiflage*). [...]
- Agir no calor do momento é acompanhado de sinais fisiológicos e mentais – os indicadores de aquecimento. Eles são importantes como iniciadores de um processo emocional.

227

Sérgio Guimarães

Entre as oito estudantes que participam do filme (Jean, Lorraine, Cluna, Helen, Virginia, Ruth, Regina e Norma), Lorraine é a primeira a ilustrar o processo "no sentido de um estado de inspiração" para um trabalho de criação em argila. Seguindo as letras na tela, "vemos a realização gradual começando com hesitação... depois com pensamento... e finalmente sendo inspirada por uma ideia. Este é um exemplo de estado totalmente aquecido". Já na segunda cena, simulada em um internato, "Virginia e Helen se aquecem para um estado interpessoal, uma relação mãe-filha". De improviso, a menina pergunta à mãe: "Posso ir para casa?" Ao que a mãe significativamente responde, olhando o relógio: "Não, não pode".

Em sua segunda parte, o filme mostra duas cenas completas nas quais a situação e os papéis são definidos a partir de um "ato de transferência" do instrutor: a anfitriã, duas convidadas, a registradora de dados e "Jean, a principiante no trabalho de garçonete", a quem cabe servir-lhes café. Na primeira cena, uma das convidadas se queixa: "Pedi café, você me serviu chá", ao que "Jean se precipita e se envolve em uma discussão acalorada". Comentários de quatro das participantes: "Os movimentos são desajeitados", "O serviço foi ruim. Ela não sabe como carregar os pratos. Aproxima-se demais das convidadas", "Não ouve o que uma convidada diz" e "Fica nervosa com facilidade demais. A convidada tem direito a reclamar".

Na imagem, Moreno também faz uma análise de desempenho, observando que a principiante "deveria dominar primeiro os gestos do serviço", começando o treinamento "de preferência sem convidados presentes" e acrescentando que "Cluna e Lorraine, como convidadas, não são um trabalho dos mais fáceis para Jean". Ou seja, é evidente que essa etapa de intercâmbio estava ainda longe do que viria a ser o *sharing* no futuro psicodrama terapêutico, como Zerka T. Moreno vai observar na regra XIII de suas *Normas*, escritas nos anos 1950 a pedido do próprio Moreno: "Não é a análise que se indica aqui, mas o amor e o compartilhamento do *self*" (Moreno e Moreno, 1995, p. 292).

Na parte final do filme, depois de examinar com "sua amiga" o registro da aula, Jean "de repente se dá conta de quão inadequado foi seu serviço", e na cena seguinte já aparece "aceitando a crítica com um sorriso". Ou seja, observa a tela, "no decorrer da formação, Jean aprende como responder a situações inesperadas e a diferentes tipos de clientes". O segundo intercâmbio também traz comentários positivos: "Seu serviço é mais adequado", "Perdeu o olhar assustado", "Está mais segura de si" e "Tem um sorriso agradável e não fala além do necessário" (UQTR, 2003b).

Por fim, Moreno aproveita sua análise para introduzir pela primeira vez o conceito de "átomo social", que ele depois vai desenvolver em *Who Shall Survive?* Referindo-se às pessoas que atuaram com Jean como "convidadas", e as que ela nunca tinha encontrado, ou que "ainda que tivesse encontrado, não teriam nenhuma impressão específica uma sobre a outra", Moreno observa no texto da tela que:

- Elas estão, em termos de sociometria, fora de seu "átomo social".

- As que foram colocadas como convidadas diante de Jean, com quem ela já está bem familiarizada e que tiveram uma impressão específica sobre ela ou sobre quem ela teve uma impressão específica, seja positiva, seja negativa, em termos de sociometria, pertencem a seu "átomo social".

***

A ambição de alcançar a maior população possível, já anunciada no artigo de 1933 do *Times*, será confirmada no ano seguinte, quando, ao lançar *Who shall survive? – A New Approach to the Problem of Human Interrelations* [Quem sobreviverá? – Um novo enfoque ao problema das inter-relações humanas], Moreno começa seu primeiro capítulo afirmando:

Um verdadeiro procedimento terapêutico não pode ter outro objetivo senão o conjunto da humanidade. No entanto, nenhuma terapia adequada pode ser prescrita enquanto a humanidade não for uma unidade de alguma forma e enquanto sua organização continuar sendo desconhecida. Ajudou-nos no início a pensar, apesar de não termos prova definitiva disso, que a humanidade é uma unidade social e orgânica. (Moreno, 1934, p. 3)

Apesar de a primeira frase ter sido repetida à exaustão ao longo de toda a literatura especializada, a nota de conteúdo que a acompanhava

Sérgio Guimarães

parece ter passado despercebida, e por isso vale retomá-la. De fato, nela Moreno menciona um fragmento do livreto *Rede über die Begegnung* [Discurso sobre o encontro], publicado anonimamente em 1924:

> O conflito terapêutico do médico que vai tratar um homem em determinado povoado – mas que se atrasa em sua chegada porque se encontra com muitos outros no caminho cuja enfermidade está vinculada à sua, e então sente que nenhum homem pode ser tratado separadamente, mas todos devem ser tratados juntos – se apresenta com as seguintes palavras: "Mas como eu não chego ainda ao lugar em que ele vive? Por isso: entre o lugar do qual me despedi e o lugar onde ele vive há muitos países, em cada país por onde passo há várias províncias, e cada província tem muitos povoados. E cada povoado tem mais de cem ou mais de mil almas. E cada alma que encontro necessita de minha atenção". (Anônimo, 1924, p. 10)

Além dessa chave para a compreensão da amplitude de sua visão terapêutica, outras raízes de seu pensamento aparecem nesse texto anônimo de 1924, revelando tanto dados sobre seu método de ação como a dimensão cósmica de sua filosofia:

> Para poder me encontrar, você deve iniciar seu caminho desde o princípio, do lugar de onde veio; de si mesmo. E quando tiver respondido adequadamente a si mesmo, deve começar com os que estejam mais perto de você; e quando tiver respondido adequadamente a eles, comece com os que vivem em sua casa. E quando tiver respondido adequadamente a eles, pode continuar a ir de um lugar para outro, não rápido demais nem lento demais, mas como tiver vontade. [...]
> Quando alguém tiver respondido adequadamente às pessoas de sua comunidade, já pode deixá-la. E quando tiver respondido adequadamente aos de seu país, também pode deixá-los. E quando tiver respondido adequadamente aos habitantes da terra, também pode deixá-los. E quando tiver respondido adequadamente a todos os seres do espaço infinito, também pode deixá-los. [...]
> Quando eu estiver satisfeito em todas as situações, e também os que encontrei, e aqueles que eles encontraram, e assim sucessivamente

Moreno, o mestre

até o infinito, então já não há em meu encontro com você nenhuma lágrima, nenhuma interrupção, nenhum mal, nenhuma queixa, nenhuma impropriedade, nenhuma outra imperfeição. [...] Então me movo mais rápido do que todos para o lugar em que você vive, no sentido de mim mesmo, que só no encontro com você obtém sua plenitude. (Moreno, 1952-1953, p. 2)

De fato, é em *Who Shall Survive?* que Moreno apresenta pela primeira vez o conceito de *tele*, que em *The Sociometry Reader* [O leitor de sociometria], um texto posterior, ele vai descrever como "a contrapartida científica do encontro" (Moreno, Jennings *et al.*, 1960, p. 17). Começando por Tales de Mileto, de quem afirma ter conhecido o poder de atração dos metais ferrosos, "aos quais atribuía uma 'alma'", interpretação posteriormente descartada, Moreno comenta que, dois mil anos depois, Franz Mesmer postulava um poder de atração proveniente "dessa vez de corpos 'animais'", acreditando que no processo de hipnose um fluido magnético passava do operador ao sujeito, e que, portanto, "por esse meio um indivíduo pode agir sobre outro". No entanto, referindo-se ao médico e pesquisador britânico James Braid, Moreno observa que ele demonstrou mais tarde que isso não pode ser comprovado e que "os fenômenos emergentes no processo de hipnose são subjetivos em origem". Foi a partir desse ponto, acrescenta Moreno, que "Charcot, Freud e outros desenvolveram a psicologia subjetiva atual" (1934, p. 158).

Para chegar a sua definição de *tele*, Moreno argumenta que:

As inúmeras variedades de atrações e repulsões entre indivíduos exigem um denominador comum. Um sentimento é direcionado de uma pessoa para outra. Tem de ser projetado a distância. Assim como usamos as palavras teleperceptor, telencéfalo, telefone etc. para expressar a ação a distância, para expressar a unidade mais simples de sensação transmitida de um indivíduo para outro, utilizamos o termo *tele*, τῆλε, "distante". O conceito de *tele* é introduzido por nós não por sua conveniência, mas devido à pressão de nossos resultados analíticos. O tema objeto da pesquisa não está coberto por nenhuma das ciências psicológicas e sociais de hoje. (*Ibidem*, p. 159)

Sérgio Guimarães

Tentando explicar melhor o conceito, Moreno o retoma em outras oportunidades, sobretudo em seu breve artigo *"Tele*: uma definição", incluído no já mencionado *The Sociometry Reader*. Nesse texto, ele considera que "empatia e transferência são partes de um processo mais elementar e mais inclusivo, *tele*", observando também que "o processo de *reciprocidade* não entra no significado de empatia", e que se por um lado "a transferência é considerada o fator responsável pela dissociação e pela desintegração nos grupos sociais", por outro "a *tele* é o fator responsável pelo aumento de mutualidade de escolhas que ultrapassam a possibilidade de acaso e pelo aumento da taxa de interação entre os membros de um grupo" (Moreno, Jennings *et al.*, 1960, p. 17-18). Associado ao conceito de *tele*, Moreno desenvolve também em *Who Shall Survive?* o conceito de átomo social. De fato, para ele, do ponto de vista sociométrico, a *tele*, "este complexo sentimento, se separa apenas artificialmente de um todo mais amplo", ou seja, trata-se de "uma parte da menor unidade viva de caráter social que podemos compreender, o átomo social" (Moreno, 1934, p. 162). E, mais uma vez, na formulação desse conceito, sua inspiração se volta para a cultura grega:

> Quando Demócrito desenvolveu a teoria do átomo, inaugurou a concepção moderna do universo físico. Para afirmar o átomo como a menor partícula viva que compõe o universo, teve de fechar os olhos para as configurações prevalentes sobre a matéria e reclamar insolentemente que se compunham de outras unidades infinitamente pequenas, elas mesmas indivisíveis, os átomos. Provavelmente em um enfoque do universo social podemos aprender com Demócrito e fechar os olhos para as atuais configurações que a "matéria" social nos apresenta: famílias, fábricas, escolas, nações etc. Talvez uma mente não distraída com os fatos brutos da sociedade seja capaz de descobrir a menor unidade social viva, ela mesma não mais divisível: o *átomo social*. (Moreno, 1934, p. 141)

No glossário incluído no fim do livro, Moreno resume o conceito de forma ainda mais explícita:

Moreno, o mestre

Átomo social. A menor constelação de relações psicológicas que células individuais podem formar no universo social. Trata-se das relações psicológicas de um indivíduo com aquelas outras pessoas às quais ele se sente atraído ou repelido e sua relação com ele, tudo em relação a um critério específico (como vivendo em proximidade). (Moreno, 1934, p. 432)

Posteriormente, tanto o conceito de *tele* como o de *átomo social* serão utilizados por Moreno para complementar a análise das relações entre os participantes de sessões psicodramáticas, por meio da construção dos chamados *sociogramas*, ou seja, gráficos que visualizam "a estrutura subjacente de um grupo e a posição que cada indivíduo tem dentro dela" (*ibidem*, p. 432). Esse será o caso, por exemplo, do paciente "A. S.", um destacado violinista cujo tratamento psicodramático Moreno analisa no artigo "Creativity and Cultural Conserves – With Special Reference to Musical Expression" [Criatividade e conservas culturais – Com referência especial à expressão musical], publicado em abril de 1939. Além de registrar, em um dos sociogramas, as relações *tele* positivas ou negativas entre o músico e as personas de sua família, Moreno retrata graficamente também sua *autotele*, ou seja, "as relações do paciente consigo mesmo" (Moreno, 1939, p. 6).

***

Pelo menos outros três conceitos são introduzidos por Moreno em sua obra-prima, que cabe destacar por suas relações diretas com a psicologia: a "casa psicológica", a "geografia psicológica" e as "correntes psicológicas". Em relação à primeira, ele constata as dificuldades das meninas que chegam à comunidade de Hudson de se sentir "em casa", sabendo "por observação" quão importante é para jovens adolescentes "produzir o apego a um núcleo de personas que oferecem proteção e estímulo para o progresso emocional e intelectual":

> Todo indivíduo gravita no sentido de uma situação que lhe ofereça como personalidade o mais alto grau de expressão espontânea e plenitude e busca continuamente colegas que estejam dispostos a compartilhar com ele. A casa psicológica é seu objetivo. Essa ideia de casa

Sérgio Guimarães

pode ser idêntica a seu grupo doméstico real ou pode estar relacionada a uma ou mais pessoas de fora, no sentido de alguém pelo qual ele
se sinta atraído. Inclusive pode ser não mais do que uma vaga ideia
em sua mente. No entanto, pode ser suficiente para influir em sua
atitude e conduta em seu grupo de casa real. A persistência de um lar
depende dos interesses que seus membros têm entre si. Qualquer lar,
para ter êxito, deve contar com o apoio de uma parte do grupo. A
única característica permanente, o único elemento invariável em
qualquer estrutura da casa é uma configuração de relações, um núcleo psicológico. (*Ibidem*, p. 202-03)

Sobre o segundo conceito, Moreno observa que "o mapeamento
de toda a comunidade, a representação das interrelações de seus habitantes e de suas coletividades em relação a (1) localidade e (2) correntes
psicológicas entre eles é a *geografia psicológica*" (*ibidem*, p. 233).

Em relação ao terceiro conceito, o de "correntes psicológicas", a
descrição feita por Moreno, relacionada com "o efeito *tele*", vem formulada assim:

Nosso problema é a expansividade social do homem e sua transmissão
de emoções. A expansão social não supõe só quão intensa é uma emoção que se projeta para esta ou aquela pessoa, mas *quantas* pessoas uma
pessoa é capaz de interessar, a *quantas* pessoas ela pode transferir uma
emoção, e de *quantas* pessoas pode absorver emoções. Em outras palavras, remonta à origem de uma "corrente psicológica". (*Ibidem*, p. 162)

Em seu já citado dicionário de psicologia, por outro lado, Corsini
(2002, p. 782) registra a expressão *geografia psicológica*, atribuindo-a a
Moreno e definindo-a como "o padrão de toda uma comunidade que
mostra a localização e as interrelações dos grupos dentro dela, com
ênfase nas correntes psicológicas que fluem entre eles".

***

Em seu artigo "Clinical Foundations of the Therapeutic Spiral Model:
Theoretical Orientations and Principles of Change" [Fundamentos
clínicos do modelo de espiral terapêutica: orientações teóricas e princí-

Moreno, o mestre

pios de mudança], publicado em 2007 no livro *Psychodrama: Advances in Theory and Practice* [Psicodrama: avanços na teoria e na prática], Katherine Hudgins (2007, p. 183) afirma que "no livro de Moreno *Who Shall Survive?* (1953) ele declara que só as pessoas que são espontâneas sobreviverão". Nesse ponto, a psicóloga clínica norte-americana certamente se engana.

De fato, tanto na primeira edição (1934) como na segunda (1953), a resposta para a pergunta feita por Moreno no título de sua obra-prima se manteve igual. É verdade que a publicação feita 19 anos depois foi amplamente revisada e ampliada (de 440 para 763 páginas), mas o parágrafo final, no qual Moreno responde à sua própria pergunta, não sofreu nenhuma mudança:

> É possível que tenhamos ido longe demais com nossa falta de respeito pela sabedoria da natureza, assim como em tempos passados fomos longe demais em nosso respeito por ela. Pode ser que se demonstre, por fim, que os métodos lentos e "cegos" de planejamento da natureza, por mais sábios que tenham parecido em uma etapa de nosso conhecimento, e por mais que parcialmente deficientes em outra etapa de nosso conhecimento, são verdadeiros, tomados em sua totalidade. Uma nova apreciação pode então surgir do sentido do velho mito ao qual todas as grandes religiões deram origem em notável uníssono, o mito do pai que criou o universo para todos, que fez seus espaços tão imensos que todos podem nascer e de maneira que todos possam viver. (Moreno, 1934, p. 369; 1953, p. 614)

Para alguém que começou seu livro afirmando que "um verdadeiro procedimento terapêutico não pode ter outro objetivo que não o conjunto da humanidade", teria sido incongruente a conclusão de que "só as pessoas que são espontâneas sobreviverão". Além disso, pelo que o próprio Moreno sugere, a espontaneidade não pode ser entendida como algo que alguém possui ou não. Trata-se de uma capacidade cujo desenvolvimento pode ser promovido por meio de atividades de treinamento, implicando diferentes graus de realização. Na citação feita parágrafos atrás, de um lado, ele afirma que "todo indivíduo gravita no sentido de uma situação que lhe ofereça como

Sérgio Guimarães

personalidade o mais alto grau de expressão espontânea" (Moreno, 1934, p. 202). De outro, a edição de 1953 traz em seu glossário a definição dada por Moreno para a espontaneidade como "o grau variável de resposta adequada a uma situação de grau variável de novidade" (Moreno, 1953, p. 722). Mais adiante, na terceira edição de seu *Psychodrama*, ele retomará uma "definição operacional da espontaneidade" observando que "o protagonista é desafiado a responder em algum nível de adequação a uma nova situação ou com algum nível de novidade a uma situação antiga" (Moreno, 1977a, p. xii).

***

Depois de passar um ano em Hudson, Moreno comenta que voltou a Nova York para retomar sua prática e que "Helen Jennings se encarregou da tarefa" na instituição. Além disso, observa que no momento em que voltou à cidade "os arranjos de moradia das meninas de Hudson tinham se estabelecido em conformidade com os princípios da sociometria e o psicodrama tinha se tornado parte integral do programa da escola" (1974, Cap. 8, p. 24).

É por meio de Jennings que Moreno conhece o então professor de psicologia da universidade de Columbia, Gardner Murphy, orientador da tese de doutorado da pesquisadora. Ele conta em sua autobiografia que "em um domingo de 1935" convidou Gardner Murphy e o pedagogo e também professor de Columbia William Heard Kilpatrick para visitar a instituição de Hudson. Anos depois, o próprio Murphy evoca detalhadamente o evento em seu livro *Freeing Intelligence through Teaching – A Dialectic of the Rational and the Personal* [Libertando a inteligência por meio do ensino – Uma dialética do racional e do pessoal], que aporta elementos concretos sobre a dimensão didático-pedagógica do trabalho de Moreno em ação:

> Nunca esquecerei o dia em que tive o privilégio de acompanhar William Heard Kilpatrick para ver a demonstração de Moreno de psicodrama em Hudson. Garotas adolescentes, em sua maioria um pouco atrasadas intelectualmente, e que tinham se envolvido em problemas com a lei, estavam tendo uma escolarização normal com formação profissional e uma rica vida social, por parte de Fanny

Moreno, o mestre

Francis Morse, e Moreno viera até lá para liberar o potencial das personalidades das meninas, por meio da representação livre de pequenas cenas, nas quais podiam se projetar. Tínhamos sabido de antemão apenas que o psicodrama dava a cada participante a oportunidade de lançar-se imediatamente e sem nenhum preparo em qualquer papel social que tivesse algum significado para ela. Vinte e cinco meninas nos esperavam. "Agora, meninas", disse Moreno, "é uma tarde calorenta de verão. Vocês, Pauline e Helen, estão circulando de automóvel pela avenida e param em um bar da estrada. Você, Ruth, é a filhinha de Helen. Hazel e Janet, vocês são garçonetes. Maria, você é a dona. Muito bem, avante, garotas." Por mais remota que essa situação pudesse ser para essas meninas urbanas de classe baixa, elas se lançaram à cena com imaginação e energia. Foi um grande espetáculo. Então Moreno diria: "Muito bem, meninas, ali, critiquem esse jogo". Eunice, Viola e Grace fizeram comentários imediatamente. "Helen não atuou como se realmente estivesse com calor e cansada; qualquer um poderia ver que Hazel não estava realmente servindo as mesas; ficou nervosa, falava rápido demais." Essas meninas estavam aprendendo o trato social por meio da representação, e isso era parte de um esquema claro de educação social, ao qual era dada uma coloração de certa forma psiquiátrica. Não havia dúvida de que as meninas estavam aprendendo, no sentido que John Dewey usava o termo. (Murphy, 1961, p. 28-29)

O colega de Murphy na Columbia University, John Dewey, foi o fundador do movimento filosófico nos Estados Unidos conhecido como pragmatismo, pioneiro da psicologia funcional e líder do movimento progressista na educação americana, de acordo com a *Britannica* (verbete: John Dewey, 2016). Além disso, Murphy continua, referindo-se à visita de domingo:

No caminho de volta ao carro, Kilpatrick fez uma observação, abrindo subitamente um mundo de incertezas com um único nó e levantando um dilema com clareza. "Se Moreno", disse ele, "está algo como meio certo, Thorndike está mais do que meio errado." [...] Era

Sérgio Guimarães

claramente John Dewey falando pela boca de Kilpatrick, numa expressão inspirada. Naquele domingo de 1935, quando Dewey e Thorndike ainda estavam vivos, ele personificou o problema da lei do efeito, ou o que chamaríamos hoje de aprendizado por reforço. Espere até conseguir o que deseja e depois *recompense-o*. Se há algo que você não quer que aconteça, *ignore-o* ou, em certas situações, *castigue-o*. Mas muitas dessas garotas já haviam sido punidas pela vida repetidamente e continuaram a fazer o que lhes causou punição. (Murphy, 1961, p. 29-30)

O psicólogo americano Edward Lee Thorndike também foi professor na Columbia e, em seu dicionário, Galimberti o trata como um dos representantes da psicologia comparada, por suas "muitas investigações sobre o comportamento por **ensaio e erro** de gatos e cães", o que o levou formular a *lei do efeito* (Galimberti, 2006, p. 865) [negrito e itálico no original]. Para essa lei, Galimberti diz: "Thorndike chegou colocando um gato em uma gaiola experimental, na qual era necessário levantar uma alavanca para sair e ter acesso à comida". Ao verificar os tempos de teste, "podia-se notar que o gato passava cada vez menos tempo na gaiola, até que, após cerca de 20 tentativas, ele foi capaz de sair assim que o colocavam" (*ibidem*, p. 104).

Curiosamente, é no mesmo ano da primeira edição da obra-prima de Moreno que John Dewey publica seu *Art as Experience* [A arte como experiência], no qual estuda, entre outros aspectos, elementos psicológicos que ocorrem na criação artística. O livro de Dewey também traz sua visão sobre um conceito fundamental para Moreno: a espontaneidade. De acordo com o que o filósofo americano revela,

Em uma das cartas a seu irmão, Van Gogh diz que "às vezes as emoções são tão fortes que se trabalha sem saber que se trabalha e as pinceladas vêm com uma sequência e coerência semelhantes às palavras faladas ou escritas". Essa plenitude de emoção e espontaneidade de expressão ocorre, no entanto, apenas para aqueles que foram absorvidos por experiências de situações objetivas, que há muito tempo são absorvidos pela observação de um material relacionado e cuja imaginação se reconstrói há muito tempo: o que eles veem e ouvem.

Moreno, o mestre

[...] "Espontaneidade" é o resultado de longos períodos de atividade ou, se não for assim, é tão vazia que não é um ato de expressão. (Dewey, 2008, p. 82-83)

Não há dúvida de que Moreno teve acesso às ideias de Dewey e, sobretudo, ao seu livro *Art as Experience*, pois passou a usá-lo como referência bibliográfica, por exemplo, em seu artigo "Mental Catharsis and the Psychodrama" [Catarse mental e psicodrama], publicado em 1940. De fato, a identificação de pontos de vista entre Dewey e Moreno é confirmada quando, posteriormente, o nome do primeiro aparece no conselho consultivo da instituto de sociometria dirigido por Moreno em Nova York, em 1948 (JSTOR, 2016).

15. Beacon: finalmente, um teatro para o psicodrama

"The mind is a stage" [A mente é um palco]: com esse título, a revista *Forum and Century* [Fórum e Século] publica, em sua edição de maio de 1937, um artigo de Gardner Murphy que anuncia pela primeira vez o novo projeto de Moreno:

> Subindo o rio Hudson, em Beacon, Nova York, um psiquiatra imaginativo em busca de uma terapia para personalidades desviantes está fazendo a experiência viva de fazer essas personalidades subirem em um palco para interpretar, de forma espontânea, os problemas que as afligem.
>
> O fundador desse "teatro da espontaneidade" original é o dr. J. L. Moreno, um psiquiatra vienense que é acima de tudo um dramaturgo e educador. O novo teatro é a encarnação de uma ideia que ele vem desenvolvendo de forma constante há 15 anos. Ele planeja que será, em primeiro lugar, uma clínica para o estudo das relações sociais normais e transtornadas entre os indivíduos; segundo, um meio para reeducar as pessoas que se encontram com problemas mentais; e, terceiro, e sobretudo, um meio de pesquisa sobre as questões fundamentais da personalidade. (Murphy, 1937, p. 277)

O curioso no artigo de Gardner é que ele se refere sempre ao novo projeto de Moreno como o "teatro da espontaneidade", sem que o termo "psicodrama" apareça sequer uma vez. Sobre o teatro, o psicólogo informa que, no plano físico, "há três plataformas de palco – círculos concêntricos – um grande na parte inferior, um de tamanho médio e um pequeno na parte superior". Quanto ao balcão, "alguns poucos pés acima do círculo maior, é realmente um quarto palco" (*ibidem*, p. 277). A descrição aproximada feita por Gardner não gera confusão porque há dois desenhos ilustrando o texto, mas de fato a visão que alguém teria na primeira das sete fileiras – com dez cadeiras cada, e uma capacidade total para 70 pessoas sentadas – é a de um palco com a forma de uma grande torta redonda de três níveis, com a galeria ao fundo. Entre os "casos de sucesso" resumidamente mencionados, Gardner apresenta o de Peter, "um menino de 10 anos, aluno talentoso", que costumava bater em sua mãe antes de se deitar e nas festas, diante de convidados. "Uma mudança de ambiente, a sugestão e outros dispositivos", comenta o psicólogo, "não conseguiram melhorar sua conduta", acrescentando que, nesse caso,

A primeira entrevista revelou que ele tinha demonstrado seu comportamento violento de tempos em tempos em relação às mães de outras crianças. Isso deu uma pista para a construção das primeiras situações. Eram situações de mãe e filho, mas estavam no plano de contos de fadas. Uma das assistentes atuou como rainha, o pequeno Peter como príncipe. Quando ela o colocou para dormir, ele tinha de agir como um príncipe. Ele não bateu nela.
Ele foi colocado em muitas situações semelhantes em que sua parceira no ato não era apenas uma mãe, mas também uma pessoa em uma posição social distinta, um professor, um médico ou uma enfermeira. Gradualmente, depois de ter sido treinado nos papéis e cenas os mais fantásticos, ele passou a situações mais próximas da realidade e, finalmente, a sua própria. Paralelamente ao tratamento, verificou-se sua conduta em casa. [...]
A situação terapêutica foi modificada até ser idêntica à sua própria situação em casa. Em vez de uma das assistentes, sua mãe passou a trabalhar com ele no teatro – primeiro como rainha, depois como médica, esposa do prefeito, professora, enfermeira etc. Finalmente, as máscaras e os papéis foram completamente removidos. Cada pretensão ou indicação de ficção foi eliminada. Ela era sua mãe e ele era seu filho Peter. Gradualmente, após alguns meses, os sintomas desapareceram. (*Ibidem*, p. 280)

Das observações feitas por Gardner em seu artigo, há pelo menos dois comentários que valem a pena explorar. De um lado, no nível físico, a solução encontrada por Moreno constitui uma síntese dos cená-

Sérgio Guimarães

rios propostos anteriormente: o primeiro desenho, com um palco principal e 12 secundários, aparece em 1923, no fim do livro anônimo *Das Stegreiftheater*; o segundo, um ano depois, aparece na exposição internacional de técnicas teatrais em Viena, com um palco central e apenas quatro secundários. O modelo final usado em Beacon será o mesmo até o fim da vida do médico. Devido às restrições de espaço físico, nem o palco inaugurado em 1941 no St. Elizabeths Hospital, em Washington DC, nem o palco do Instituto Moreno, montado em Nova York no ano seguinte, terão balcão, mantendo, porém, a forma circular em três níveis.

Por outro lado, o caso do menino Peter ilustra claramente a modalidade aplicada por Moreno nos primeiros anos de prática improvisada nos Estados Unidos, pelo menos a partir de suas experiências com as crianças da escola de Plymouth, com o uso de testes e exercícios de dramatização propostos por ele como diretor, com óbvias intenções pedagógicas e terapêuticas.

***

Segundo o que Moreno conta em sua autobiografia, a história do sanatório havia começado dois anos antes. De fato, ele comenta,

> Ter meu próprio hospital era uma espécie de liberação do *establishment*. Em outro nível, era um paralelo com minha primeira aventura de brincar de ser Deus aos 4 anos de idade. Naquela época, eu havia concordado em brincar de ser Deus e estar no topo do jogo. Depois tive a brilhante ideia de retornar às fantasias da minha infância. Então eu queria ensinar as crianças a brincar de ser Deus. Agora começava com adultos, com os mais doentes mentalmente, para curá-los por meio do psicodrama. Lá estava eu, Deus, usando o psicodrama como remédio cósmico. (Moreno, 1974, Cap. 8, p. 45-46)

Moreno comenta que obteve tanto a licença do Departamento de Saúde Mental do Estado de Nova York para abrir uma instituição como o certificado da American Psychiatric Association como especialista, mas "a dificuldade era que eu não tinha dinheiro para começar".

Em 1935, encontrei um lugar bonito no rio Hudson. Para garanti-lo, me pediram um adiantamento de US$ 2.000. Nesse momento, Ina Truman me emprestou os dois mil de que eu precisava. Ina e sua irmã, Rose, eram solteiras e dedicadas à mãe, que estava mentalmente doente. Ela se tornou minha paciente e demonstrou alguma melhora sob meus cuidados, embora seu prognóstico, dado anteriormente, fosse muito ruim. As irmãs ficaram tão agradecidas que queriam me ajudar em tudo que pudessem. (*Ibidem*, p. 46)

Em seu livro sobre o pai, Jonathan Moreno relata que "aquele lugar anteriormente tinha sido uma escola infantil", que "o cenário rural encantador lembrava-o de sua casa anterior no Vale de Maio, nos arredores de Viena" e que o primeiro teatro de psicodrama, anexo ao prédio do sanatório, foi montado onde antes era o ginásio da escola (Moreno, 2014, p. 150). De fato, o pai diz:

Na grande casa branca em Beacon, me senti como um Deus novamente. Era um hospital sem pacientes. Eu era meu único paciente. [...] Não sabia onde seria o meu almoço, mas, como tinha um caso muito especial com Deus, levei adiante meus planos com o hospital. Contratei encanadores, eletricistas, carpinteiros, pintores e todos os outros artesãos necessários para restaurar um sanatório. [...]
No dia seguinte, tive a sensação de que ou teria sorte imediatamente ou estaria arruinado. Naquele dia, recebi um telefonema: "Ligo por parte da sra. Gertrude Franchot Tone. Ela o convidou para jantar amanhã à noite nas Torres Waldorf". Fui ao Waldorf e encontrei uma senhora que se apresentou: "Sou Gertrude Tone, dr. Moreno. Fico feliz que o senhor tenha vindo". [...] Quando soube dos meus planos para um sanatório e quando eu lhe disse que ia construir um teatro para o psicodrama lá, disse, imediatamente, com um ímpeto de entusiasmo: "Vou para lá. Esse é o meu destino. Sou uma grande bebedora e uma fumante contumaz. Se ficar aqui, vou morrer aqui. Muitas vezes pensei em me suicidar". Ela pegou meu endereço em Beacon e me disse que estaria lá em dois dias. Na manhã seguinte, recebi uma ligação das Cataratas do Niágara. Era Frank J. Tone, marido de Gertrude. [...] "Minha esposa está muito

Sérgio Guimarães

doente. Ela herdou 20 milhões de dólares de seu pai, o falecido senador. Ela vai de bar em bar todas as noites e faz cheques para todo maldito comunista que pede ajuda. Nesse ritmo, nem 20 milhões de dólares durarão para sempre. Pelo que soube, ela quer ser sua hóspede em Beacon. Vamos em frente. Quanto?" Mencionei um valor exorbitante. [...] Fui ao Banco Nacional Fishkill no dia seguinte e depositei o cheque de cem mil dólares. (Moreno, 1974, Cap. 8, p. 46-49)

Moreno relata que o teatro do psicodrama foi inaugurado em 1937 e foi dedicado à sra. Franchot Tone, "devido à sua generosidade" (*ibidem*, p. 50). Em sua autobiografia, ele também conta que, enquanto a mulher ainda estava em tratamento, chegou a viver "a vida de um homem abastado" e que era "um bom antídoto contra todas as tempestades de alguns anos de aventuras", acrescentando: "Eu poderia ter continuado essa vida se Gertrude não tivesse se recuperado do alcoolismo e retornado a Beverly Hills, onde passou o resto da vida" (*ibidem*, p. 52).

***

O surgimento do psicodrama na literatura especializada norte-americana ocorrerá meses após a inauguração do sanatório de Beacon, ou seja, em julho de 1937, quando Moreno lança a *Sociometry – A Journal of Inter-personal Relations* [Sociometria – Uma revista sobre relações interpessoais]. Desde a primeira frase do editorial em sua primeira edição, fica explícita sua ideia de integração das ciências sociais, embora o editorial reconheça que não é "uma conquista provável de ser alcançada em nossa geração ou por qualquer método isolado" e que "tampouco virá por decreto" (Moreno, 1937, p. 5). Além disso, Moreno relata, explicando uma posição que ele manterá por toda a vida:

A revista que lançamos nesta edição é uma das muitas tentativas de reunir pesquisadores da área das relações interpessoais, para permitir que o biólogo do humano receba a luz do etnólogo sobre seus problemas, para orientar o sociólogo na compreensão das peculiaridades biológicas dos grupos humanos, para que o psicólogo consiga

Moreno, o mestre

ver a interação de fatos econômicos, geográficos e políticos na configuração do desenvolvimento pessoal do ser humano individual.

Talvez, acima de tudo, a tarefa principal seja ver a contribuição das artes, bem como das ciências, para a compreensão da natureza humana; a ampliação do reconhecimento de que o homem é acessível, não apenas a partir da avenida da bioquímica e da genética, mas da avenida da linguística comparativa, da mitologia, da religião e da história das artes e das ciências. Isso é, pelo menos, nosso ideal, nosso propósito declarado. Obviamente, não alcançaremos essa integração global, mas esse é o objetivo para o qual nossas contribuições desejam apontar. (*Ibidem*, p. 6)

O primeiro artigo da nova revista é o lugar em que Moreno finalmente apresenta o psicodrama, formalmente sua terceira criação, uma vez que tanto a psicoterapia de grupo como a sociometria foram objeto de escritos anteriores. Trata-se da longa "Inter-personal Therapy and the Psychopathology of Inter-personal Relations" [Terapia interpessoal e psicopatologia das relações interpessoais], que ocupará 67 páginas da publicação. Já na sinopse, o autor sintetiza os tópicos abordados a partir da apresentação da técnica do "ego-auxiliar", ilustrada pelo caso de uma "neurose triangular", ou seja, um transtorno interpessoal entre três pessoas (Robert, Mary e Ann). Moreno explica que a função do ego-auxiliar é levar o paciente a dar os primeiros passos e, para isso, é preciso saber "em que nível psicológico ele é espontâneo". Apresentado na segunda parte do artigo como "outra forma de psicoterapia", o psicodrama é definido como "um método de análise, bem como um método de formação" e como "uma sociedade humana em miniatura, a configuração mais simples possível para um estudo metódico de sua estrutura psicológica" (Moreno, 1937a, p. 9).

Ainda na parte sinóptica, Moreno afirma que,

através de técnicas como o ego-auxiliar, a improvisação espontânea, a autoapresentação, o solilóquio, a interpolação de resistências, novas fases da mente se abrem e, ainda mais importante, podem ser exploradas em condições experimentais. (Idem)

245

Sérgio Guimarães

Isso confirma o duplo uso que ele faz da técnica do ego-auxiliar, tanto separadamente, no processo terapêutico, como parte do método psicodramático, apresentado pela primeira vez explicitamente em um documento escrito. Seu ponto de partida é precisamente "um dos principais problemas da terapêutica mental": como fazer o paciente começar. Em geral, afirma, ele simplesmente precisa falar, "descrever em palavras como se sente sobre seus próprios problemas", mas na terapia interpessoal, "sobretudo em uma de suas formas, que pode ser chamada de *psychodramatics* [psicodramatismo]", a tarefa é "enormemente" mais complicada.

Ele precisa se expressar como se sente no momento, não apenas com palavras, mas através de gestos e movimentos. Ele deve atuar não apenas no papel de seu próprio ego, mas em papéis que contrastam com suas reais aspirações. Tem de viver situações que são dolorosas e indesejáveis. Tem de viver papéis desagradáveis. Se necessário, deve agir com os associados a quem teme e rejeita. Essa situação no psicodrama me forçou a reconsiderar o papel do psiquiatra, bem como a abordagem do paciente. (*Ibidem*, p. 10)

Segundo Moreno (idem), em sua atividade profissional, o psiquiatra deve "se restringir e se disciplinar, para que ele sempre apareça no papel em que se espera que ele apareça e do qual está encarregado", ou seja, "o papel do médico e curador". Além disso, ele acrescenta: "quanto mais inflexível, rígida e obedientemente ele se mantenha em seu papel, mais elogiado é seu comportamento". A propósito, Moreno revela que essa função começou a incomodá-lo "anos atrás", quando começou a usar o teatro terapêutico, e a nota de rodapé que Moreno acrescenta ao termo "terapêutico" não deixa dúvidas sobre as críticas que faz sobre o papel habitual do terapeuta, de uma perspectiva histórica:

A palavra grega *"therapeutes"* significa assistente, servo. O procedimento terapêutico mais antigo era dedicado à expulsão dos demônios dos corpos das vítimas. O método geralmente consistia na recitação de encantamentos ou magias sobre as partes doentes ou sobre pessoa doente como um todo. O paciente, como não era capaz

Moreno, o mestre

de expulsar os demônios sozinho, precisava de um assistente, ou servo, um *therapeutes*. O recital de mágica ou encantamento sobre a pessoa doente era realizado por um sacerdote, uma contraparte primitiva do ator principal, o ego-auxiliar, no teatro terapêutico. O teatro, muito antes de ser um local para a apresentação de arte e entretenimento, era um local terapêutico, com os doentes chegando a ele para a catarse. (Idem)

Em sua apresentação da técnica do ego-auxiliar – ilustrada pelo caso de uma paciente casada cujo marido queria se divorciar depois de ter iniciado um novo relacionamento com outra mulher –, Moreno explica que não basta um ego-auxiliar desempenhar seu papel: "ele precisa concordar e acreditar que o paciente está subjetivamente correto" e afirma que "isso é possível porque cada ego, do seu próprio ponto de vista, está correto". Durante o tratamento, ele insiste, essa função é auxiliar ao ego do paciente: "As 'pistas' terapêuticas devem vir do paciente" (*ibidem*, p. 12).

Na seção seguinte do artigo, Moreno discute o conceito de *catarse mental*, e começa citando Aristóteles em sua *Poética*: "A tarefa da tragédia é produzir pelo exercício do medo e da misericórdia a liberação dessas emoções" (*ibidem*, p. 21). De fato, é a parte final de uma citação mais extensa do filósofo grego que, no capítulo 6 da obra, afirma:

A tragédia, então, é imitação de uma ação digna e completa, em certa medida, em uma linguagem formada de maneira atraente [...] no modo de ação dramática e não de narração, e que, por compaixão e medo, realiza a catarse dessas paixões. (Aristóteles, 2007, p. 77)

O ponto de vista explorado por Moreno, no entanto, contrasta com o de Aristóteles: "A catarse mental que esperamos vai ocorrer no ator, na mente da pessoa que sofre a tragédia". Ou seja, explica: "O lugar da catarse passou dos espectadores para a cena". Nesse caso, os atores são os pacientes, são eles que precisam de catarse, ou seja, "a libertação de conflitos trágicos, das emoções nas quais estão presos" (Moreno, 1937a, p. 21). Outra diferença entre sua visão e a do filósofo grego é que "a tragédia de Aristóteles era uma obra *acabada*, concluída

247

Sérgio Guimarães

por um autor, um estranho, muito antes de ser interpretada" e, também, "sem nenhuma relação com o modo de ser pessoal dos atores".

Para Moreno, devemos dar um passo adiante, ou seja, não apenas o autor e a tragédia acabada de Aristóteles precisam ser descartados, mas também "os atores pacientes precisam desenvolver seu drama no calor do momento", ou seja, que os problemas retratados, "quer sejam seus próprios problemas pessoais ou quer sejam fictícios, têm de ser moldados à medida que surgem espontaneamente". Além disso, ele afirma que "as possibilidades de adquirir uma nova percepção e a catarse mental dos pacientes são praticamente ilimitadas", acrescentando: "No lugar da tragédia de Aristóteles, entra o *psicodrama*". Ainda sobre a catarse mental, Moreno esclarece que o problema também mudou. Se é verdade que tanto em uma tragédia quanto em um psicodrama os participantes podem ser numerosos, nele a catarse de uma pessoa depende da catarse de outra, ou seja: "*A catarse deve ser interpessoal*". Portanto, explica, "à medida que o curso da interação entre as pessoas se tornar puramente espontâneo, a quantidade de desajuste entre elas se tornará evidente, assim como a quantidade de catarse mental alcançada" (*ibidem*, p. 22).

***

Na seção dedicada à primeira apresentação escrita do psicodrama, Moreno propõe que se retorne "ao primeiro dispositivo experimental que construímos nos primeiros anos" do trabalho de improvisação ("*stegreif-work*") iniciado em Viena em 1922, observando que essa etapa teve duas linhas de desenvolvimento. A primeira era "puramente estético-dramática, uma arte do teatro do momento", e criou "uma nova forma de teatro, o 'jornal vivo'". Já a segunda "era psiquiátrica e terapêutica, o estudo e o tratamento de problemas mentais, por meio do teatro espontâneo". Além de observar que demonstrações semelhantes foram feitas posteriormente sob sua direção em Munique e Berlim, o psiquiatra relata que seu trabalho continuou em Nova York seguindo essas duas linhas de desenvolvimento (*ibidem*, p. 22).

Com a abertura de um novo teatro em Beacon, Moreno finalmente chega a uma solução que, do ponto de vista terapêutico, o leva a considerar "a estrutura momentânea de uma situação" a ser sugerida

Moreno, o mestre

pelo diretor ou pelo próprio ator, isto é, "uma situação imaginada cuidadosamente especificada, em um papel para o ator em particular e em uma série de papéis personificados por outros atores necessários". A ideia era levar "a estrutura momentânea" para "uma experiência o mais clara e dramática possível", tudo isso para ser colocado em ação "no calor do momento". É a partir desses elementos – a estrutura momentânea da vida do paciente, a composição física e mental (*"makeup"*) de sua personalidade e, "acima de tudo, como esse indivíduo trabalhou e interagiu naquele momento com os membros de sua família e com os vários membros da sua rede" – que se reúne "a informação necessária para o diagnóstico". Para ser mais preciso, explica, as informações são necessárias tanto para o paciente como para seu ego-auxiliar, o psiquiatra, "a fim de conceber um veículo para tratamento autônomo e cura" (*ibidem*, p. 23).

Dadas as situações em que "duas, três ou mais pessoas tiveram de ser tratadas simultaneamente", Moreno afirma que a solução foi "a ressurreição de todo o drama psicológico, ou pelo menos as cenas cruciais desse drama". O que cabia ao paciente era, por um lado, encontrar as situações em que ele agia na vida e dramatizá-las e, por outro, "encontrar as situações que ele nunca enfrentou, que ele havia escapado ou temido, mas que talvez tivesse de enfrentar de chofre um dia no futuro". Para isso, relata, desenvolveu uma técnica de aquecimento espontâneo dos estados mentais e das situações, observando que esse processo exigia "em vez de um, vários egos-auxiliares". Como resultado, o ego-auxiliar original, ou seja, o psiquiatra, foi mantido a certa distância, "mas cercado por uma equipe de egos-auxiliares que ele coordenava e dirigia e para quem delineava o curso e o objetivo do tratamento psicodramático" (*ibidem*, p. 24)

É assim que Moreno desenha, nos estágios iniciais da existência formal do sanatório de Beacon, os procedimentos de tratamento psicodramático que, segundo ele, "podem ser abertos ou fechados". O primeiro tipo é realizado "no meio da comunidade, mais ou menos com pleno conhecimento e, eventualmente, com a participação do grupo" (idem). Já para ilustrar o segundo, Moreno usa como analogia a operação cirúrgica, na qual o paciente vai para o hospital, e da qual apenas o cirurgião e seus assistentes participam:

Da mesma forma, o tratamento psicodramático às vezes é fechado. O paciente se retira de seu ambiente imediato e se coloca em uma situação especialmente construída para suas necessidades. O teatro terapêutico é uma situação dessas. É um mundo em miniatura. É um lugar em que, por meios psicodramáticos, todas as situações e papéis que o mundo produz ou pode produzir são representados. (*Ibidem*, p. 25)

Sobre esse período inicial do sanatório, Merlyn S. Pitzele comenta em seu artigo "The Apotropaic Psychodrama and the Moreno Scripts" [O psicodrama apotropaico e os scripts de Moreno] que "pode ser feita uma distinção válida entre os encontros psicodramáticos menos plenamente formados que J. L. Moreno dirigiu antes de 1936 e o que pode ser chamado de *psicodrama clínico*, que ele começou a praticar após essa data" (Pitzele, 1979, p. 58).

Ainda sobre o tratamento psicodramático, Moreno aponta um fator essencial para diferenciar a abordagem terapêutica da abordagem artística, esclarecendo que o primeiro "tem que ver com a personalidade privada e a catarse do paciente, e não com o papel desempenhado e seu valor estético". No entanto, observa que os domínios terapêutico e estéticos não podem ser separados para sempre" e que eles têm "uma clara inter-relação" (Moreno, 1937a, p. 25).

***

Quanto às técnicas explicitamente descritas então por Moreno, ele sempre as ilustra com casos clínicos específicos, apresentando na época as nove técnicas a seguir:

1. **Técnica da autoapresentação**. É "a técnica terapêutica mais simples", que permite ao paciente começar por si próprio, apresentando cenas que fazem parte de sua vida cotidiana e, principalmente, conflitos cruciais nos quais ele está envolvido. Por um lado, o paciente não representa "papéis": "Não é *o* pai, *a* mãe, *a* esposa, *o* patrão; é *seu* pai, *sua* mãe, *sua* esposa, *seu* patrão". Por outro lado, a apresentação pode estar relacionada tanto com o passado, como com o presente ou com o futuro. (*Ibidem*, p. 26)

2. **Técnica do solilóquio.** De acordo com Moreno, o ego-auxiliar procura ajudar na representação dos sentimentos e pensamentos

Moreno, o mestre

que duas pessoas têm entre si em um relacionamento interpessoal, mas acontece que a compreensão de que aquilo que "passa pela cabeça da outra pessoa" é "na melhor das hipóteses, esboçada", isto é: "Vivemos em mundos diferentes que se comunicam apenas algumas vezes, e mesmo assim incompletamente. A psique não é transparente. *O psicodrama completo de nossas inter-relações não emerge; está enterrado dentro e entre nós*". Para superar o problema, uma das técnicas usadas com o objetivo de "trazer à expressão níveis mais profundos de nosso mundo interpessoal" é o solilóquio. Para Moreno, seu uso pelo paciente permite a ele duplicar sentimentos e pensamentos ocultos que ele teve na vida com alguém; "seu valor está na veracidade", e seu objetivo é a catarse (*ibidem*, p. 32).

3. **Técnica da improvisação espontânea.** Nela, afirma Moreno, o paciente não representa eventos de sua própria vida, mas "atua em papéis fictícios (imaginados)". Com isso, o sujeito pode se aquecer em vários papéis que "ele pode ter desempenhado na vida, mas que foram 'frustrados'". Nesse caso, o paciente representará na frente de várias pessoas "símbolos e papéis agradáveis ou dolorosos para ele", comenta (*ibidem*, p. 42-44).

4. **Técnica solilóquio – segundo tipo.** Moreno explica que, no primeiro tipo, os apartes e o diálogo estão no mesmo nível, ou seja, embora estejam em dimensões diferentes, pertencem à mesma pessoa e à mesma cena. Nesse caso, a parte "aberta" durante o solilóquio recriava "os processos corporais mentais que realmente ocorreram na situação original" e que não foram revelados. Tratava-se, portanto, de "uma ampliação do ego por meio de técnicas psicodramáticas", possibilitando que "esses processos mentais secretos fluíssem para a pessoa a quem deveriam ter sido comunicados inicialmente. É aqui que entra o efeito terapêutico". Já no segundo tipo, "o ato oficial" e o solilóquio estão em níveis diferentes (*ibidem*, p. 48).

5. **Técnica da interpolação de resistências.** É ao analisar uma cena de Robert e Mary – participantes, com Ann, do caso mencionado de "neurose triangular" – que Moreno se refere a um segundo tipo de solilóquio, afirmando: "A frequência do solilóquio aqui é um teste da intensidade do papel". Isto é, ele explica, quanto mais absorta estiver a pessoa em um papel, menos solilóquio fará e, além

251

Sérgio Guimarães

disso, "o iniciar de um estado suficientemente intenso protege o paciente contra os efeitos que interrupções possam ter em seu desempenho". Observando que as interrupções podem vir da própria pessoa ou de seu parceiro no ato, Moreno afirma que "chamamos essas interrupções de *resistências*". No entanto, alerta, "não se deve confundir com o uso psicanalítico da palavra" (*ibidem*, p. 51).

A descrição feita por ele mais uma vez deixa clara a dimensão pedagógico-educativa do processo terapêutico: "Gradualmente, de acordo com a necessidade do paciente, são construídos papéis que ele aprende a incorporar e situações nas quais ele aprende a se ajustar", explica Moreno, observando que, para os pacientes que sofrem de dificuldades interpessoais, "a interpolação gradual e apropriada de resistências é eficaz" (*ibidem*, p. 65).

6. **Técnica da expressão sem sentido.** Depois de afirmar que, com o psicodrama, é possível abordar "novos reinos" como pantomima, ritmo, dança, música e o "reino do (aparentemente) sem sentido", Moreno argumenta que sentimentos não semânticos complexos podem ser treinados "com excelente efeito terapêutico" e que existem processos mentais "que crescem em direção à maturidade mais ou menos independentes de uma interação psicossemântica". Para auxiliar no reconhecimento desses fatores, ele apresenta a "técnica da expressão sem sentido". Por meio dela, o paciente é convidado a resistir ao surgimento da expressão verbal e a produzir sons e palavras que não fazem sentido: "As vogais e consoantes devem ser reunidas nas combinações possíveis à medida que chegarem espontaneamente", observa, informando que o exercício é útil para treinar pessoas que gaguejam e que "nenhum dos poucos gagos que tratei gaguejou durante o teste" (*ibidem*, p. 52-53).

7. **Técnica do mundo auxiliar.** Ao abordar os casos de pacientes com os quais qualquer tipo de comunicação é reduzida ao mínimo, Moreno comenta que "quanto mais obscuro e incompleto esteja o ego, mais articulada e profunda deve ser a ajuda fornecida de fora pelo ego-auxiliar". É possível que vários egos-auxiliares sejam necessários, afirma ele, acrescentando que, em casos mais leves, por mais ajuda que o paciente precise para "conduzir-se a uma realização mais satisfatória", ele continua vivendo "no mesmo

mundo conosco". No entanto, quando se trata de um paciente em um estado mais grave, "a realidade, como geralmente é vivida, é substituída por elementos ilusórios e alucinados". Nesse caso, "o paciente precisa de mais do que um ego-auxiliar; precisa de um *mundo auxiliar*. Para isso, explica, devemos traduzir "cuidadosamente declarações, gestos, delírios e alucinações do paciente em uma linguagem poética como base para a construção de uma realidade poética, um mundo auxiliar" (*ibidem*, p. 55-56).

8. **Técnica do aquecimento**. Em seu filme de 1933, Moreno apresentou o aquecimento como "um fator importante no treinamento da espontaneidade", indicando como indicadores "sinais fisiológicos e mentais". Dessa vez, ele menciona três "iniciadores" (*starters*): (1) os corporais ("um processo físico complexo no qual as contrações musculares desempenham papel principal"), (2) os mentais ("sentimentos e imagens no sujeito que são frequentemente sugeridos por outra pessoa") e (3) os psicoquímicos ("estimulação artificial através do álcool, por exemplo"). Referindo-se à importância do aquecimento em exercícios como corrida, natação ou boxe, Moreno insiste que "no trabalho de espontaneidade e no psicodramatismo, a psicopatologia do processo tem, se é que é possível, uma importância ainda maior do que na cultura física" e que, de acordo com o papel desempenhado, "mais ou menos todas as partes do corpo gradualmente entram em operação". Além disso, em uma das referências mais características do pensamento moreniano, ele explica que:

> Através do processo de aquecimento de numerosos papéis que o indivíduo raramente ou nunca vive em sua rotina diária, e que mesmo em sonhos diurnos e noturnos rara e levemente são acessados, são conduzidos à expressão. Em sua rotina diária, um indivíduo pode se limitar a um pequeno número de papéis e situações, mas as potencialidades de sua personalidade para os papéis são praticamente infinitas. Vivemos apenas com uma pequena parte do alcance de nossa personalidade; a maior parte permanece sem uso e subdesenvolvida. Durante o processo de tratamento, um paciente pode viver centenas de papéis e situações. (*Ibidem*, p. 67)

Sérgio Guimarães

9. **Técnica da atribuição.** Mencionada explicitamente no final do artigo, demonstra a estreita ligação entre psicodrama e sociometria. Referindo-se à técnica do ego-auxiliar inicialmente aplicada autonomamente, ou seja, fora do âmbito psicodramático como tal, Moreno começa definindo a sociometria como o "estudo da estrutura psicológica da sociedade humana" e observando que essa estrutura "raramente é visível na superfície dos processos sociais". Além de explicar que o teste sociométrico é o procedimento que revela a estrutura psicológica das relações interpessoais, que com frequência difere consideravelmente das relações que os indivíduos mantêm oficialmente nos grupos, Moreno comenta que a técnica da atribuição aparece a partir dos resultados do teste. Ou seja, trata-se de "mover o indivíduo de sua posição de desajuste para uma posição no mesmo grupo ou em outro grupo, que promete beneficiá-lo". Segundo ele, o desenho do átomo social da pessoa também pode servir de guia para o uso dessa técnica no psicodrama (*ibidem*, p. 19).

***

Um ano e meio após seu primeiro ensaio sobre o novo método, Moreno publica o artigo "Psychodramatic Schock Therapy – A Sociometric Approach to the Problem of Mental Disorders" [Terapia de choque psicodramática – Uma abordagem sociométrica do problema dos transtornos mentais]. Segundo sua descrição, "durante os intervalos lúcidos do ataque psicótico, ou imediatamente após", o paciente é aquecido para "voltar ao mundo psicótico", uma experiência "perturbadora" que Moreno chama de "choque psicodramático". Para ele, a importância do procedimento é dupla. Por um lado, é "um método de pesquisa para o estudo do átomo social na psicose", oferecendo um novo quadro de referência, o psicodrama", através do qual se pode entender as mudanças mais profundas que ocorrem nos transtornos mentais". Por outro lado, ele argumenta, o tratamento tem um efeito catártico nos pacientes, "aumenta sua espontaneidade e cria barreiras contra a recorrência" (Moreno, 1939a, p. 1).

Segundo Moreno, os primeiros atos psicodramáticos são normalmente curtos, já que o paciente ainda está experimentando, até que "ele finalmente se apodera de uma situação". Ele consegue então se

Moreno, o mestre

apresentar "exatamente como estava em seu estado agudo". As pessoas que tinham estado com o paciente devem estar presentes e atuar com ele "para estimular suas memórias corporais e mentais". Dessa forma, explica Moreno, o paciente retorna ao "reino psicótico" e "a uma integração e controle graduais dos papéis que desempenhara durante o ataque psicótico". Ou seja, "o paciente não é mais uma vítima desamparada como era antes" (*ibidem*, p. 3).

Utilizado como instrumento de apoio no tratamento de cada paciente, o mapeamento do átomo social (sociograma) recebe nesse artigo uma nova contribuição, desta vez credenciada por Moreno ao dr. Ernst Fantl, então médico residente no sanatório Beacon: o conceito de "autotele", que é assim definido:

> À medida que a criança cresce, experimenta não apenas outras pessoas, mas também experimenta a si mesma. Como resultado desse relacionamento *tele*, ela começa não apenas a sentir a si mesma, mas também a ver-se como alguém em relação a quem as pessoas agiram de certa maneira e como alguém que agiu em relação a elas de certa maneira. Gradualmente, ela desenvolve uma imagem de si mesma. Essa autoimagem pode diferir consideravelmente da imagem que outros têm dela, mas se torna consideravelmente importante para ela à medida que a vida continua. A diferença entre como ela é e age, e a imagem que ela tem de si mesma, vai crescendo. Finalmente, parece que ela tinha, além de seu ego real, um ego externo que ela exterioriza gradualmente. Entre o ego e sua extrojeção [*sic*], desenvolve-se uma relação de sentimento peculiar, que pode ser chamada de "autotele". (*Ibidem*, p. 4)

Moreno evoca um velho dogma da medicina, segundo o qual doenças violentas exigem remédios fortes, e observa que "não há nada mais violento e estranho no campo da patologia humana do que a demência em fase aguda". Além disso, alegoricamente, afirma que, para o átomo social, é como uma inundação subindo e submergindo uma cidade: casas e ruas podem continuar existindo abaixo, mas "nada pode ser visto ou sentido, exceto a água em toda parte". Para o paciente e para os membros de seu átomo social, a experiência é um choque violento, afirma, e o procedimento "que lança ao paciente, que acabou de escapar de uma

Sérgio Guimarães

psicose, para uma segunda psicose, é um tratamento de choque psicodramático". Apontando a semelhança material entre a primeira experiência psicótica e o tratamento, e notando que "um efeito catártico" é esperado dele, Moreno menciona outro velho dogma da medicina: "*Similia similibus curantur*" [Semelhante cura semelhante] (*ibidem*, p. 5).

Além disso, o psiquiatra afirma, durante o tratamento não há tempo em que tanto o médico como o paciente "não consigam dizer 'pare'". O que acontece é que, "agindo em um nível psicótico em um momento em que está extremamente sensível, ele aprende a se controlar". E mais uma vez confirmando a natureza educacional do processo terapêutico, Moreno observa que "se trata de um treinamento no domínio das invasões psicóticas, não por meios intelectuais, mas uma espécie de treinamento da espontaneidade" (*ibidem*, p. 6).

Nesse mesmo artigo, Moreno explicita ainda mais sua visão sobre o conceito de catarse, que, de fato, observamos, é uma condição *sine qua non* para o sucesso do psicodrama terapêutico. A primeira forma de catarse pode ocorrer, segundo ele, já na fase preliminar do tratamento, durante a entrevista preparatória, e também corresponde a formas de psicoterapia "que buscam a cura por meio da persuasão e sugestão lógica", provocando no paciente uma "catarse intelectual". A segunda forma aparece a partir de reflexões feitas após cada ato dramatizado, e onde a relação com o psiquiatra e com cada ego-auxiliar "é o que domina"; é a "catarse analítica" e tem sua característica correspondente "na abordagem psicanalítica". Por outro lado, comenta, existem indivíduos que "são bem equilibrados como indivíduos"; suas dificuldades estão totalmente concentradas na esfera de seu átomo social. Moreno dá o exemplo de um paciente negro que se sentia bem, mas assim que entrava em um restaurante reservado aos brancos "sentia grandes ansiedades, que desapareciam assim que deixava o local". Levando-se em conta que, às vezes, "as relações *tele* vão muito longe nas redes psicológicas da comunidade", Moreno afirma que é por isso que todas as pessoas envolvidas "precisam ser consideradas no tratamento (catarse social e de rede)". E conclui: "A catarse criativa, a catarse intelectual e analítica e a catarse social e em rede podem desempenhar um papel nos diferentes estágios do procedimento de choque psicodramático" (*ibidem*, p. 6).

Moreno, o mestre

***

Meses depois, sempre em sua revista *Sociometry*, Moreno publica o mencionado artigo "Creativity and Cultural Conserves – With Special Reference to Musical Expression" [Criatividade e conservas culturais – com referência especial à expressão musical]. Nesse texto, ele apresenta o caso do paciente "A. S., 45, um violinista de destaque", compositor e diretor de uma escola de música, que, "quando toca na frente de uma grande audiência, tem um tremor na mão direita" (Moreno, 1939, p. 2).

Antes de analisá-lo, no entanto, Moreno volta ao problema da "influência da criatividade de pessoas específicas na formação de padrões culturais", que segundo ele deve ocupar a mente de pesquisadores em vários campos da ciência, sobretudo "a antropologia social, a sociologia, a psicologia e a psiquiatria". Para o psiquiatra, o destino de uma cultura "é decidido finalmente pela criatividade de seus portadores" e, portanto, se uma doença das funções criativas afeta os homens criativos, "é de extrema importância que o princípio da criatividade seja redefinido e que suas formas desviantes sejam comparadas com a criatividade em seus estados originais". No entanto, ele critica, o paciente com mentalidade criativa foi negligenciado e, em seguida, propõe que o psiquiatra também cuide de pessoas com mentalidade criativa "em meio a suas dificuldades dinâmicas" (*ibidem*, p. 1-2).

Também para o estudo desse caso, Moreno confirma sua abordagem sociométrica usando novamente o recurso do átomo social – incluindo a dimensão psicológica da autotele – na apresentação de dois sociogramas do paciente, um de natureza familiar, complementado por outro em seu âmbito musical. Também chama a atenção que, mais uma vez, Moreno recorra a exercícios de espontaneidade como "experimentos de diagnóstico". Primeiro, o paciente toca sem o arco e sem o corpo do violino, sem nenhum instrumento, sem público, diante de diferentes públicos, sozinho e em grupo; além disso, toca uma conserva musical, forte e *pianissimo*. A seguir vêm as improvisações espontâneas: música sem sentido, um tema que expressa agressividade e outro que expressa ternura etc. Depois de observar que o paciente não tremia nos primeiros testes, Moreno comenta que o tremor "remonta à evolução de seu aprendizado de tocar violino", uma vez que "seus primeiros professores de música desencorajaram e quase destruíram as tendências espontâneas em seu

257

Sérgio Guimarães

modo de ser artístico" (*ibidem*, p. 10). A isso se acrescenta o medo: quando o público é formado por estranhos e pessoas que não o apreciam, "ele tem um começo ruim e um ataque vicioso de tremor" (ibidem, p. 11).

Por outro lado, seguindo a preferência do paciente, Moreno trabalha com ele obras de Ludwig van Beethoven, comentando que o músico alemão, "segundo seus biógrafos, antes e quando escrevia músicas, costumava subir e descer em seu jardim, aparentemente sem direção, fazendo gestos, parecendo selvagem e ridículo". Ou seja, "improvisava com todo o corpo, tentando revolver as associações musicais enterradas em sua mente", e sempre carregando um caderno, para anotar imediatamente suas inspirações. Ao comentar sobre o músico, que toca um concerto de Beethoven em seu violino, Moreno afirma que "ele é como um duplo psicológico daquele Beethoven que deu à luz a música" (*ibidem*, p. 27)

No curso de "mais de 50 sessões", Moreno afirma que "o treinamento da espontaneidade" aplicado ao paciente permitiu que "seu eu criativo" amadurecesse para "um considerável grau de estabilidade e produtividade", informando que, no início, suas improvisações duraram "apenas alguns minutos", mas depois foi fácil improvisar "por uma hora ou mais, sozinho ou acompanhado" (*ibidem*, p. 32).

***

Em abril de 1940, a *Sociometry* publicou outro artigo de Moreno, "Psychodramatic Treatment of Psychoses" [Tratamento psicodramático de psicoses], baseado em um estudo de caso de 33 pacientes. Além de retornar ao conceito de "átomo cultural − os papéis nos quais o paciente se vê e nos quais vê os outros em relação a seus papéis", considerado de extrema importância porque "é a partir dele que podemos ter uma imagem de seu mundo interior" (Moreno, 1940a, p. 119) −, Moreno anuncia seis outras técnicas psicodramáticas:

1. **Do "papel substituto"**. Usada se o paciente se nega a atuar no papel de alguém que está muito próximo a ele em seu átomo social. Nesse caso, "ele é solicitado a desempenhar algum papel simbólico que parece estar longe dele e de seus parceiros mais próximos" (*ibidem*, p. 121-22).

2. **Do "espelho"**. Quando o paciente exagera na interpretação de seu próprio papel, por estar "ansioso demais", um ego-auxiliar age

258

em seu lugar, para que ele possa se ver de maneira mais objetiva. A técnica também é usada quando ele se recusa a atuar e, em seguida, um ego-auxiliar assume seu papel. Se o paciente não concordar com a representação dele mesmo, pode fazer comentários da plateia ou subir ao palco e assumir seu próprio papel (*ibidem*, p. 122).

3. **Da "projeção"**. É usada quando o paciente projeta "seu sistema ilusório" em um enredo que ele deseja ver representado no palco por egos-auxiliares. Moreno ilustra o caso com uma série de cenas sugeridas e dirigidas por um paciente, nas quais, quando criança, ele está presente em um momento violento entre o pai e a mãe, a consequente saída do pai da casa e a separação do casal. Moreno comenta que, quando essas cenas foram representadas, os pais do paciente também estavam presentes, o que lhe permitiu ver "como eles foram afetados" pela atuação (*ibidem*, p. 122-23).

4. **Da "inversão"**. Para alcançar a "objetificação de si mesmo" do paciente, pede-se que ele se coloque no papel de alguém de seu átomo social, enquanto um ego-auxiliar − "ou a própria pessoa que o paciente retratará, se possível" − é colocado no lugar do paciente. Em tal situação, não se espera apenas que o paciente consiga "objetivar a si mesmo", mas também que ele reaja a "ele mesmo" da maneira que acha que a outra pessoa reagiria (*ibidem*, p. 123).

5. **Da "distância simbólica"**. É um recurso inicialmente semelhante à técnica do papel substituto. Nesse caso, no entanto, o progresso é feito gradualmente, de um primeiro papel distante "para outros papéis que estão se tornando cada vez mais próximos da realidade do paciente". Como ilustração, Moreno menciona novamente o caso de Peter, o garoto que batia na mãe e que, sob a orientação do psiquiatra, começou a desempenhar o papel de príncipe (*ibidem*, p. 124).

6. **Do "duplo ego"**. Quando o paciente está sofrendo com "algumas atitudes opostas", o que Moreno propõe para aliviá-lo é que "os dois egos do paciente, por assim dizer, sejam retratados no palco". O que ele chama de "ego superficial", isto é, "aquela face de si mesmo que se manifesta na vida cotidiana e com a qual [o paciente] geralmente se identifica", é interpretado por um ego--auxiliar. Já o eu mais profundo, "que está invisivelmente tortu-

Sérgio Guimarães

rando e tentando derrotar o ego 'oficial'", é retratado pelo paciente. O resultado, observa Moreno, é "uma objetivação da luta violenta que ocorre entre os dois fatores alternativos na mente do paciente" (*ibidem*, p. 124).

***

A produção de artigos durante esse período permanece ininterrupta, e Moreno se serve da *Sociometry* para disseminar tanto as práticas terapêuticas do sanatório de Beacon como os novos conceitos e técnicas que seu "laboratório" vai desenvolvendo. Ainda em 1940, aparece "Mental Catharsis and the Psychodrama" [Catarse mental e psicodrama], no qual os conceitos de catarse e momento são retomados de uma perspectiva histórica e são apresentados os primeiros elementos de uma "teoria geral da espontaneidade e da conserva cultural".

Além de desenvolver argumentos sobre os dois principais fatores de sua obra (criatividade e espontaneidade), Moreno também apresenta aspectos ainda não explicitados, como:

A espontaneidade com frequência é considerada erroneamente mais intimamente ligada à emoção e à ação do que à reflexão e ao descanso. Esse viés provavelmente se desenvolveu devido à suposição de que uma pessoa não possa realmente sentir algo sem ao mesmo tempo ser espontânea e que uma pessoa que está pensando possa ter uma experiência genuína sem espontaneidade, mas esse não é o caso. Parece haver um mal-entendido semelhante de que uma pessoa em ação precisa de espontaneidade contínua para avançar, mas essa espontaneidade não é exigida de uma pessoa em repouso. Como sabemos agora, essas são falácias. A espontaneidade pode estar presente em uma pessoa tanto quando ela está pensando quanto também quando ela está sentindo, tanto quando está em repouso quanto em ação. (Moreno, 1940, p. 218-19)

Outro mal-entendido que Moreno procura esclarecer o leva de volta a Beethoven. Referindo-se à Nona Sinfonia, ele observa que, aparentemente, não haveria diferença entre a música no momento de sua criação e a obra de arte como produto.

Uma inspeção mais detalhada, no entanto, mostra que isso não é verdade. Enquanto Beethoven caminhava por seu jardim tentando intensamente aquecer suas ideias musicais, toda a sua personalidade estava em alvoroço. Ele fez uso de todos os possíveis "arranques" físicos e mentais que poderia reunir para continuar na direção certa. Essas visões, imagens, esses pensamentos e padrões de ação – inspirações tanto musicais como não musicais – foram os antecedentes indispensáveis a partir dos quais a música da Nona Sinfonia cresceu. Mas todo esse histórico [...] não é encontrado no produto final – a partitura ou seu desempenho por uma orquestra de renome. Somente o resultado está lá. (*Ibidem*, p. 219)

Para Moreno, o fato de que esse pano de fundo tenha sido apagado de nossa ideia atual de Beethoven é "uma armadilha intelectual jogada conosco por séculos de ser doutrinada por conservas culturais". De fato, ele argumenta, se considerarmos a fase inicial espontânea criativa da composição da Nona Sinfonia uma fase positiva", e não uma transição para um produto final", podemos ver

nas composições musicais de Beethoven, em seus conceitos de Deus, do universo e do destino da humanidade, nos amores, alegrias e tristezas de sua vida privada e, sobretudo, nos gestos e movimentos de seu corpo um padrão unificado, a partir do qual a camada superficial (conserva cultural) pode ser coletada para atender a certos requisitos pragmáticos". (*Ibidem*, p. 219-20)

Por outro lado, Moreno reconhece que a memória de uma conserva pode ser acompanhada de "grande satisfação e até alegria". Uma recapitulação periódica parece "sussurrar aos ouvidos do sujeito que tudo continua igual, tudo está indo bem, o mundo não mudou". Ou seja, a conserva cultural presta ao indivíduo "um serviço semelhante ao que faz uma categoria histórica para a cultura em geral – uma continuidade da herança". Com isso, comenta, "garante a conservação e a continuidade do seu ego" e ajuda-o "desde que a pessoa viva em um mundo relativamente tranquilo". No entanto, pergunta Moreno, o que ela faz "quando o mundo à sua volta está em uma mudança revolucionária e quando a

Sérgio Guimarães

qualidade da mudança se torna cada vez mais uma característica permanente do mundo de que ela participa?" (*ibidem*, p. 223)

Afirmando que uma mudança pode ocorrer na situação da vida de um indivíduo a qualquer momento, e que "influências das redes econômicas, psicológicas e sociais que o cercam podem ameaçá-lo", Moreno comenta que, "conforme a magnitude da mudança, a magnitude da espontaneidade que um indivíduo deve reunir para satisfazer a mudança deve aumentar proporcionalmente". Ao não alcançar a espontaneidade necessária, "um desequilíbrio se manifestará e encontrará sua expressão máxima em seus relacionamentos interpessoais e entre seus papéis". Uma característica desses desequilíbrios, observa o psiquiatra, é que "eles têm efeitos recíprocos", isto é, "tiram o equilíbrio de outras pessoas ao mesmo tempo". Por outro lado, diz ele, quanto maior a gama de desequilíbrios, "maior a necessidade de catarse" (*ibidem*, p. 223-24).

Voltando ao conceito de catarse, Moreno observa que, em termos práticos, "não existe esfera do universo imaginável, seja física, mental, social ou cultural, da qual não possa surgir, em algum momento, alguma causa de desequilíbrio na vida de uma pessoa". Portanto, comenta, "o homem tem procurado constantemente dispositivos que lhe permitam alcançar ou aumentar seu equilíbrio", acrescentando, por um lado, que um dos meios mais poderosos que podem produzir esse efeito "é a catarse mental" e, por outro, que uma resposta foi encontrada "em uma das mais antigas invenções da mente criativa do homem – o drama" (*ibidem*, p. 228-29).

É importante notar que, apesar de dedicar grande atenção à catarse como condição indispensável do processo terapêutico, Moreno nunca menciona o conceito de "catarse de integração", que aparecerá apenas em 1949, no texto *The Spontaneity Theory of Learning* [A teoria da espontaneidade da aprendizagem]. No artigo introdutório do livro coletivo *Psychodrama and Sociodrama in American Education* [Psicodrama e sociodrama na educação estadunidense], diz o psiquiatra:

> A inter-relação dinâmica de todos os tipos de aprendizado destaca
> um conceito que até agora era relegado a uma especialidade, apenas
> a psicoterapia; o da catarse mental. A catarse mental é definida aqui

Moreno, o mestre

como um processo que acompanha todos os tipos de aprendizado, não apenas a descoberta da resolução de conflitos, mas também a compreensão de si mesmo, não apenas a libertação e o alívio, mas também o equilíbrio e a paz. Não é uma catarse de abreação, mas uma catarse de integração. (Moreno, 1949a, p. 7)

O que Moreno aborda nesse artigo de julho de 1940 sobre catarse mental e psicodrama são dois fenômenos que ele chama de "redução e expansão no cenário psicodramático". Depois de comentar que uma das características problemáticas das relações humanas "é a qualidade da imprecisão" (*"looseness"*), ele observa que, ao estudar os átomos culturais dos indivíduos, "encontramos mais frequentemente dois grupos de pessoas em particular". No primeiro, as demandas impostas a eles pelos papéis e relações de papéis do grupo em que vivem "são tão maiores do que seus recursos ou interesses, que eles prefeririam se possível ser transferidos para uma sociedade cujo desenho seja mais simples", isto é, em que o número de seus papéis seja reduzido. Já o outro grupo quer desenvolver e desempenhar "muito mais papéis do que o modelo de sociedade em que vive pode permitir", ou seja, prefeririam uma expansão, não uma redução, "um enriquecimento do desenho, não uma simplificação". Entre esses dois extremos, comenta Moreno, estão os grupos de pessoas que "prefeririam uma redução de algumas fases da vida, mas uma expansão em outras" (Moreno, 1940, p. 230).

Recorrendo mais uma vez ao exemplo do mosteiro, Moreno afirma que o átomo cultural de um monge, comparado ao que ele tinha quando morava no exterior, apresenta uma mudança drástica, reduzindo seus papéis a um mínimo. Quanto maior o número de papéis em que um indivíduo atua em qualquer sociedade, diz ele, "maior o número de conflitos nos quais ele pode se envolver". E considerando que "a comunidade monástica oferece ao recém-chegado uma cultura de desenho o mais simples possível", Moreno conclui que, com a redução do número de papéis, "o desequilíbrio que surge do sofrimento também é reduzido – catarse por redução" (*ibidem*, p. 230-31).

A situação psicodramática, "baseada em uma filosofia diferente e com objetivos diferentes", compara o psiquiatra, "usou um ponto de vista semelhante de uma maneira moderna", isto é, "tira o paciente do

263

Sérgio Guimarães

mundo em que vive e o coloca no centro de um *novo* mundo", o cenário dramático, "equipado com todos os dispositivos que podem lançá-lo em um novo modelo de sociedade", ou seja, uma sociedade em miniatura, na qual "a vida é diferente e muito mais fácil". Além de ilustrar um exemplo de redução de papéis com "o caso de uma mulher que sofria de uma forma progressiva de psicose maníaco-depressiva", Moreno também apresenta um exemplo de expansão, o caso de um paciente cujo comportamento mostrava a presença de muitos papéis: "No café da manhã ele afirmou ser aviador; no almoço, disse que era membro da casa real britânica; passou a tarde como *cowboy* e, à mesa do jantar, era cidadão chinês". O que o psiquiatra comenta é que, como esses papéis eram de curta duração, o paciente "poderia vivê-los em uma sessão de duas horas no teatro e obter satisfação com o desempenho de todos eles". Além disso, conclui: "Para aqueles papéis e relacionamentos totalmente alucinatórios, o cenário psicodramático era, de fato, o único veículo possível" (*ibidem*, p. 233).

Além de considerar os vários tipos de catarse – pessoal e interpessoal, a do espectador e a do grupo –, Moreno também observa que as reações dos espectadores podem formar a base de tratamentos psicodramáticos individuais. Com isso, "o conceito de catarse aristotélica atinge seu culminar lógico e legítimo" (*ibidem*, p. 239). Por outro lado, comenta:

O aspecto terapêutico do psicodrama não pode ser separado de seu aspecto estético, nem, em última análise, de seu caráter ético. O que o drama estético fez por deidades como Dionísio, Brahma e Jeová e por personagens representativos como Hamlet, Macbeth ou Édipo o psicodrama pode fazer por cada homem. No teatro terapêutico, um homem anônimo, de tamanho mediano, se torna algo como uma obra de arte – não apenas para os outros, mas para si mesmo. Uma existência minúscula e insignificante é aqui elevada a um nível de dignidade e respeito. Seus problemas particulares são projetados em um alto nível de ação diante de uma audiência especial – um mundo pequeno, talvez, mas o mundo do teatro terapêutico. O mundo em que vivemos é imperfeito, injusto e amoral, mas no teatro terapêutico uma pessoa pequena pode se elevar acima do nosso mundo cotidiano. Aqui o seu ego se torna um protótipo estético – se torna um representante da humanidade. No palco psicodramático, ele se coloca em um estado de inspiração – é o dramaturgo de si mesmo. (*Ibidem*, p. 240)

Na conclusão de seu artigo sobre catarse mental, Moreno expõe outro conceito fundamental para a compreensão de suas ideias e ações: o conceito de papel. Comentando que cada indivíduo tem "uma série de papéis em que ele se vê e enfrenta uma série de papéis contrários nos quais ele vê outros ao seu redor", o psiquiatra explica que "os aspectos tangíveis do que se conhece como 'ego' são os papéis em que ele opera" (*ibidem*, p. 243).

Em seus "comentários terminológicos" adicionados ao final do artigo, Moreno lança novas luzes sobre seu próprio método, definindo o psicodrama como "uma forma de drama em que as tramas, situações e papéis – sejam reais ou simbólicos – refletem os problemas reais das pessoas que atuam e não são obra de um dramaturgo". Por outro lado, acrescenta, verificou-se que "o procedimento psicodramático é acompanhado por formas profundas de catarse mental" e que, em sua concepção original, o psicodrama "é realizado em um ambiente quase teatral, com palco e público selecionado".

Além disso, ele observa que "o psicodrama, no sentido mais amplo em que a palavra é usada hoje, é uma abordagem exploratória das formas de drama conservadas e improvisadas, reavaliadas com base em conceitos psicodramáticos". Em seguida, Moreno confirma o desenvolvimento de seu método "a partir do jogo *impromptu* [improvisado]", afirmando que de 1911 a 1930 ele estava "praticamente sozinho no uso desse princípio, pelo menos de forma sistemática", mas que "nos últimos anos o número de educadores e psiquiatras que usam esse princípio tem aumentado".

Por fim, esclarecendo o motivo de ter adotado o termo *psicodrama*, Moreno afirma:

Quando comecei a usar o princípio do jogo *impromptu* com adultos, aplicado a seus problemas reais e íntimos, a realidade das situações, a seriedade dos participantes e as consequências implícitas para eles no procedimento eram tão grandes que a sugestão de que eles estavam jogando um jogo foi abandonada; a palavra "drama" parecia muito

Sérgio Guimarães

mais próxima das experiências factuais. Mas a palavra "drama" ainda parecia implicar um produto poético e fictício, e é por isso que o prefixo de qualificação "psico" foi adicionado. (Moreno, 1940a, p. 242-43)

Concluindo: com essa série de quatro artigos, e seguindo sua tendência a praticar, refletir, formular e reformular ideias continuamente com base em sua própria espontaneidade criativa, Moreno chega ao início dos anos 1940 com os recursos necessários para a consolidação de seu método em território norte-americano, ou seja, dispondo sobretudo de um sanatório com seus pacientes e seu teatro de psicodrama; de um conjunto de teorias e técnicas mutuamente reforçadas e em constante criação e aprimoramento; e de *Sociometry*, a revista dedicada "às relações interpessoais" e à disseminação de novas experiências psicodramáticas e sociométricas, suas e de outros.

Como ele mesmo afirma na terceira pessoa, ao comparar a evolução de sua carreira com a de Freud, já mencionada no Capítulo 7, "em 1940, quando Moreno tinha 50 anos, também foi formulada a orientação básica de seu trabalho" (Moreno, 1967, p. 51). O que ainda faltava para o desenvolvimento do método psicodramático finalmente aparece a partir de agosto de 1941, com a entrada de uma jovem de 24 anos, estilista de moda, nascida na Holanda e educada na Grã-Bretanha.

16. Os Moreno e a sistematização do método psicodramático

Foi durante o período do New Deal, quando Washington estava cheia de ideias para a melhoria social. Roosevelt tinha uma mente aberta para qualquer coisa que pudesse ajudar o povo dos EUA em um momento de crise. A tentativa da tecnocracia de salvar o país do desemprego havia fracassado. O momento psicológico da sociometria havia chegado. Tornou-se um tópico de debate em muitos círculos governamentais. (Moreno, 1953, p. LXV-LXVI)

Segundo o que Moreno continua contando nos *Prelúdios* da segunda edição de *Who shall survive?*, um pastor da Igreja Episcopal, visitante assíduo da escola de meninas de Hudson, decidiu fazer um sermão de domingo sobre a sociometria, depois de ter lido sua primeira edição. "O Presidente Roosevelt, que estava na igreja naquela manhã, se interessou", diz o médico, também narrando a reunião que tiveram no domingo seguinte:

O presidente sentou-se na primeira fila dos bancos; sentei-me na última e, quando a cerimônia religiosa terminou, o sr. Roosevelt teve de passar pelo meu lugar. De repente, ele parou e disse: "Olá, dr. Moreno", como se me conhecesse. Ele me convidou para o carro dele; no colo, ele tinha um exemplar de *Who shall survive?* Ele abriu e apontou para um dos sociogramas. "Isso parece uma sociologia progressista", disse ele, e acrescentou pensativamente, "se eu não tivesse seguido meu curso atual, esse é o tipo de coisa que eu gostaria de fazer". Além disso, declarou: "Quando voltar a Washington, verei onde suas ideias podem ser usadas". (Moreno, 1953, p. LXVI)

Sérgio Guimarães

Moreno não menciona a data do encontro, mas seu filho Jonathan confirma como acontecido em 1934, acrescentando que Roosevelt manteve sua palavra e que, no ano seguinte, cientistas sociais do Departamento de Agricultura para a Administração de Reassentamento dos Estados Unidos "aplicaram as ideias de J. L. sobre a organização sociométrica a projetos habitacionais para famílias devastadas pela depressão e pela seca, nas comunidades agrícolas do Centro-Oeste" (Moreno, 2014, p. 133-34). De fato, em "Sociometric planning of a new community" [Planejamento sociométrico de uma nova comunidade], um artigo publicado na primeira edição da *Sociometry*, Shepard Wolman apresenta seu relatório sobre o vilarejo de Centerville, planejado para acomodar "cerca de 250 trabalhadores e suas famílias" (Wolman, 1937, p. 220). Wolman comenta que foi uma das muitas comunidades criadas nos arredores das áreas urbanas para abrigar famílias de baixa renda e para que conseguissem complementá-las com atividades agrícolas.

Quanto ao New Deal, a *Britannica* relata que, com esse programa implementado entre 1933 e 1939, o presidente Franklin D. Roosevelt "tomou medidas para obter alívio econômico imediato, bem como reformas na indústria, na agricultura, nas finanças, na energia hidráulica, no trabalho e na habitação, aumentando consideravelmente o escopo das atividades do governo federal". Segundo a enciclopédia, foi uma "resposta à ineficácia da administração do presidente Herbert Hoover em mitigar os estragos da Grande Depressão", observando também que "em oposição à filosofia política tradicional do *laissez-faire*", esse programa "adotou o conceito de economia regulada pelo governo com o objetivo de alcançar um equilíbrio entre interesses econômicos conflitantes" (Verbete: New Deal, 2016).

Como comenta o historiador McElvaine, no entanto, grande parte da pesquisa histórica na era Roosevelt girava em torno da questão de haver ou não "dois *new deals* ideologicamente diferentes", um de 1933 a princípios de 1935, e outro a partir de 1935 (McElvaine, 1993, p. 261). Depois de examinar as posições de vários historiadores com argumentos opostos, McElvaine considera que "aqueles que sustentam que não houve grande mudança filosófica em 1935 estão em terra firme", opinando que o presidente não era filósofo nem economista, mas político: "Roosevelt foi simplesmente na mesma direção que a maioria das pessoas naquela época estava indo – para a esquerda, em direção a valores humanitários, de cooperação" (*ibidem*, p. 262-63).

Um dos pontos que mais atrai a atenção de McElvaine no governo Roosevelt, a partir de 1935, é a experiência de alocar fundos federais em apoio às artes. Ele observa que o presidente americano acreditava que "música, arte e teatro eram essenciais para uma vida boa" e que "como parte de sua tentativa geral de democratizar a vida estadunidense, Roosevelt queria que a cultura estivesse disponível para as massas". Entre os quatro programas criados nessa área, estava o Federal Theatre Project, que tinha como um de seus objetivos "o uso do drama para conscientizar o público sobre os problemas sociais", além de "estimular e fomentar talentos que permaneceram importantes por décadas após o desaparecimento do programa", como Orson Welles, Arthur Miller e Burt Lancaster, menciona McElvaine (*ibidem*, p. 272).

Segundo esse historiador, as inovações mais notáveis do programa foram os "jornais vivos", ou seja, "peças de teatro na nova forma de documentários que se posicionavam sobre os temas do dia, forneciam informações sobre eles e defendiam uma linha de ação". McElvaine não menciona Moreno, mas há evidências suficientes de experiências aparentemente semelhantes, feitas pelo psiquiatra inicialmente em Viena de 1922 a 1925 e depois em Nova York a partir de 1930. Em sua autobiografia, o próprio Moreno comenta que:

> William Bridge e eu tivemos um programa "Jornal Vivo" que foi transmitido na rádio WOR. Contratamos o Guild Theatre na Broadway para apresentar o "Jornal Vivo" para um público maior. Naquela época, muitos atores estavam desempregados. Orson Welles participou do "Jornal Vivo" em 1933. [...] Ele também se tornou famoso pelo programa de rádio que seu grupo Mercury Theatre veiculou em 1937, sobre uma invasão de Marte. O realismo da invasão marciana veio diretamente, penso eu, de sua experiência com o "Jornal Vivo". (Moreno, 1974, Cap. 8, p. 41)

O que John Casson afirma em seu artigo "Living Newspaper: theatre and therapy" [Jornal Vivo: teatro e terapia], no entanto, é que os "jornais vivos" do projeto federal não foram improvisados, mas

Sérgio Guimarães

escritos previamente (Living Newspaper, 2016). De fato, o próprio Moreno chegou a criticar, já em 1943, em seu artigo "The concept of sociodrama" [O conceito de sociodrama] tanto o programa de rádio *The March of Time* [A marcha do tempo] quanto os "jornais vivos" financiados pelo governo Roosevelt, considerando que ambos "se desviaram do meu conceito original" (Moreno, 1943, p. 442).

Seja como for, McElvaine relata que, "em sua breve história", as realizações do Federal Theatre Project (PFT) "são impressionantes". Além de "seus esforços notáveis" no teatro legítimo, o projeto permitiu a montagem de dramas radiofônicos, teatro infantil, fantoches e circos: "Em menos de quatro anos, aproximadamente 30 milhões de pessoas assistiram a produções da PFT". No entanto, o historiador observa, como resultado das críticas de políticos conservadores no Congresso dos EUA – "de que a PFT 'servia como um ramo de uma organização comunista'" –, que no novo orçamento de 1939 os fundos para o projeto foram cortados. Os outros projetos artísticos, ele acrescenta, continuaram até 1943 (McElvaine, 1993, p. 273-74).

Em contrapartida, apesar dos avanços proporcionados pelos programas sociais, incluindo a criação do Sistema de Seguridade Social, McElvaine comenta que Roosevelt não conseguiu "curar a Depressão". Segundo ele, em 1939, uma década após o *Crash*, 9,4 milhões de americanos permaneciam desempregados, ou seja, "17,2% da força de trabalho". É verdade que teremos de esperar até o fim de 1943, diz o historiador, para que o presidente dos Estados Unidos afirme que "o 'dr. New Deal' foi substituído pelo 'dr. Ganhe a Guerra'", mas "seis anos antes, já estava claro que o ex-médico ficara sem fazer medicina curativa" (*ibidem*, p. 310).

Referindo-se à "atmosfera fermentadora" do programa, na qual "muitos experimentos sociais floresceram", Kennedy observa que nem todos foram bem-sucedidos, mas "todos compartilhavam o objetivo comum de construir um país cujos benefícios básicos e prerrogativas não excluíssem ninguém". A propósito, o historiador cita o livro *The Roosevelt I knew* [Os Roosevelt que conheci], da primeira mulher nomeada para o governo dos Estados Unidos, Frances Perkins (1946, p. 113), a quem Roosevelt declarou: "Vamos fazer um país em que ninguém fique de fora" (Kennedy, 1999, p. 378).

Moreno, o mestre

Nesse sentido, a semelhança entre a visão social do presidente norte-americano e a de Moreno com seus experimentos inovadores parece clara, levando-se em conta os objetivos expressos tanto em sua obra-prima de 1934 quanto em seu novo teatro inaugurado em 1937. De um lado, foi sua afirmação de que "um verdadeiro procedimento terapêutico não pode ter outro propósito senão a humanidade como um todo" (Moreno, 1934, p. 3). De outro, como ele deixou registrado em seu ensaio apresentando o novo método, sua declaração foi absolutamente inclusiva, segundo a qual "o que o drama estético fez por deidades como Dionísio, Brahma e Jeová e por personagens representativos como Hamlet, Macbeth ou Édipo o psicodrama pode fazer por todo homem" (Moreno, 1940, p. 240).

Outro aspecto que pode ilustrar a aproximação entre os valores praticados na época de Roosevelt e as ideias de Moreno é apontado por McElvaine, considerando que, durante a Depressão, os Estados Unidos adotaram valores orientados para a comunidade, "simplesmente porque tantos precisavam", ou seja:

> Com até um quarto da força de trabalho desempregada, uma porcentagem ainda maior da população (quando os dependentes são incluídos) sem uma fonte regular de renda, e ainda mais com o medo constante de que pudessem estar perto de perder o emprego, a maioria das pessoas percebeu que enfrentava uma dificuldade comum. As pessoas ficaram muito menos dispostas a "agir sozinhas" sem pensar nas consequências para os outros. Elas se tornaram menos egoístas e mais compassivas. (McElvaine, 1993, p. 338)

Em última análise, complementa Kennedy, Franklin Roosevelt conseguiu "reparar os males da Depressão por meio de experimentos fundamentados no âmbito do sistema social existente". Além disso, acrescenta, ele conseguiu evitar "um confronto aberto entre a ortodoxia e a revolução", concluindo que "o valor inestimável dessa conquista, sem dúvida, tanto quanto as colunas de números que registravam receita e produção nacional, deve ser considerado em qualquer contabilidade final do que o New Deal fez" (Kennedy, 1999, p. 380).

271

Sérgio Guimarães

***

Quando Celine Zerka Toeman conheceu J. L. Moreno no verão de 1941, foi o início da associação de maior sucesso na história da psiquiatria. Ela era uma recém-emigrada de 24 anos, que viajara para o Sanatório Beacon na esperança de encontrar um tratamento que devolvesse sua irmã, a quem havia resgatado da Europa nazista, à sanidade. Pelo que os dois dizem, o encontro deles foi histórico. (Buchanan, 2006, p. XIV)

É nesses termos que o estadunidense Dale Richard Buchanan, ex-diretor de terapias clínicas do Hospital St. Elizabeths, qualifica o início de um processo colaborativo que nem a morte de Moreno, em maio de 1974, conseguiu interromper. Em seu prefácio de *The quintessential Zerka* [Zerka fundamental], um livro que reúne todo o material escrito por ela durante 60 anos (1944-2004), Buchanan informa que, após um período de viagens a Beacon "para treinamentos de fim de semana", Zerka começou a trabalhar como secretária de Moreno, "traduzindo seu alemão-inglês para inglês fluente" (Buchanan, 2006, p. IIV).

O que Pitzele conta é que Zerka Toeman se tornou funcionária do sanatório em 1942 e que parte importante de seu trabalho era estar presente no teatro e tomar notas: "Pela primeira vez, Moreno tinha uma assistente que conseguia escrever em taquigrafia". Além disso, comenta, as transcrições das sessões realizadas anteriormente por vários participantes se limitaram a diálogos, com descrições apenas "ocasionais e fragmentárias" das ações no palco. Foi "uma omissão inexplicável" nos registros de uma modalidade que tinha "a ação como primeiro princípio", observa Pitzele, observando que, com a colaboração de Zerka e a constatação de que "faltava uma dimensão essencial", o que ocorreu nos psicodramas "tornou-se mais compreensível para os leitores" (Pitzele, 1979, p. 59).

De acordo com Buchanan, o papel de Toeman evoluiu, de um lado, de secretária para a de editora de Moreno e, de outro, "ela começou a desafiá-lo a aprofundar e colocar suas ideias visionárias em aplicações práticas que poderiam ser claramente comunicadas a outras pessoas". Ou seja, opina o terapeuta com algum exagero, "trouxe

Moreno, o mestre

ordem ao caos de seus escritos, proporcionando uma disciplina e uma organização que tinham feito muita falta". Ela começou a acompanhá-lo nos treinamentos, "especializou-se na dupla função", relata Buchanan, e "tornou-se seu ego-auxiliar favorito nas demonstrações psicodramáticas" (Buchanan, 2006, p. XIV).

Um ano após o encontro em Beacon, a *Sociometry* publica "The group approach in psychodrama" [A abordagem de grupo no psicodrama], o primeiro artigo da dupla Moreno-Toeman, propondo uma classificação dos métodos existentes em psicoterapia em três categorias: (a) *O método do monólogo ou autoterapêutico*, no qual "o 'outro companheiro' (um médico ou qualquer pessoa) não é necessário", com "ilustrações históricas convincentes em Buda, estilistas e outros tipos de solitários que obtinham sua catarse mental isoladamente"; (b) *O método do diálogo ou díade*: "A esse grupo pertencem a sessão hipnótica, a terapia de sugestão, a psicanálise e qualquer tipo de tratamento em que o médico ou curador se encontre apenas com uma pessoa"; e (c) *O método dramático ou de grupo*: aparece o psicodrama, "uma contrapartida, na terapêutica" do drama como categoria estética. Na situação dramática, por um lado, "não há limite para o número de pessoas que podem participar das ações"; por outro, "assim como o diálogo pode ocasionalmente conter um monólogo, o drama contém monólogos, diálogos, tanto o lírico quanto o épico, o histórico e o presente". Ou seja, os dois autores afirmam que o psicodrama "é tridimensional, representa uma realidade que é maior e mais inclusiva do que o monólogo ou o diálogo" (Moreno e Toeman, 1942, p. 191).

É nesse período que ocorrem vários eventos que começam a contribuir para a consolidação das obras de Moreno nos Estados Unidos: a abertura do teatro de psicodrama no hospital St. Elizabeths e a editora "Beacon House", em 1941; o primeiro encontro da Sociedade Americana de Psicoterapia de Grupo e Psicodrama, e a inauguração do teatro de psicodrama e do instituto sociométrico na cidade de Nova York, em 1942.

Também é importante notar, sobretudo dada a tendência ainda dominante de considerar o psicodrama em sua dimensão exclusivamente terapêutica, que já em 1940 Moreno publica o artigo "A frame of reference for testing the social investigator" [Um quadro de referên-

Sérgio Guimarães

cia para testar o pesquisador social] (Moreno, 1940b) e no ano seguinte saía "The function of the social investigator in experimental psychodrama" [A função do pesquisador social no psicodrama experimental]. Nos dois textos, o autor discute aspectos específicos do psicodrama experimental como uma nova modalidade usada pela primeira vez em situações experimentais "no âmbito das ciências sociais" (Moreno e Dunkin, 1941, p. 392).

***

Em 1944, Zerka Toeman publicou seu primeiro artigo sem participação de Moreno, sempre em *Sociometry*. Dessa vez, é "Role analysis and audience structure" [Análise de papéis e estrutura do público], que mais tarde aparece também em seu *The quintessential Zerka*, precedido por comentários reveladores:

> O tempo de guerra era o meu mundo quando escrevi este artigo. [...] O hospital em Beacon foi profundamente afetado. A equipe foi engolida. O secretário de Moreno, Joe, tornou-se um soldado. Havia escassez de enfermeiros e auxiliares, quando iam para o front ou para trabalhar nas fábricas. Fizemos tudo que pudemos para sair da bagunça. Lembro-me de um paciente jovem e eu abrindo um caminho na neve da estrada para a casa, para que os visitantes do domingo pudessem subir a colina.
>
> As parcerias com os militares, apesar de infelizes no sentido global, foram importantes para nós porque o psicodrama, a sociometria e a psicoterapia de grupo se tornaram mais conhecidas. Naquela época, usavam a psicoterapia de grupo com os soldados no Saint Elizabeths, porque não podiam tratar milhares de soldados individualmente. (Moreno, 2006, p. 3)

Como observado em uma nota dos editores do livro de Toeman, o dr. Winfred Overholsen, professor de Psiquiatria da universidade George Washington e, em seguida, superintendente desse hospital, efetivamente abre seu prólogo ao livro *Group psychotherapy − A symposium* [Psicoterapia de grupo − Um simpósio] afirmando:

Duas correntes de pensamento, que convergem agora e aqui, tornam mais lógico o interesse intensificado na aplicação de métodos psicoterapêuticos no e dentro do grupo; um é o reconhecimento [...] de que o comportamento é o resultado da resposta do organismo-como-um-todo às influências ambientais, entre as quais as pessoas são as mais importantes; o outro é o fato, demonstrado com muita dificuldade durante a guerra recente, de que a oferta de psiquiatras é muito menor do que a demanda. Portanto, se considerarmos as necessidades da situação, seja teoricamente, interpretando a psiquiatria como principalmente o tratar das relações interpessoais, seja praticamente, reconhecendo o fato de que devemos multiplicar o número de psiquiatras ou dividir sua aplicabilidade através do tratamento de vários pacientes ao mesmo tempo, somos inevitavelmente obrigados a reconhecer a necessidade e o valor da psicoterapia de grupo. (Overholser, 1945, p. 13)

Também é apropriado observar o comentário final feito por Overholser nesse prefácio, segundo o qual "as possibilidades do psicodrama como método de ensino ainda começam a ser exploradas e as potencialidades do tratamento da psicoterapia de grupo estão longe de serem totalmente exploradas" (*ibidem*, p .14).

Com relação ao seu primeiro artigo escrito sozinho, Toeman informa que durante a guerra "continuamos a ter sessões abertas em Nova York duas vezes por semana" e que foi lá que ela realizou a pesquisa relatada no texto "Role analysis and audience structure". O tema foi inspirado no caso de "um jovem cliente cujo namorado estava sendo puxado em duas direções – entre o casamento e a família, e a carreira militar". Ela comenta que, depois da sessão, Moreno sugeriu: "Por que você não escreve um artigo sobre isso? Por que não fazer uma pesquisa?" E acrescenta:

Foi a primeira vez que ele sugeriu que eu escrevesse algo por conta própria, embora não tenha ficado surpresa que tenha feito isso. Afinal, estávamos construindo um sistema. Quanto mais explorássemos e escrevêssemos, melhor. Moreno via os jovens como quem eles poderiam se tornar. Por isso ele nos encorajava a escrever os experimentos, as ideias – tudo. Havia muito a dizer, e ele não conseguia fazer

Sérgio Guimarães

tudo, e acreditava em nós. Dou crédito a Moreno por ter me dado. (Moreno, 2006, p. 4)

Três dos primeiros artigos escritos por Toeman têm como característica comum a pesquisa sobre reações do público. Esses estudos permitirão novas mudanças em partes importantes do método psicodramático, como no caso do compartilhamento (*"sharing"*):

> Os testes do público e o intercâmbio pessoal, como a maioria de nós faz hoje em dia como a última fase do psicodrama, se desenvolveram simultaneamente. Uma vez que descobrimos que as pessoas estavam dispostas a se abrir sociodramaticamente, nós a tornamos pessoal. Nas sessões abertas, os psicanalistas ficaram maravilhados com o compartilhamento. Claro, no momento isso não era feito. Moreno observou que os pacientes ficavam confusos com as interpretações de profissionais de várias orientações. Quando estavam desapaixonados diante de um paciente jovem, Moreno ficou chateado e perguntou a um dos psiquiatras: "Você tem filhos? Qual é o seu relacionamento com sua filha? Aqui compartilhamos nossos corações, não nossos cérebros". A visão de Moreno tinha uma abordagem global que muitas pessoas ainda não conseguiamm perceber – o psicodrama é superficial se não incluir uma visão do mundo da pessoa. (Moreno, 1945, p. 22)

Desde então, a terceira etapa de uma sessão psicodramática, conhecida como *sharing*, passou a ser entendida como o período em que os participantes conversam sobre si mesmos, compartilhando com o protagonista seus sentimentos ou algumas de suas experiências vividas, sem comentários críticos ou analíticos. Segundo Zerka, "o 'compartilhar' às vezes pode ser de natureza não verbal", observando que "um silêncio cheio de emoção é frequentemente a maneira mais apropriada de compartilhar com um protagonista" (Moreno, 2006, p. 109).

***

A partir de 1941, não há dúvida de que a participação de Zerka Toeman na vida de Moreno foi decisiva para o desenvolvimento do método psicodramático. Outras pessoas, no entanto, também tiveram um papel importante nesse período, permitindo ao psiquiatra progredir ainda mais conceitualmente. É o caso, por exemplo, de Florence Bridge, que de 1938 a 1949 também usou o sobrenome Moreno. "Era uma excelente pesquisadora e publicou vários artigos em nossas revistas", diz ele sobre sua segunda esposa e mãe de sua primeira filha, Regina. De fato, em 1944, aparece a "Spontaneity theory of child development" [Teoria da espontaneidade do desenvolvimento infantil], assinada por ambos. Nesse texto, os autores expõem pelo menos um novo conceito – a "matriz identitária" – e aprofundam o conceito de papel e seus três tipos (psicossomático, social e psicodramático), como "os precursores do ego" (Moreno e Moreno, 1944, p. 119).

Os Moreno começam afirmando que "são necessárias uma teoria da personalidade e, sobretudo, uma teoria do desenvolvimento infantil" diferente das formuladas até então. Um dos aspectos que eles consideram "negligenciados na descrição do desenvolvimento do bebê humano" é, por exemplo, a pesquisa mais aprofundada de termos como "meio ambiente, situação ou campo", já que "a parte mais importante, dentre os ambientes ou campos, são os organismos individuais em interação". Insistem que é "importante saber *como* esses organismos interagem, e particularmente como o bebê humano interage com outros organismos individuais" e, por isso, retornam à situação do nascimento "como um estágio primário do processo de temperamento para os estados espontâneos" (*ibidem*, p. 89-91). Segundo eles, o bebê "está entrando em um mundo complicado e perigoso muito antes de seu corpo estar preparado para atender suas urgências". Portanto, afirmam, "a quantidade de ajuda necessária para sobreviver deve ser muito maior e mais prolongada do que qualquer outro bebê da classe dos primatas" (*ibidem*, p. 91). Daí o papel do ego-auxiliar geralmente assumido pela mãe, em um período da vida em que "o 'eu' e o 'você' ainda não emergiram" (*ibidem*, p. 102).

"Esse co-ser, essa co-ação e essa co-experiência" – que, na fase primária, explicam os autores, são exemplos do relacionamento do bebê com as pessoas e as coisas que o cercam – "são características da *matriz de identidade*", que "assenta as bases para o primeiro processo de aprendizado emocional da criança". No entanto, ponderam, o bebê terá de passar por vários estágios de desenvolvimento, "que se sobrepõem e geralmente funcionam ao par":

Sérgio Guimarães

O primeiro estágio é o da outra pessoa fazendo parte do bebê com toda formalidade, isto é, total-identidade espontânea, completa. O segundo estágio é o do bebê focando a atenção na parte estranha dele. O terceiro estágio é o de a criança separar a outra parte da continuidade da experiência e deixar todas as outras partes de fora, inclusive ele próprio. O quarto estágio é o de o bebê se colocar ativamente na outra parte e desempenhar seu papel. O quinto estágio é o do bebê atuando no papel do outro em relação a outra pessoa, que por sua vez atua em seu papel. Com essa etapa, o ato de inversão de identidade é concluído. (*Ibidem*, p. 103-04)

Para os autores, esses cinco estágios "representam a base psicológica de todos os processos de papéis e de fenômenos como imitação, identificação, projeção e transferência". Além disso, acrescentam, os dois últimos estágios do investimento não ocorrem nos primeiros meses de vida da criança, mas "um dia a criança inverterá a imagem assumindo o papel de quem lhe dá comida, de quem a faz dormir, de quem a carrega e o leva para passear". Com isso, afirma Moreno, temos duas fases da matriz identitária: "Primeiro, a fase de identidade ou unidade, como no ato de comer; e, segundo, a fase de uso dessa experiência para inversão de identidade" (*ibidem*, p. 104).

Para a criança, a matriz de identidade é sua "placenta social", ou seja, "o 'locus' em que está enraizada", o que lhe confere "segurança, orientação e guia". É, segundo Moreno, o *primeiro* universo, "que termina quando a experiência infantil de um mundo em que tudo é real começa a se dividir entre fantasia e realidade" (*ibidem*, p. 106). Embora a lacuna não existisse, "todos os componentes reais e fantásticos foram fundidos em um conjunto de papéis, os papéis *psicossomáticos*". Com o início do "segundo" universo, afirmam, dois novos tipos de papéis emergem na vida da criança, ou seja, "formas de jogos de papel que correlacionam a criança a pessoas, coisas e objetivos em um ambiente real fora dele, e a pessoas, objetos e objetivos que ele imagina estarem fora dele". Respectivamente, são os *papéis sociais* ("mãe, pai") e os *papéis psicodramáticos* ("o deus") (*ibidem*, p. 115).

***

Moreno, o mestre

O constante movimento feito por Moreno, de retorno a ideias e conceitos para acrescentar a eles novos conteúdos em seus diferentes textos, é sem dúvida uma das características básicas de seu estilo de criação. Mais do que um traço de caráter intelectual e literário, corresponde ao seu próprio modo de viver, pensar e agir, baseado em seus próprios princípios de criatividade e espontaneidade. Um exemplo claro dessa dinâmica é o artigo "The concept of sociodrama: a new approach to the problem of inter-cultural relations" [O conceito de sociodrama: um novo enfoque ao problema das relações interculturais], publicado em 1943. Nesse texto, o psiquiatra retoma o conceito de papel, por exemplo:

> Pode ser útil diferenciar entre a *tomada de papéis* [*role-taking*] que é a obtenção de um papel finalizado e totalmente estabelecido, que não permita ao indivíduo nenhuma variação, nenhum grau de liberdade – interpretação de papéis [*role-playing*], que permite ao indivíduo certo grau de liberdade – e criação de papéis [*role-creating*], que permite ao indivíduo um alto grau de liberdade, como, por exemplo, o ator da espontaneidade [*spontaneity player*]. Um papel, como definido neste texto, consiste em duas partes, seu denominador coletivo e seu diferencial individual. (Moreno, 1943, p. 438)

A importância desse artigo, no entanto, reside menos em seu esclarecimento sobre o papel do que no fato de ser a primeira apresentação escrita do conceito de sociodrama, modalidade tão fundamental para o sistema moreniano quanto o chamado psicodrama. O texto resume uma série de palestras que o psiquiatra fez durante o ano de 1943 nas universidades de Chicago e Detroit e em seu novo Instituto Sociométrico em Nova York.

Voltando ao conceito observado por Aristóteles, como "um fenômeno psicológico nos espectadores que assistiram ao drama grego", Moreno comenta que "esse processo terapêutico – a catarse – não ocorreu no consultório médico", mas "no *grupo*, nos espaços *abertos* do anfiteatro" (*ibidem*, p. 434). Além disso, chama a atenção para a facilidade com que, em um psicodrama, por exemplo, alguém totalmente desconhecido pode entrar como ego-auxiliar em um papel que o pro-

Sérgio Guimarães

tagonista acreditava ser familiar apenas para ele, afirmando que o fenômeno pode ser facilmente explicado:

Todo indivíduo vive em um mundo que parece totalmente privado e pessoal, e no qual ele assume certo número de papéis privados. Mas os milhões de mundos privados se sobrepõem em grandes partes. As grandes partes que se sobrepõem são realmente elementos coletivos. Apenas as pequenas partes são particulares e pessoais. Assim, todo papel é uma fusão de elementos privados e coletivos. Todo papel tem dois lados, um privado e um coletivo. O mundo ao redor da pessoa pode ser separado como uma cebola. Primeiro, uma camada é removida, depois outra, e continua até que todas as funções privadas tenham sido removidas. Mas, diferentemente do que acontece com a cebola, encontramos um núcleo, um núcleo de papéis. Do ponto de vista desse núcleo, os papéis privados aparecem como um verniz que confere aos papéis coletivos uma coloração individual, de alguma forma diferente em cada caso. É sobre *o* pai, *a* mãe, *o* amante, *o* cavalheiro, *o* soldado, *versus um* pai, *uma* mãe, *um* amante, *um* cavalheiro, *um* soldado. [...] Os papéis que representam ideias e experiências coletivas são chamados de papéis sociodramáticos, e aqueles que representam ideias e experiências individuais, por sua vez, de papéis psicodramáticos. Mas sabemos, com base em nossos próprios experimentos, que essas duas maneiras de desempenhar papéis nunca podem realmente ser separadas. (*Ibidem*, p. 435-36)

Ou seja, Moreno sintetiza, enquanto o psicodrama foi definido como "um método de ação profunda que lida com relacionamentos interpessoais e ideologias privadas", o sociodrama é "um método de ação profunda que lida com relações intergrupais e ideologias coletivas" (*ibidem*, p. 436). De fato, voltando ao assunto três anos depois, no primeiro volume de seu *Psychodrama*, Moreno será ainda mais explícito:

A abordagem grupal no psicodrama lida com problemas "privados", não importa o número de indivíduos que possam constituir o público. Mas assim que os indivíduos são tratados como representantes coletivos dos papéis da comunidade e das relações de papéis, e não

Moreno, o mestre

por seus papéis particulares e por seus relacionamentos particulares, o psicodrama se torna um "sociopsicodrama" ou, mais brevemente, um sociodrama. Este último abriu novos caminhos para a análise e o tratamento de problemas sociais. (Moreno, 1977a, p. 325)

Depois de caracterizar como "bastante sociodramáticos" os "jornais vivos" que ele promoveu desde a época de Viena, Moreno comenta que esse outro método se desenvolveu a partir do procedimento psicodramático fora do contexto "jornalístico", observando que "muitas vezes as pessoas estavam em público sofrendo profundamente de um grande desajuste, mas de natureza coletiva e não privada". Ou seja, "alguém sofre porque é cristão, judeu ou comunista, ou, por exemplo, sofre porque é um homem negro que vive no Harlem, Nova York", acrescentando que, logo após a agitação racial no Harlem, "várias sessões foram dedicadas à sua exploração e tratamento" (*ibidem*, p. 442-43).

Moreno aproveita o exemplo das experiências sobre a problemática racial para insistir que "é inerente ao método que todas as fases do sociodrama, incluindo as etapas preparatórias mais técnicas, se iniciem na situação do grupo e não fora dela" (idem). Além disso, recomenda:

Os sujeitos não devem ser preparados com antecedência quanto ao papel que irão assumir, como atuar ou que situações selecionar e quais deixar de fora. Não devem ser aconselhados sobre como reagir a situações no palco e ninguém deve ser escolhido com antecedência para dar a resposta. Em outras palavras, o procedimento deve ser realizado *sub species momenti* e *sub species loci*, em momento e local determinados. O único fator introduzido na situação e altamente objetivado, testado e testado novamente, é o próprio diretor e sua equipe de egos-auxiliares. A preparação do diretor e da equipe é uma aspiração do trabalho sociodramático. Dá a eles uma abordagem objetiva da situação e autoconfiança. Mas a *espontaneidade* dos sujeitos, dos informantes, bem como dos espectadores, deve ser mantida por todos os meios. Qualquer ensaio com os informantes antes da sessão os transformará em atores e, muitas vezes, em atores ruins. Reduziria a espontaneidade e sinceridade da sessão e facilmente faria um esforço para imitar o teatro. (*Ibidem*, p. 444-45)

Sérgio Guimarães

No entanto, Moreno alerta: "até o diretor está subordinado à situação". Ou seja, "faz parte da estratégia do psico e sociodrama que ele reduza sua influência manifesta às vezes ao mínimo, eliminando-se, deixando a direção para um ou outro membro do grupo" (*ibidem*, p. 445). Quanto às técnicas, Moreno aproveita seu artigo "A case of paranoia treated through psychodrama" [Um caso de paranoia tratado por meio do psicodrama], publicado em 1944, para continuar expondo suas novas propostas. No caso de Mary, uma jovem de 23 anos hospitalizada em Beacon pela família, dada sua insistência em encontrar "um certo John" (Moreno, 1944, p. 312), o psiquiatra aponta para as novas técnicas utilizadas:

1. apresentação coletiva de papéis, em que "Maria retrata *a* mãe, *o* pai, *a* irmã, *o* amante";
2. "psicodrama dos sonhos", em que, após contar verbalmente a um deles, a protagonista "tenta reproduzir a atmosfera onírica no palco", com a ajuda de egos-auxiliares para seus personagens;
3. "psicodrama analítico", no qual "uma hipótese analítica, por exemplo, o complexo de Édipo, é testada no palco, a fim de verificar sua validade";
4. "psicodrama alucinatório", no qual a protagonista "põe à prova seus delírios e alucinações no palco";
5. "hipnodrama", no qual o diretor dá instruções passo a passo à protagonista sobre o que fazer, e ela segue instruções "como se estivesse sob a influência de sugestões hipnóticas" (*ibidem*, p. 324-25).

***

Durante esse tempo, o ar parecia palpável em Beacon, com as ideias de Moreno. Ele era o criador, esperava que outros trabalhassem nos detalhes. Era um papel que naturalmente me tocou, por acreditar tão fortemente em sua visão. Ele me escolheu como sua dupla na maioria das vezes. Para Moreno, a duplicidade era uma forma estabelecida de prática, mas para mim era algo novo. [...] Naquela época eu não estava pensando em mim como diretor de psicodrama. Estávamos lidando com casos tão graves que só Moreno dirigia. Sentir-me uma "profissional do psicodrama" levou muito tempo. Eu só queria ser a melhor assistente possível. Esse período de tempo foi

Moreno, o mestre

uma aventura estimulante. Nunca sabia de um dia para o outro em que mundos eles me pediriam para entrar. (Moreno, 2006, p. 37)

Assim Zerka começa os comentários sobre seu artigo "Clinical psychodrama: auxiliary ego, double, and mirror techniques" [Psicodrama clínico: técnicas auxiliares do ego, do duplo e do espelho] publicado em 1946. Além de ser a primeira referência à modalidade do "psicodrama clínico" na literatura especializada, o texto também marca o início dos relatórios de Toeman com observações detalhadas sobre as técnicas definidas por Moreno, ilustradas por casos concretos em que ela atuou como ego-auxiliar (Toeman, 1946).

Nesse mesmo ano, finalmente aparece o primeiro volume do *Psychodrama*, cujo planejamento Moreno havia começado quatro anos antes. É o que se conclui do arquivo 1600 de Harvard, na seção de textos não publicados. Lá, o médico expõe seus esquemas iniciais para a estruturação do livro, com duas partes distintas: terapia e conceitos. Na primeira, estão listados seis tipos de problemas: "psiquiátricos", "matrimoniais", "adolescentes", "de bebês e crianças", "criminológicos" e "sociais e vocacionais". Quanto aos conceitos, Moreno lista 13 que faltam abordar: "psicodrama", "processo de aquecimento", "espontaneidade", "catarse mental", "papel", "tele", "átomo social", "átomo cultural", "situações típicas da vida", "ego-auxiliar", "o conceito 'interpessoal'", "modelos de psicodrama e cenários (arquitetônicos)" e "psicodrama e sociometria" (Moreno, 1942, p. 1-21).

Nesse primeiro trabalho sobre o assunto, o principal esforço de Moreno foi compilar e editar 40 artigos publicados desde abril de 1919, quando saiu de Viena, na revista *Der Neue Daimon* [O novo daimon], seu primeiro texto em formato de peça teatral, "Die Gottheit als Komödiant" [A divindade como comediante]. De fato, oito textos são do período europeu (sete do livro anônimo *Das Stegreiftheater*, 1923) e, entre os 32 escritos nos Estados Unidos, dez são da revista *Impromptu* (1931), um do livro *Group Method* (1931), um *Who shall survive?* (1934), um da *Sociometric Review* (1936) e a grande maioria (19) da *Sociometry* (1937-1945).

O livro apresentado por Moreno como o primeiro volume de *Psychodrama* está longe de ser o resultado de um trabalho que, em nossos dias,

283

Sérgio Guimarães

se convencionou chamar de "copiar, recortar e colar". Pelo contrário, o que se observa é que cada uma das oito seções recebeu novos textos. Nas duas primeiras – "O berço do psicodrama" e "O teatro terapêutico" – Moreno reescreve a história de suas ações e ideias do período europeu, incluindo a origem da doutrina aristotélica da catarse, os antecedentes do psicodrama e os primeiros tempos do *Stegreiftheater*. Já nas seções três e quatro – "A revolução criativa" e "Princípios da espontaneidade – o autor volta às suas experiências nos Estados Unidos com o teatro *Impromptu* e à teoria da espontaneidade do desenvolvimento infantil elaborada com Florence Bridge, incluindo sua proposta de psicodrama na educação.

A teoria e prática dos papéis são assunto da seção cinco, e o tema central do trabalho – o psicodrama – aparece na seção seis, na qual o conteúdo de seu artigo inicial de 1937 é retomado e aumentado por outros, como (a) o psicodrama experimental, (b) as funções do diretor, do ego-auxiliar e do público, e (c) os modelos arquitetônicos do teatro terapêutico de Viena (1924), de Beacon (1936), de St. Elizabeths (1941) e de Nova York (1942).

Em relação às três últimas seções, Moreno as dedica, respectivamente, à psicomúsica, ao sociodrama e aos filmes terapêuticos, utilizando artigos publicados na *Sociometry* como base. Um exemplo revelador de seu trabalho de revisão editorial e também da perspectiva global permanente de suas criações está precisamente na seção final desse primeiro volume. Voltando a um artigo sobre psicodrama e meios de comunicação de massa publicado em coautoria com John K. Fischel (Moreno e Fischel, 1942), Moreno reformula completamente sua conclusão original, acrescentando novos parágrafos e basicamente afirmando que:

> É aconselhável organizar sessões psicodramáticas que, a partir de uma estação de televisão, sejam transmitidas ao mundo. [...] A psicoterapia de grupo "localizada" terá encontrado uma contrapartida, através da qual milhões de grupos locais podem ser tratados massivamente. Um importante atraso cultural terá chegado ao fim. Recursos tecnológicos como cinema e o rádio foram usados como meio de propaganda por agitadores e políticos inescrupulosos para influenciar a opinião e as atitudes das massas, enquanto não havia freios e contrapesos terapêuticos. [...]

Moreno, o mestre

É aconselhável organizar jornais vivos dramatizados que sejam transmitidos a partir de estações de televisão em todo o mundo. Isso é mais do que o habitual filme fotográfico de eventos, é um instrumento através do qual os gênios criativos vivos deste planeta podem se comunicar direta e instantaneamente com seus semelhantes. (Moreno, 1977a, p. 419-420)

É importante notar que a produção literária de Moreno nem sempre foi publicada. Nesse mesmo ano da primeira edição do *Psychodrama*, por exemplo, o psiquiatra também escreve um pequeno texto que permanece inédito e cujos elementos básicos valem a pena recuperar. Trata-se de "Notes on directorial techniques in psychodrama" [Notas sobre técnicas de direção no psicodrama], de agosto de 1946, no qual Moreno constata o grande número de "técnicas e invenções que foram feitas e são feitas todos os dias em nosso teatros" e a conveniência de fazer "um registro cuidadoso" delas, antes de ser esquecidas por seus inventores". Entre as técnicas de gestão, o psiquiatra apresenta quatro:

1. O *analista não participante e observador* é um complemento ao equipamento do diretor. Ele é uma espécie de notificador para o diretor, uma extensão do ego do diretor na parte analítica de sua tarefa, semelhante aos eus auxiliares, que são uma extensão de si mesmo no lado ativo.

2. O psicodrama *sem diretor*. O diretor como terapeuta central está completamente ausente da sessão, o paciente está totalmente no comando. Ele é diretor e paciente ao mesmo tempo. Ele assume seus egos-auxiliares e analisa a produção.

3. Psicodrama *não diretivo*. O diretor está presente na sessão, mas é um não diretor em vez de diretor. Está dirigindo uma ação, mas não sugere nada especificamente. Todos os estímulos reais e concretos vêm do paciente ou do público.

4. O psicodrama *liderado pelo grupo*. Nenhum diretor ou terapeuta está presente. A produção psicodramática surge do público, passo a passo. É como uma orquestra sinfônica sem maestro. (Moreno, 1946, p. 1)

Sérgio Guimarães

Em relação às técnicas terapêuticas, Moreno descreve brevemente cinco:

1. A técnica da entrevista invertida. O paciente entrevista o terapeuta. O terapeuta se torna quase um paciente e o paciente se torna quase um terapeuta. [...]
2. Técnica de entrevista situacional. Apresenta-se ao paciente a situação ou uma tarefa ou problema a ser resolvido. Talvez ele não seja capaz ou não esteja disposto a se colocar na situação ativamente. Então ele é encorajado a aquecer para a ideia da situação e pergunta-se a ele como lidará com o problema. [...]
3. Investimento da relação diretor-paciente. O paciente assume o papel de diretor em todas as fases que o diretor assumiu em relação a ele e aos outros pacientes que o viram trabalhar. O diretor agora pode estar na situação do paciente e todos os outros pacientes do diretor se tornam seus pacientes. Esse método é um ato de libertação do paciente na frente do diretor. [...]
4. Um paciente representa o papel de outro paciente, que teve uma influência distorcida sobre ele e outros pacientes do grupo.
5. Tratamento "a distância". a) O paciente está ausente; o terapeuta se reúne com um representante ou familiares do paciente que chegam ao laboratório psicodramático. b) Uma forma especial disso é se um ego-auxiliar visita regularmente o paciente no papel de amigo. [...] Esse ego-auxiliar vem ao instituto em intervalos regulares e representa no palco e retrata o paciente, como ele vive, age, sente etc. (*Ibidem*, p. 1-3)

As opções oferecidas por Moreno nessas notas tornam clara sua posição de horizontalidade ao lado dos participantes das sessões psicodramáticas, sejam eles pacientes ou não. Sua proposta de inversão de papéis com o paciente, que caracteriza as técnicas terapêuticas 1 e 3, revela uma disponibilidade metodológica consistente com sua visão filosófica das relações interpessoais. De fato, na seção dedicada ao psicodrama do livro publicado em 1946, referindo-se ao papel do diretor psicodramático, Moreno comenta:

Moreno, o mestre

Do ponto de vista do diretor, essa posição de entrevista tem a vantagem de que, quando ele chama um sujeito para se sentar ao lado dele para a entrevista, ambos estão no mesmo nível – são "iguais". Isso é particularmente importante no tratamento de um paciente mental. No trabalho psiquiátrico, geralmente há uma sensação de frieza ou distância entre o paciente e o médico. Essa posição os coloca frente a frente – homem a homem, por assim dizer –, sem barreiras físicas ou simbólicas, no mesmo nível. (Moreno, 1977a, p. 254)

***

Em março de 1947, Moreno lança *Sociatry – Journal of group and intergroup therapy* [Sociatria – Revista de terapia de grupos e intergrupos], e Zerka Toeman é sua diretora editorial. Na primeira edição, os editores começam afirmando que o início da sociedade "coincide com a situação histórica fundamental da humanidade em meados do nosso século". Eles também declaram que "o objetivo da nova ciência é a profilaxia, diagnóstico e tratamento das relações grupais e intergrupais", acrescentando que ela busca "particularmente explorar como grupos podem ser formados, que se incentivem a realizar por meio de técnicas de liberdade, sem a ajuda da sociedade ou da psiquiatria" (Moreno e Toeman, 1947, p. 9).

Mais uma vez, na nova revista, Moreno fornece outros elementos sobre o método psicodramático, com seu pequeno artigo "Forms of psychodrama – Terms and definitions" [Formas do psicodrama – Termos e definições], publicado em março de 1948. Há oito pontos formulados:

1. *Psicodrama* – Foca no indivíduo. É uma síntese da análise psicológica com drama. Tenta a estruturação ativa de mundos privados e ideologias individuais. [...]

2. *Sociodrama* – Foca no grupo. É uma síntese de *socius* com psicodrama. Tenta a estruturação ativa dos mundos sociais e ideologias coletivas. [...]

3. *Fisiodrama* – Foca no soma; é uma síntese da cultura física com o psicodrama. [...]

4. *Axiodrama* – Foca na ética e nos valores gerais; [...] tenta dramatizar as verdades eternas, verdade, justiça, beleza, graça, perfeição, eternidade e paz.

Sérgio Guimarães

5. *Hipnodrama* – Síntese de hipnose e psicodrama.
6. *Psicomúsica* – Síntese de música espontânea com psicodrama.
7. *Psychodanza* – Síntese da dança espontânea com psicodrama; a síntese de todas as outras formas de arte, como escultura, pintura, escrita criativa etc. com o psicodrama, abre caminho para métodos de ação [...].
8. *Filme terapêutico* – Síntese de cinema e psicodrama. (1948, p. 447--48)

Meses depois, na mesma *Society*, um "glossário de termos" distingue três formas principais de psicodrama, ou seja, (1) o totalmente espontâneo, (2) o planejado e (3) o ensaiado:

> Na primeira forma, o *psicodrama espontâneo* é, pelo menos conscientemente, totalmente despreparado; existe um conflito em torno do qual os membros do grupo podem desenvolver uma sessão com a assistência de um diretor e de seus egos-auxiliares. [...] A segunda forma, o *psicodrama planejado*, é extemporânea no momento da apresentação, não importando se o planejamento dos membros do grupo e da equipe de egos possa ter ocorrido durante dias, semanas ou até meses de antecedência. [...] Na terceira forma, o *psicodrama ensaiado*, uma síndrome mental específica de um sujeito ou paciente é elaborada em detalhes, na forma de diálogo, escrita e finalmente designada para ser posta em prática pelo sujeito com a assistência de atores terapêuticos. [...] Realizar a ideia de uma peça de dramaturgo com a assistência do elenco, finalmente escrita e ensaiada com eles, *não* é psicodrama. Da mesma forma, um drama psicológico "escrito" por um dramaturgo como Ibsen ou O'Neill não é psicodrama. O psicodrama pode ser exploratório, preventivo, diagnóstico, educacional, sociológico e psiquiátrico em sua aplicação. (Moreno, 1948b, p. 436-37)

***

Referindo-se à evolução de Zerka Toeman ao lado de Moreno, Buchanan afirma que "com o tempo seus conhecimentos, habilidades e aptidões aumentaram, e ela se tornou uma parceira mais igualitária em sua

Moreno, o mestre

atuação profissional". O que Zerka conta sobre o relacionamento com o psiquiatra é bastante revelador:

> O divórcio de Moreno se tornou definitivo em 1949. Em 8 de dezembro daquele ano, ele anunciou: "Bem, nos casamos hoje à noite". Ele havia obtido uma permissão especial. A cerimônia foi realizada às 19h no Tribunal de Paz em Cold Spring, Nova York. Fiquei surpreso com a velocidade da decisão. Não só ele estava pensando no meu bem-estar após sua morte como também no trabalho que estávamos construindo. Nenhum de nós queria ser ameaçado. Após o casamento, voltamos ao escritório. Então nos casamos entre duas linhas de um manuscrito. (Toeman, 2006, p. 65)

No início dos anos 1950, diz Buchanan, Zerka T. Moreno havia se tornado "sua parceira plena", ambos colaborando "como autores, professores e clínicos" (2006, p. xiv). A propósito, é desse período o desenho inédito que Moreno fez, sob o título "Sistema geral de métodos psicodramáticos", encontrado nos arquivos da biblioteca Francis Countway da Universidade de Harvard. Nele aparecem três ramos diferentes: o primeiro à esquerda é o do chamado "psicodrama exploratório ou experimental", sob o qual Moreno acrescenta "1. Pesquisa sobre espontaneidade; 2. Pesquisa sobre papéis; 3. ..." No centro, está o "Psicodrama terapêutico", com seus quatro ramos específicos: "a. prevenção", "b. diagnóstico", "c. tratamento" e "d. reabilitação". Finalmente, à direita do gráfico, aparece "Psicodrama didático ou educativo", sob o qual Moreno aponta "a. psiquiatria; b. antropologia social; c. história; d. línguas; etc..." (Moreno, por volta de 1950) (Ver Anexo 1, na página 293 deste livro.)

O que Zerka Moreno comenta sobre a exuberante produção do psiquiatra é que "Moreno era bom em criar ideias, mas elas nem sempre eram organizadas e apresentadas de maneira lúcida". Sobre isso, ao apresentar seu artigo de 1959, "A survey of psychodramatic techniques" [Uma pesquisa de técnicas psicodramáticas], ela diz:

> Perdi meu braço direito com câncer, em janeiro de 1958. Três dias após a cirurgia, meu marido trouxe minha máquina de escrever. Para mim, uma das melhores maneiras de me recuperar era voltar ao

289

Sérgio Guimarães

trabalho o mais rápido possível. Este é um dos primeiros artigos que escrevi, embora não tenha sido publicado até 1959. Ocorreu-nos que não havia uma lista atualizada das técnicas desenvolvidas até então. (Moreno, 2006, p. 95)

Começando por afirmar que o psicodrama "não é uma técnica simples", mas um método "no qual muitas dimensões da experiência são mobilizadas em nome do paciente", Zerka expõe 20 técnicas psicodramáticas, com breves ilustrações para cada uma delas. Das técnicas apresentadas anteriormente por Moreno (nove em 1937, seis em 1940 e cinco em 1944), ela retoma 12, deixando de lado oito: interpolação de resistência, expressão sem sentido, atribuição, papel substituto, projeção, distância simbólica, apresentação coletiva de papéis e hipnoterapia. Com relação aos oito novos da lista, a descrição de Zerka (1959, p. 6-14) pode ser resumida da seguinte forma:

1. a "técnica da realização do ego" (p. 6);
2. a "técnica do duplo múltiplo" (p. 9);
3. a "técnica de projeção de futuro" (p. 10-11);
4. a "técnica de realização simbólica", (p. 11).
5. "tratamento a distância";
6. "comunidade terapêutica" (p. 12);
7. "técnicas de espelho – a suas costas";
    a. a "técnica do público a suas costas;
    b. a "técnica de virar as costas";
    c. a "técnica de apagão";
8. a improvisação de fantasias (p. 12-14).

Ainda nesse artigo, Zerka observa que muitas das técnicas psicodramáticas, "por mais raras e fantásticas que possam parecer, remontam a rituais e costumes de culturas antigas e são encontradas nos escritos clássicos da literatura universal". Segundo ela, o que Moreno fez foi redescobri-las e adaptá-las aos objetivos terapêuticos: "*Seus verdadeiros inventores são os doentes mentais de todos os tempos*", diz Zerka, acrescentando que "o número de aplicações do método psicodramático é praticamente ilimitado, ainda que o núcleo do método permaneça inalterado" (*ibidem*, p. 14).

Moreno, o mestre

É justamente para garantir a preservação desse núcleo que, segundo Zerka, Moreno sugeriu que ele a escrevesse um documento norteador sobre o método (Guimarães, 2015). Em 1965, ela publicou na revista *Group Psychotherapy* o artigo "Psychodramatic Rules, techniques, and adjunctive methods" [Regras, técnicas e métodos adjuntos psicodramáticos] (Moreno, 1965), que quatro anos depois se tornaria um capítulo do *Psychodrama third volume — Action therapy and principles of practice* [Psicodrama terceiro volume — terapia de ação e princípios da prática]. O segundo e o terceiro volumes dessa obra básica foram produzidos em coautoria entre Moreno e Zerka. De fato, ao apresentar esse artigo fundamental em seu livro *The quintessential Zerka*, ela tenta situá-lo historicamente:

> Naquela época, eu estava fazendo a maior parte da formação; portanto, esse artigo fazia parte da organização de um plano de estudo que pudesse ser entendido, especialmente pelo recém-chegado. Não tínhamos brochuras extensivas sobre os cursos como hoje. A ênfase estava em fazer, não em ler sobre fazer. Esse artigo foi um breve resumo para reunir a experiência prática de maneira organizada. Moreno tinha grupos de estudantes que chegavam à casa à tarde para algumas discussões filosóficas/históricas livres. Cuidei de que houvesse uma parte organizada da formação que pudesse ser capturada e aprendida. (Moreno, 2006, p. 104)

Zerka afirma no início do texto que a crescente demanda de trabalhadores qualificados para o psicodrama "nos despertou para a necessidade de estruturar uma exposição exaustiva das normas fundamentais na prática desse método e um breve estudo e explicação das numerosas versões da intervenção psicodramática". Ela reconhece que os textos anteriores já procuravam descrever alguns elementos, mas acredita que "uma série de regras básicas para orientar o profissional é de vital importância". Em resumo, existem 15 padrões comentados por Zerka a partir das seguintes formulações escritas por Moreno em 1959:

I.   O sujeito (paciente, cliente, protagonista) interpreta seus conflitos em vez de falar sobre eles.

II. O sujeito ou paciente atua no "aqui e agora"...

Sérgio Guimarães

III. O sujeito deve interpretar "sua verdade", como ele a sente e percebe...

IV. O paciente é incentivado a maximizar toda expressão, ação e comunicação verbal...

V. O processo de aquecimento se move da periferia para o centro.

VI. Sempre que possível, o protagonista escolherá a hora, o local, a cena e o ego-auxiliar...

VII. O psicodrama é um método de contenção e expressão.

VIII. É permitido que o paciente seja não espontâneo ou inexpressivo.

IX. Interpretação e entendimento são de natureza diferente daquela dos tipos verbais de psicoterapia.

X. A ação é fundamental. Não pode haver interpretação sem ação prévia.

XI. O aquecimento pode ocorrer de maneira diferente, dependendo das culturas, e as alterações apropriadas devem ser feitas.

XII. As sessões consistem em três partes: aquecimento, ação e compartilhamento, pelo grupo.

XIII. O protagonista nunca deve ficar com a impressão de que está totalmente sozinho.

XIV. O protagonista deve aprender a assumir o papel de todos aqueles com quem se relaciona de maneira significativa, das pessoas em seu átomo social, de suas relações com ele e entre elas.

XV. "O diretor deve confiar no método como árbitro final e guia" (Moreno, 1965, p. 73-79).

As técnicas mantidas por Zerka Moreno, por outro lado, foram reduzidas para 13:

1. solilóquio,
2. solilóquio terapêutico,
3. autoapresentação,
4. realização do ego,
5. psicodrama alucinatório,
6. duplo,
7. múltiplo duplo,
8. espelho,
9. inversão de papéis,

10. projeção do futuro,
11. apresentação de um sonho,
12. reciclagem de sono e
13. comunidade terapêutica.

Quanto aos chamados "métodos auxiliares", seis foram incluídos:
1. hipnodrama,
2. choque psicodramático,
3. improvisação para estudo da personalidade,
4. psicodrama didático e dramatização,
5. psicodrama combinado com narcossíntese, LSD etc., e
6. psicodrama familiar e terapia familiar.

Com esse artigo normativo, o desenvolvimento do método psicodramático alcançou seu ponto culminante. Posteriormente, as mudanças sugeridas por Moreno e Zerka não alterarão substancialmente a teoria ou os procedimentos práticos do psicodrama.

Anexo 1

PSICODRAMA

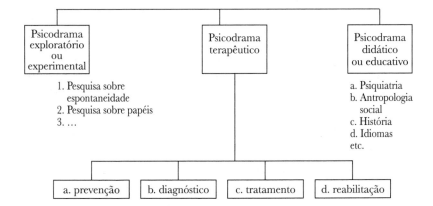

17. Conclusões: agir, aprender e mudar atuando

1. A principal motivação de Moreno para a criação do psicodrama foi de origem religiosa. A presença constante de componentes religiosos na base de sua filosofia e suas contribuições – que explicarão a dimensão cósmica de suas ideias – corresponde a uma opção existencial assumida por Jacob Levy Moreno, que merece a mesma atenção científica que a dada a outros autores com diferentes opções de vida e pensamento.

2. O conceito de "verdade psicodramática" defendida por Moreno como diferente da chamada "realidade objetiva", que aparece pela primeira vez na versão que ele mesmo cria sobre o local e a data de seu nascimento, segue o caminho por ele definido de que o psicodrama de sua vida "precedeu o psicodrama como método". Esse conceito, retomado posteriormente como "realidade suplementar", "um mundo de sua própria criação", ou seja, um produto da pessoa diante de uma realidade que não lhe convém, consiste em um processo imaginativo que constitui a própria base do fenômeno psicológico da "psique em ação" (Moreno, 1961b, p. 35), isto é, de um "psicodrama" em seu significado primário.

3. Não há dúvida de que o alemão Richard von Meerheimb foi o primeiro a usar o psicodrama como fenômeno literário e psicológico, com seu livro *Psicodramas – Material para a interpretação retórico-declamatória*, publicado em 1888, ou seja, um ano antes do nascimento de Moreno. Suas propostas são um exemplo histórico óbvio de aplicação institucionalizada desse fenômeno, pelo menos na Alemanha do século XIX, com a criação de uma sociedade literária do psicodrama em Bremen. Comparada à de Moreno, no entanto, a criação de Meerheimb é limitada pela natureza literária de textos escritos previamente e pelo fato de a declaração ter sido feita diante de ouvintes

que não atuavam ou participavam especificamente do processo criativo das cenas, nem de sua dramatização.

4. O trabalho do jovem Jacob Levy como tutor, suas atividades e jogos com papéis com crianças na Europa e, posteriormente, as ações de Moreno já em seus primeiros anos nos Estados Unidos confirmam suas experiências fora do âmbito estritamente terapêutico, por meio de cenas fundantes tanto para o psicodrama como para a sociometria. Suas intenções de promover mudanças psicossociais também são evidentes desde o início: "Eu queria dar às crianças a capacidade de lutar contra estereótipos sociais, contra robôs, em favor da espontaneidade e da criatividade" (Moreno, 1974, Cap. 2, p. 23).

5. A influência hassídica em suas criações fica evidente tanto pelas experiências em Viena com a "Casa do Encontro" quanto pela ênfase persistente na alegria e no riso, definitivamente confirmada por seu epitáfio "O homem que trouxe alegria e risadas para a psiquiatria. J.L.M.", inscrito em seu túmulo na cidade de Viena, em resposta a um pedido de Moreno (2012, p. 24). Na mesma linha, a influência de seu amigo Chaim Kellmer também se faz sentir tanto em sua preferência pelo anonimato durante o período europeu como por elementos explícitos de sua filosofia. Os exemplos incluem a ideia de que "ajudar faz parte do ser" e a afirmação de que um dos princípios básicos do "grupo de encontro" era "manter o fluxo constante de ajudar os outros no contexto da própria vida, encontrar pessoas em suas casas, nas ruas do bairro ou nas calçadas da parte mais distante da cidade" (Moreno, 1952-1953, p. 3).

6. Em toda a documentação de Moreno que foi consultada, Freud é o autor de sua época que recebeu mais atenção dele. É fácil verificar o senso crítico de oposição do pai do psicodrama ao pai da psicanálise. Segundo o próprio Moreno, "éramos de mundos distantes" (1974, Cap. 5, p. 14). Apesar de todas as evidências de suas posições, persistentemente contrárias ao chamado sistema psicanalítico, e apesar da autonomia que se demonstrou conceitual e filosoficamente em relação às ideias de Freud, a mais conclusiva parece ser a afirmação não publicada de Moreno, em seu arquivo sobre "Freud e a psicanálise": "Independentemente das

Sérgio Guimarães

conquistas dos métodos, o objetivo comum de todos os psicoterapeutas é melhorar a saúde mental da humanidade. A unidade entre eles e o respeito mútuo são vitais, com o devido respeito pelas diferenças de opinião científica" (1950, p. 3).

7. Simultaneamente ao desenvolvimento do psicodrama, como método que trata de questões pessoais dos indivíduos, também fica clara a construção do sociodrama, como método proposto para o tratamento de questões coletivas, historicamente manifestas das atividades de Moreno com refugiados na "Casa do Encontro" e com as prostitutas de Viena, culminando com o evento de 1º de abril de 1921, considerado por ele a data de nascimento do psicodrama. A seleção desse evento como marco histórico é um exemplo da prioridade que ele atribui aos problemas sociais, uma vez que, usando seus próprios critérios, era mais um "sociopsicodrama, ou, mais brevemente, um sociodrama" (Moreno, 1977a, p. 325; 1977b, p. 159), ainda em uma fase incipiente de seu desenvolvimento. Embora essa modalidade sociodramática tenha recebido muito menos atenção posteriormente do que a do psicodrama, tanto na literatura especializada quanto na prática profissional, ela constitui um componente tão fundamental para o sistema moreniano quanto a própria modalidade psicodramática.

8. O papel do bobo da corte assumido em 1921 por Moreno confirma sua afiliação a uma tradição europeia multissecular. O mesmo pode ser afirmado em relação ao conceito de *Stegreiftheater*, que corresponde à opção, feita por Moreno, de romper com a tradição do teatro de autor – que é invariavelmente feita com um texto previamente preparado, para ser interpretada pelos atores –, preferindo agir através da improvisação [*Stegreif* em alemão], uma prática historicamente desenvolvida principalmente por grupos populares. Embora esse processo envolva manifestações baseadas no fenômeno da espontaneidade, seu estudo feito por Moreno ocorrerá explicitamente apenas a partir do período americano de sua vida e obra. De fato, suas experiências com o teatro em Viena e em Bad Vöslau constituem propostas radicais de mudança psicossocial que serão retomadas, desenvolvidas e documentadas nos Estados Unidos.

Moreno, o mestre

9. É a partir de suas "verdadeiras relações de trabalho com as pessoas" (Moreno, 1974, Cap. 6, p. 32) e de suas atividades com o teatro de improvisação – em que suas intenções eram bastante experimentais e exploratórias – que Moreno chega ao teatro terapêutico. Também ali, sua contribuição está inscrita em uma tradição de cura por meio da representação, que tem suas raízes mais longas pelo menos desde os gregos.

10. Sua invenção de uma máquina de reprodução de som – compartilhada com o engenheiro austríaco Franz Lörnitzo, que concretamente determina sua mudança para os Estados Unidos – revela a disposição criativa de Moreno em relação às inovações tecnológicas, inicialmente ilustradas pela tentativa fracassada de uso de um dispositivo de raio X em Bad Vöslau. É essa disposição persistente que explicará seu envolvimento constante com cinema, rádio e televisão, além de sua posição inequívoca favorável ao uso da mídia de massa para fins educacionais e terapêuticos.

11. As bases empíricas do tripé moreniano (psicoterapia de grupo, sociometria e psicodrama) vão se construindo ao longo dos 36 anos de seu período europeu, mas seu desenvolvimento sistemático só toma forma nos Estados Unidos, a partir de 1925, nas décadas de 1930-1940; primeiro a psicoterapia de grupo, depois a sociometria e, finalmente, o psicodrama. No fim daquela última década, o psicodrama já está praticamente desenvolvido e funcionando. O que acontece a partir daí, por um lado, é principalmente a disseminação do método nacional e internacionalmente e, além disso, uma considerável sequência de experiências científicas com vistas à sua validação. Por outro lado, como é um sistema aberto, consistente com a visão filosófica de Moreno e a aplicação contínua dos princípios da criatividade e espontaneidade em seus experimentos, o que se observa é uma série de modificações no método, ininterruptas até o momento.

12. Quanto à hipótese segundo a qual os aspectos terapêuticos e pedagógicos do psicodrama seriam partes essenciais e inseparáveis, há exemplos claros que o demonstram, como é o caso da explicação dada pelo próprio Moreno, sobre a técnica de interpolação de resistências: "Gradualmente, de acordo com as necessidades do

Sérgio Guimarães

paciente, são construídos papéis que ele aprende a incorporar e situações às quais ele aprende a se ajustar" (1937a, p. 65).

De fato, o processo só pode ter efeitos terapêuticos a partir do momento em que o participante toma consciência – ou seja, passa a tomar conhecimento – de certos elementos anteriormente desconhecidos. O próprio Moreno comenta o fenômeno da catarse da integração, ao se manifestar a respeito em seu texto de 1949 sobre *The spontaneity theory of learning* [A teoria da espontaneidade da aprendizagem]. Para ele, a catarse mental é definida

> como um processo que acompanha todos os tipos de aprendizado, não apenas a descoberta da resolução de conflitos, mas também a compreensão de si mesmo, não apenas a libertação e o alívio, mas também equilíbrio e paz. (Moreno, 1949a, p. 7)

Não se trata de uma catarse de ab-reação, acrescenta, mas de uma *"catarse da integração"*. Sem ela, não há aprendizado nem terapia. Em resumo, trata-se basicamente de agir, aprender e mudar algo em si mesmo ou na correspondente situação social, agir.

Aos aspectos terapêuticos e pedagógicos, além disso, devemos acrescentar os aspectos experimentais (ou exploratórios) como partes essenciais e inseparáveis do método psicodramático. Trata-se de levar em consideração que todo psicodrama contém essas três características, uma ou mais das quais se tornam dominantes de acordo com o objetivo proposto ou a área de sua aplicação. Se a intenção é antes fazer um experimento estético ou um teste científico, por exemplo, será obviamente um psicodrama experimental. Se o escopo é o da saúde, tanto na prevenção quanto no diagnóstico, tratamento ou reabilitação, o desempenho psicodramático será terapêutico. No caso de promover o ensino e a aprendizagem para fins de desenvolvimento, o psicodrama a ser praticado será o educacional, que poderá ser definido como didático, pedagógico ou didático-pedagógico, dependendo da ênfase dada ao ensino (foco em professor), na aprendizagem (foco no aluno), ou ambos.

Referências bibliográficas

ALLEN, F. L. *Since yesterday – The 1930s in America.* Nova York: Harper & Row, 1940.

_____. *Only yesterday – An informal history of the 1920s.* Nova York: Harper Perennial – Modern Classics, 2010.

ANÔNIMO. "Das Testament des Vaters". *Die Gefährten.* Wilen: Genossenshaftsverlag, 1920.

ANÔNIMO. *Das Stegreiftheater.* Postdam: Verlag des Vaters/Gustav Kiepenheuer Verlag, 1923.

ANÔNIMO. *Der Königsroman.* Postdam: Verlag des Vaters/Gustav Kiepenheuer Verlag, 1923a.

ANÔNIMO. "Das Stegreiftheater". *Rheinische Musik und Theater Zeitung.* Leipzig, jul. 1924, p. 225-26.

ANÔNIMO. *Rede über die Begegnung.* Postdam: Verlag des Vaters Gustav Kiepenheuer, 1924a.

ANÔNIMO. *The words of the father.* Nova York: Beacon House, 1941.

ANÔNIMO. *J. L. Moreno y Las palabras del padre.* Buenos Aires: Editorial Vancu, 1976.

BAIM, C.; BURMEISTER, J.; MACIEL, M. (eds.). *Psychodrama: advances in theory and practice.* Londres: Routledge, 2007.

BARANI, Z. *The East European gypsies: regime change, marginality, and ethnopolitics.* Nova York: Cambridge University Press, 2002.

BELLER, S. *Vienna and the Jews 1867-1938 – A cultural history.* Nova York: Cambridge University Press, 1997.

_____. *Rethinking Vienna 1900.* Nova York/Oxford: Berghahn Books, 2001.

_____. *A concise history of Austria.* Nova York: Cambridge University Press, 2011.

BENEDICT, S. *The rule of St. Benedict.* Nova York: Vintage Books, 1998.

BENGER, G. *Rumania in 1900.* Londres: Asher and Co., 1900.

BERGNER, E. *Bewundert viel und viel gescholten… Unordentliche Erinnerungen.* Munique: Wilhelm Goldmann Verlag, 1978.

BERTUCH, F. J. *et al. Polyxena, ein lyrisches Monodrama.* Leipzig: Weimar Hoffmann, 1776. Disponível em: <http://www.worldcat.org/title/polyxena-ein-lyrisches-monodrama/oclc/248324334&referer=brief_results>. Acesso em: 19 nov. 2019.

BETTELHEIM, B. "La Vienne de Freud". In: CLAIR, J. (dir.). *Vienne 1880-1938 – L'apocalypse joyeuse.* Paris: Centre Georges Pompidou, 1986.

Sérgio Guimarães

BLATNER, A. *Bases del psicodrama*. México: Editorial Pax México, 2005.

BOIA, L. *History and myth of Romanian consciousness*. Budapeste: Central European University Press, 1997.

BRESLAU, R. N. *La silla vacía*. Barcelona: José J. de Olañeta, 1997.

BRIBURG, A. T. *Jakob Levy Moreno − Die Wiener Zeit*. Klagenfurt: Alpen-Adria-Universität Klagenfurt, 2011.

BUCHANAN, D. R. "Prefácio". In: MORENO, Z. T. *The quintessential Zerka − Writings by Zerka Toeman Moreno on psychodrama, sociometry and group psychotherapy*. Londres/Nova York: Routledge, 2006, p. xiv.

CHAIX-RUY, J. *Psychologie sociale et sociométrie*. Paris: Librairie Armand Collin, 1961.

_____. *Psicología social y sociometría*. Buenos Aires: Editorial Troquel, 1966.

CLAIR, J. (dir.). *Vienne 1880-1938 − L'apocalypse joyeuse*. Paris: Editions du Centre Georges Pompidou, 1986.

COHEN, I. *Jewish life in modern times*. Nova York: Dodd, Mead and Company, 1914.

CORSINI, R. J. *The dictionary of Psychology*. Londres/Nova York: Brunner/Routledge, 2002.

DEWEY, J. *El arte como experiencia*. Barcelona: Paidós, 2008.

DUBNOW, S. *Historia del Jasidismo*, 2 volumes. Buenos Aires: Editorial Sigal, 1977.

ELECTROMAGNETIC RADIATION. *E. Britannica*. 2016. Disponível em: <http://www.britannica.com/science/electromagnetic-radiation>. Acesso em: 19 nov. 2019.

ELISABETH BERGNER. *E. Britannica*. 2016. Disponível em: <http://www.britannica.com/biography/Elisabeth-Bergner>. Acesso em: 19 nov. 2019.

EMANUEL SWEDENBORG. *E. Britannica*, 2016. Disponível em: <http://www.britannica.com/biography/Emanuel-Swedenborg>. Acesso em: 19 nov. 2019.

EMILE COUÉ. *E. Britannica*. 2016. Disponível em: <http://www.britannica.com/biography/Emile-Coue>. Acesso em: 19 nov. 2019.

EMOTIONS MAPPED BY NEW GEOGRAPHY. 2016. Disponível em: <http://timesmachine.nytimes.com/timesmachine/1933/04/03/99218765.html?pageNumber=17>. Acesso em: 19 nov. 2019.

EVREINOFF, N. *The theatre in life*. Nova York/Mansfield Centre: Brentano's/Martino Publishing, 2013.

FOOL. *E. Britannica*. 2016. Disponível em: <http://www.britannica.com/art/fool-comic-entertainer>. Acesso em: 19 nov. 2019.

FREUD, S. "Análisis de la fobia de un niño de cinco años". In: FREUD, S. *Obras Completas*, v. X. Buenos Aires/Madri: Amorrortu, 1980.

_____. *Complete works*. 2000/2007/2010. Disponível em: <http://www.holybooks.com/wp-content/uploads/Sigmund-Freud-The-Complete-Works.pdf>. Acesso em: 19 nov. 2019.

FROMM-REICHMANN, F.; MORENO, J. L. *Progress in psychotherapy*. Nova York/Londres: Grune & Stratton, 1956.

GALIMBERTI, U. *Diccionario de psicología*. México: Siglo Veintiuno Editores, 2006.

GAULEJAC, V. *La névrose de classe*. Paris: Hommes et Groupes, 1987.

GAY, P. *Freud – Una vida de nuestro tiempo*. Buenos Aires: Editorial Paidós, 1989.

_____. *Freud – A life for our time*. Nova York/Londres: W. W. Norton & Company, 2006.

GÉNESIS. "B-RE-SHI-TH". In: LA BIBLIA. *Los cinco libros de Moshé – Torá*. Buenos Aires: Ediciones Sigal, 1973.

GERBER, J. S. *The Jews of Spain – A history of the Sephardic experience*. Nova York: The Free Press, 1992.

GUIMARÃES, S. *From A to Zerka – On psychodramatic rules, techniques and adjunctive methods*. 2015. Disponível em: <https://www. youtube.com/watch?v=22whWHqSILA>. Acesso em: 19 nov. 2019.

GUNDLACH, H. "Psychodramen – Zur Geschichte der Psycho-Trivia". In: *Geschichte der Psychologie*, v. 3, n. 8. Passau: Universität Passau, 1986. Disponível em: <http://journals.zpid.de/index.php/GdP/article/view/400>. Acesso em: 19 nov. 2019.

HAMANN, B. *Hitler's Vienna: a dictator's apprenticeship*. Nova York: Oxford University Press, 1999.

HÄHNEL, F. (ed.). *Neue Litterarische Blätter*. Bremen: Verlag von J. Kühtmann's Buchhandlung (Gustav Winter), 1892. Disponível em: <http://www.worldcat.org/title/neue-litterarische-blatter-zeitschr-fur-freunde-zeitgenoss-litteratur-u-monatsbl-d-litterarischen-gesellschaft-sychodrama/oclc/312549849&referer=brief_results>. Acesso em: 19 nov. 2019.

HARE, P. "Bibliography of work of J. L. Moreno". *Journal of Group Psychotherapy, Psychodrama and Sociometry*, v. 39, n. 3, 1986, p. 95-128.

_____. "Moreno's contribution to social psychology". In: *Journal of Group Psychotherapy, Psychodrama and Sociometry*, v. 39, n. 3, 1986a, p. 85-94.

HARE, A. P.; HARE, J. R. *J. L. Moreno*. Londres: Sage Publications, 1996.

HERBERT HOOVER. *Encyclopædia Britannica*. 2016. Disponível em: <http://www.britannica.com/biography/Herbert-Hoover>. Acesso em: 19 nov. 2019.

HUDGINS, M. K. "Clinical foundations of the therapeutic spiral model: theoretical orientations and principles of change". In: BAIM, C.; BURMEISTER, J.; MACIEL, M. (eds.). *Psychodrama: advances in theory and practice (advancing theory in therapy)*. Hove/Nova York: Routledge, 2007.

HUMAN PERSONALITY HAS DETERIORATED – *With machine development*. The Putnam County Courier, Carmel, Nova York. 30 ago. 1929. Disponível em: <http://fultonhistory.com/newspaper%2010/Carmel%20NY%20Putnam%20Country%20Courier/Carmel%20NY%20Putnam%20Country%20Courier%201929%20Grayscale/Carmel%20NY%20Putnam%20Country%20Courier%201929%20Grayscale%20-%200361.pdf>. Acesso em: 19 nov. 2019.

IMPROMPTU PLAN USED IN EDUCATION. *The New York Times*. 3 fev. 1929.

INNES, C. *Avant Garde Theatre 1892-1992*. Londres/Nova York: Routledge, 1993.

INVENT RADIO RECORDS. *The New York Times*, n. 3, jul. 1925, p. 4.

JENNINGS, H. C. "Psychoanalysis and Dr. Moreno". *Impromptu*, v. I, n. 2, abr. 1931.

Sérgio Guimarães

JOHN B. WATSON. *E. Britannica*. 2016. Disponível em: <http://www.britannica.com/biography/John-B-Watson>. Acesso em: 19 nov. 2019.

JOHN DEWEY. *E. Britannica*. 2016. Disponível em: <http://www.britannica.com/biography/John-Dewey>. Acesso em: 19 nov. 2019.

JOHNSON, P. E. *Psychology of religion*. Nova York/Nashville: Abingdon-Cokesbury Press, 1945.

_____. *Psychology of religion – Revised and enlarged*. Nashville: Abingdon Press, 1959.

_____. (ed.). *Healer of the mind – A psychiatrist's search for faith*. Nashville: Abingdon Press, 1972.

JOHNSTON, W. J. *The Austrian mind – An intellectual and social history 1848-1930*. Berkeley/Los Angeles/Londres: University of California Press, 2000.

JONES, E. *Vida y obra de Sigmund Freud*. Buenos Aires: Editorial Hormé, 1989.

JONES, P. *Drama as therapy – Theatre as living*. Londres: Routledge, 1996.

JSTOR. 2016. Disponível em: <http://www.jstor.org/stable/2784947?seq=1#page_scan_tab_contents>. Acesso em: 19 nov. 2019.

KAHN, S. *Psychodrama explained*. Nova York: Philosophical Library, 1964.

KENNEDY, D. M. *Freedom from fear – The American people in depression and war, 1929-1945*. Oxford: Oxford University Press, 1999.

_____. *Entre el miedo y la libertad – Los EE.UU.: de la Gran Depresión al fin de la Segunda Guerra Mundial, 1929-1945*. Buenos Aires: Edhasa, 2005.

KLEIN, M. "Frühstadien des Ödipuskonfliktes" (1928).*Gesammelte Schriften/Band I,1: Schriften 1920-1945.*. 1928. Disponível em: <http://www.ireneberkel.de/Materialien_WS_2011/Fruehstadien%20des%20 Oedipuskonfliktes.pdf>. Acesso em: 19 nov. 2019.

_____. "Early stages of the oedipus conflict". In: RUITENBEEK, H. M. (ed.). *Psychoanalysis and male sexuality*. New Haven: College & University Press, 1966, p. 68-82.

KOSELLECK, R. *Futures past: on the semantics of historical time*. Nova York: Columbia University Press, 2004.

KYVIG, D. E. *Daily life in the United States 1920-1940 – How Americans lived through the 'Roaring Twenties' and the Great Depression*. Chicago: Ivan R. Dee, 2004.

LA BIBLIA. *Los cinco libros de Moshé – Torá*. Buenos Aires: Editorial Sigal, 1973.

LACAN, J. *Autres ecrits*. Paris: Seuil, 2001.

_____. *Otros escritos*. 1. ed. Buenos Aires: Paidós, 2016.

LEUCHTENBURG, W. E. *The perils of prosperity 1914-1932*. Chicago e Londres: The University of Chicago Press, 1958.

LEVY, J. *Invitación a un encuentro, cuaderno I*. Buenos Aires: SG, 2014a. (Cf. LEVY, J. *Einladung zu einer Begegnung*. Wiln: Druck von R. Thimms Erben, 1914.)

_____. *Invitación a un encuentro, cuaderno 2*. Buenos Aires: SG, 2014b. (Cf. LEVY, J. *Einladung zu Einer Begegnung*. Viena-Leipzig: Anzengruber-Editorial Hermanos Suschitzky, 1915.)

LEVY, R. B. "Psychodrama and the philosophy of cultural education". In: HAAS, R. B. (ed.). *List or Manifest*. 1925. Disponível em: <http://interactive.ancestry.com/7488/

Moreno, o mestre

NYT715_3759-0276?pid=2001730398&backurl=http%3a%2f%2fsearch.ancestry.com%2f%2fcgi-bin%2fsse.dll%3fdb%3dnypl%26h%3d2001730398%26indiv%3dtry%26gss%3dpt%26ssrc%3dgr_t81429364_p38436201334_ktidz0q3d-81429364z0q26pidz0q3d38436201334z0q26pgz0q3d32842z0q26pgplz0q3dtidz-0q257cpidz0q26pgpsz0q3d38436201334_h73850734281&ssrc=gr_t81429364_p38436201334_ktidz0q3d81429364z0q26pidz0q3d38436201334z0q26pgz0q3d-32842z0q26pgplz0q3dtidz0q257cpidz0q26pgpsz0q3d38436201334_h73850734281&treeid=81429364&personid=38436201334&hintid=73850734281&usePUB=true>. Acesso em: 19 nov. 2019.

LIST OR MANIFEST. 1925. Disponível em: <http://interactive.ancestry.com/7488/NY-T715_3767-0667/?backlabel=ReturnBrowsing&dbid=7488&iid=-NYT715_3767-0667&pid=2001782347&ssrc=&fn=Franz&ln=Lornitzo&st=g>. Acesso em: 19 nov. 2019.

LIVING NEWSPAPER. 2016. Disponível em: <http://www.creativepsychotherapy.info/wp--content/uploads/2012/05/LIVINGNEWSpics.pdf>. Acesso em: 19 nov. 2019.

MADERTHANER, W.; MUSNER, L. *Unruly masses − The other side of fin-de-siècle Vienna*. Nova York/Oxford: Berghahn Books, 2008.

MAKARI, G. *Revolution in mind − The creation of psychoanalysis*. Nova York: Harper Perennial, 2009.

MARINEAU, R. J. L. *Moreno et la troisième révolution psychiatrique*. Paris: Métailié, 1989.

_____. *J. L. Moreno − Su biografía*. Buenos Aires: Lúmen-Hormé, 1995.

McELVAINE, R. S. *The Great Depression − America, 1929-1941*. Nova York: Times Books, 1993.

MEERHEIMB, R. *Monodramen Neuer Form (Psycho-Dramen)*. Dresde: W. Jaenicke, 1879, 1882 e 1885.

_____. *Monodramen-Welt − Material für den rhetorisch-deklamatorischen Vortrag*. Berlim: Verlag von Oscar Barrisius, 1886.

_____. *Psychodramen − Material für den rhetorisch-deklamatorischen Vortrag*. Leipzig: Drum und Verlag von Philipp Reclam, 1888.

MORENO, J. D. (ed.). *The autobiography of J. L. Moreno, M. D. (Abridged)*. Washington: Heldref Publications, 1989.

MORENO, J. D. *Impromptu man − J. L. Moreno and the origins of psychodrama, encounter culture, and the social network*. Nova York: Bellevue Literary Press, 2014.

MORENO, J. L. *Autobiography of a genius: plans, outlines, introductory matter for various versions*, cx. 96, pastas 1572-1587. Boston: CLM, Harvard University, s/d.

_____. "The king of the hippies or The cosmic man". In: *Unpublished Works*, cx. 97, arquivo 1588, 215 p. Boston: CLM, Harvard University, s/d.

_____. (1) *Das Massentheater*; (2) *Zentralbühne*; (3) *Die lebendige Zeitung* [O jornal vivente], cx. 101, arquivo 1651. Boston: CLM, Harvard University, 1923.

_____. *Impromptu school*. Nova York: Plymouth Institute, 1928.

_____. *1929 typescript of English translation of Speech before the Judge on the Doctrine of Anonymity*, cx. 101, pasta 1656. Boston: CLM, Harvard University, 1929.

Sérgio Guimarães

_____. *Impromptu vs. standardization*. Nova York: Moreno Laboratories, 1929a.

_____. "Morris case – Course of proceedings". In: *Patient 21: 1929-30 case records*, cx. 13, pasta 189. Boston: CLM, Harvard University, 1929b.

_____. *Patient 21: 1929-1930 daily records and handwritten notes*, cx. 13, pasta 192. Boston: CLM, Harvard University, 1929c.

_____. *Patient 21: 1929-1930 daily records, slight corres, handwritten notes* [Paciente 21: registros diários, correspondência breve, notas escritas à mão 1929-30], cx. 13, pasta 190. Boston: CLM, Harvard University, 1929d.

_____. *Impromptu*, v. I, n. 1. Nova York: Impromptu, Carnegie Hall, jan. 1931.

_____. "Ave Creatore". *Impromptu*, v. I, n. 1. Nova York: Impromptu, Carnegie Hall, jan. 1931a.

_____. "Psychological and social organization of groups in communities". *Articles, speeches, etc.*, cx. 102. Boston: CLM, Harvard University, 1931b.

_____. "Prisons must go". In: *1931 typescripts*, cx. 102, pasta 1663. Boston: CLM, Harvard University, 1931c.

_____. *Application of the group method to classification*. Nova York: National Committee on Prisons and Prison Labor, 1932.

_____. *Who shall survive? A new approach to the problem of human interrelations*. Washington D. C.: Nervous and Mental Disease Publishing Co., 1934.

_____. "Editorial foreword". *Sociometry – A Journal of Inter-Personal Relations*, v. 1, n. 1-2, jul.-out. 1937, p. 5-7.

_____. "Inter-personal therapy and the psychopathology of inter-personal relations". *Sociometry – A Journal of Inter-Personal Relations*, v. 1, n. 1 e 2, jul.-out. 1937a, p. 9-76.

_____. "Creativity and cultural conserves – With special reference to musical expression". *Sociometry*, v. 2, n. 2, abr. 1939, p. 1-36.

_____. "Psychodramatic shock therapy – A sociometric approach to the problem of mental disorders". *Sociometry*, v. 2, n. 1, jan. 1939a, p. 1-30.

_____. "Mental catharsis and the psychodrama" [A catarse mental e o psicodrama]. *Sociometry*, v. 3, n. 3. Nova York: Beacon House, 1940, p. 209-44.

_____. "Psychodramatic treatment of psychoses". *Sociometry*, v. 3, n. 2, abr. 1940a, p. 115-32.

_____. "A frame of reference for testing the social investigator". *Sociometry*, v. 3, n. 4, out. 1940b, p. 317-27.

_____. "Psychodramatic treatment of psychoses". *Sociometry*, v. 3, n. 2, abr. 1941, p. 115-32.

_____. *Unpublished works – 1942 typescripts re concepts of book on psychodrama*, cx. 98, pasta 1600. Boston: CLM, Harvard University, 1942, p. 1-21.

_____. "The concept of sociodrama: a new approach to the problem of inter-cultural relations". *Sociometry*, v. 6, n. 4, nov. 1943.

_____. "Psychodrama and therapeutic motion pictures". *Sociometry*, v. 7, n. 2, maio 1944, p. 230-44.

Moreno, o mestre

_____. "A case of paranoia treated through psychodrama". *Sociometry*, v. 7, n. 3, ago. 1944a, p. 312-27.

_____. *Notes on directorial techniques in psychodrama*, cx. 103, pasta 1701. Boston: CLM, Harvard University, 1946.

_____. *The theatre of spontaneity*. Nova York: Beacon House, 1947.

_____. "Experimental sociometry and the experimental method in Science". In: DENNIS, W. (ed.). *Current trends in social psychology* [Tendências atuais na psicologia social]. Pittsburgh: University of Pittsburgh Press, 1948.

_____. "Forms of psychodrama – Terms and definitions". *Sociatry*, v. 1, n. 4, mar. 1948a, p. 447-48.

_____. "Glossary of terms". *Sociatry*, v. II, n. 3-4, dez.-mar. 1948b, p. 435-38.

_____. "Sociometry and marxism". *Sociometry*, v. 12, n. 1/3, fev.-ago. 1949, p. 106-43.

_____. "The spontaneity theory of learning". In: HAAS, R. B. (ed.) *Psychodrama and sociodrama in American education*. Beacon: Beacon House, 1949a.

_____. "Manuscript notes re Freud and psychoanalysis". *Articles, speeches, etc.*, cx. 107, pasta 1788. Boston: CLM, Harvard University, 1950s.

_____. "Le psychodrame et la psychotherapie des groupes. Psychodrame d'un mariage". *Les Temps Modernes*, n. 59 y 60, set.-out. 1950.

_____. "General system of psychodramatic methods". *Articles, speeches, manuscript notes re psychodrama*, cx. 107, pasta 1803. Boston: CLM, Harvard University, circa 1950.

_____. *Psychodrama – With introductory remarks concerning group psychotherapy*, cx. 107, pasta 1792. Boston: Harvard, circa 1950s.

_____. *1952 corres with Bruce Chapman and contract re television series*, cx. 2, pasta 24. Boston: CLM, Harvard University, 1952.

_____. "Philosophy of the here and now". *Unpublished works*, cx. 95, pastas 1562-1571. Boston: CLM, Harvard University, 1952-1953.

_____. "Philosophy of the here and now: two versions of part g. speech before the judge", cx. 95, pasta 1568. In: *Unpublished works*. Boston: CLM, Harvard University, 1952--1953.

_____. *Philosophy of the here and now – Part I, invitation to an encounter (unpublished)*, cx. 95, pasta 1562. Boston: CLM, Harvard University, 1952-1953.

_____. *Who shall survive? – Foundations of sociometry, group psychotherapy and sociodrama*, 2. ed. Beacon, Nova York: Beacon House Inc., 1953.

_____. *Fondements de la sociométrie*. Paris: Presses Universitaires de France, 1954.

_____. *Sociometría y psicodrama*. Buenos Aires: Editorial Deucalión, 1954a.

_____. *Preludes to my autobiography.* Beacon, Nova York: Beacon House, 1955.

_____. *The first book on group psychotherapy 1932*, 3. ed. Beacon, Nova York: Beacon House, 1957.

_____. "On the history of psychodrama". *Group Psychotherapy*, v. XI, n. 3, 1958, p. 257-60.

_____. *Gruppenpsychotherapie und psychodrama – Einleitung in die theorie und praxis*. Stuttgart: Georg Thieme Verlag, 1959.

Sérgio Guimarães

_____. "Psychodrama". In: ARIETI, S. (ed.). *American handbook of psychiatry*. Nova York: Basic Books, 1959a.

_____. *Manuscript materials for JLM contribution, Psychiatric Encounter in the Soviet Union*, cx. 82, pasta 1353. Boston: CLM, Harvard University, 1960.

_____. "Psicodrama y existencialismo". In: *Revista de Psiquiatría y Psicología Médica de Europa y América Latinas*, ano VIII, tomo IV, n. 7, Barcelona, jul. 1960a, p. 553-64.

_____. *Typescript of psychodrama and psychoanalysis, similarities and differences*, cx. 108, pasta 1816. Boston: CLM, Harvard University, ca. 1960s.

_____. *France: 1953...1966 corres with S. Lebovici*, cx. 67, pasta 1088. Boston: CLM, Harvard University, 1961.

_____. *Montreal: Excerpta Medica Foundation*, v. 3, parte 2, 1961a.

_____. *Psicodrama*. Buenos Aires: Ediciones Hormé, 1961b.

_____. "The third psychiatric revolution and the scope of psychodrama". *Group Psychotherapy*, v. 17, 1964, p. 149-71.

_____. *Psicoterapia de grupo y psicodrama*. México: Fondo de Cultura Económica, 1966.

_____. (ed). *The international handbook of group psychotherapy*. Nova York: Philosophical Library, 1966a.

_____. "Cervantes, Don Quixote and psychodrama: reply to professor Francisco García-Valdecasas, M.D." . *Group Psychotherapy*, 20, 1967, p. 15-24.

_____. "Introduction to the psychodrama of Sigmund Freud". *Articles, speeches, etc. Various typescripts re Sigmund Freud*, cx. 105, pasta 1753. Boston: CLM, Harvard University, 1967a.

_____. *The psychodrama of Sigmund Freud*. Beacon: Beacon House, 1967b.

_____. *1967 letter to Pres. Lyndon B. Johnson and others re Vietnam War*, cx. 112, pasta 1874. Boston: CLM, Harvard University, 1967c.

_____. "The validity of psychodrama". *Group Psychotherapy*, v. XXI, n. 1, mar. 1968.

_____. "Introduction: comments on the development of a movement". GREENBERG, I. A., 1968a.

_____. *Country files: Spain 1968-72 – Corres with Ramon Sarró*, cx. 72. Boston: CLM, Harvard University, 1969.

_____. "The Viennese origins of the encounter movement, paving the way for existentialism, group psychotherapy and psychodrama". *Group Psychotherapy*, v. XXII, n. 1-2, 1969a.

_____. *Group Psychotherapy and Psychodrama*, v. XXIV, n. 1-2, 1971, p. 14-16. Ver também: MORENO, J. L. *El teatro de la espontaneidad*. Buenos Aires: Editorial Vancu, 1977, p. 200-04.

_____. *Fundamentos de la sociometría*. 2. ed. Buenos Aires: Editorial Paidós, 1972.

_____. "The religion of God-Father". In: JOHNSON, P. E. (ed.). *Healer of the mind – A psychiatrist's search for faith*. Nashville: Abingdon Press, 1972a.

_____. *Autobiography of a genius*. Manuscrito inédito. Amherst, MA: Zerka T. Moreno Foundation, 1974.

_____. *Psychodrama – Second volume – Foundations of Psychotherapy*. 2. ed. Nova York: Beacon House, 1975.

_____. *El teatro de la espontaneidad*. Buenos Aires: Editorial Vancu, 1977.

_____. *Psychodrama – First volume*, 5. ed. Nova York: Beacon House, 1977a.

_____. *Psicomúsica y sociodrama*, 2. ed. Buenos Aires: Ediciones Hormé, 1977b.

_____. *The autobiography of J. L. Moreno, M. D.* Manuscrito inédito. Arquivos de René Marineau, 1985.

_____. *Psicodrama*, 6. ed. Buenos Aires: Lumen-Hormé, 1993.

_____. *El psicodrama – Terapia de acción y principios de su práctica*. Buenos Aires: Lumen--Hormé, 1995a.

_____. *Las bases de la psicoterapia*. Buenos Aires: Lúmen/Hormé, 1995b.

MORENO, J. L.; DUNKIN, W. *The function of the social investigator in experimental psychodrama*. Sociometry, v. 4, n. 4, nov. 1941, p. 392-417.

MORENO, J. L.; FISCHEL, J. K. "Spontaneity procedures in television broadcasting with special emphasis on interpersonal relation systems". *Sociometry*, v. 5, n. 1, fev. 1942, p. 7-28.

MORENO, J. L.; JENNINGS, H.; STOCKTON, R. "Sociometry in the classroom". *Sociometry*, v. 6, n. 4, nov. 1943, p. 425-28.

MORENO, J. L.; JENNINGS, H. H. (eds.) *et al. The sociometry reader*. Nova York: The Free Press of Glencoe, Illinois, 1960.

MORENO, J. L.; MORENO, F. B. "Spontaneity theory of child development". *Sociometry*, v. 7, n. 2, maio 1944, p. 89-128.

MORENO, J. L.; MORENO, Z. T. *Psychodrama second volume – Foundations of psychotherapy*. Beacon: Beacon House, 1959.

_____. *Psychodrama third volume – Action therapy and principles of practice*. Beacon: Beacon House, 1975.

_____. "Normas, técnicas y métodos auxiliares del psicodrama". In: *El psicodrama – Terapia de acción y principios de su práctica*. Buenos Aires: Lumen/Hormé, 1995.

MORENO, J. L.; MORENO, Z. T.; MORENO, J. D. *The first psychodramatic family*. Beacon, Nova York: Beacon House, 1964.

MORENO, J. L.; TOEMAN, Z. "The group approach in psychodrama". *Sociometry*, v. 5, n. 2, maio 1942, p. 191-95.

_____ "Editorial II – Sociatry and psychiatry". In: *Sociatry – Journal of Group and Intergroup Therapy*, v. 1, n. 1, mar. 1947.

MORENO, Z. T. "A survey of psychodramatic techniques". *Group Psychotherapy*, v. XII, n. 1, mar. 1959a, p. 5-14.

_____. "Psychodramatic rules, techniques, and adjunctive methods". *Group Psychotherapy*, 18, 1965, p. 73-86.

_____. "The seminal mind of J. L. Moreno and his influence upon the present generation". *International Journal of Sociometry and Sociatry*, v. 4-5, 1966a, p. 145-56.

_____. "Escape me never". *Group Psychotherapy, Psychodrama & Sociometry*, v. 32-33, 1979.

Sérgio Guimarães

____. "Foreword". In: FARMER, C., 1995.

____. *The quintessential Zerka – Writings by Zerka Toeman Moreno on psychodrama, sociometry and group psychotherapy.* Londres/Nova York: Routledge, 2006.

____. *To dream again.* Catskill, Nova York: Mental Health Resources, 2012.

MORENO, Z. T.; BLOMKVIST, L. D.; RÜTZEL, T. *Psychodrama, surplus reality and the art of healing.* Londres/ Filadélfia, 2000.

MORENO-LEVY, J. "Die gottheit als komödiant". *Die Neue Daimon. Viena:* Genossenschaftsverlag, 1919, p. 48-63.

MORTON, F. *Thunder at twilight – Vienna 1913/1914.* Cambridge: Da Capo Press, 2001.

MURPHY, G. "The mind is a stage – Adjusting mental problems in a 'spontaneity theater'". *Forum and Century*, maio 1937, p. 277-80.

____. *Freeing intelligence through teaching – A dialectic of the rational and the personal.* Nova York: Harper & Brothers, 1961.

NEILSON, W. A. (ed.). *Webster's New international dictionary of the English language.* Springfield, Mass.: G. & C. Merriam Company, Publishers, 1940.

NEW DEAL. *E. Britannica.* 2016. Disponível em: <http://www.britannica.com/event/New-Deal>. Acesso em: 27 dez. 2019.

NOBELPRIZE.ORG. 1936. Disponível em: <https://www.nobelprize.org/nomination/archive/show_people.php?id= 6233>. Acesso em: 27 dez. 2019.

NUDEL, B. W. *Moreno e o hassidismo – Princípios e fundamentos do pensamento filosófico do criador do psicodrama.* São Paulo: Ágora, 1993.

OVERHOLSER, W. "Foreword". *Group psychotherapy – A symposium.* Nova York: Beacon House, 1945.

PERKINS, F. *The Roosevelt I knew.* Nova York: Viking, 1946.

PERRETT, G. *America in the twenties – A history.* Nova York: Touchstone, 1983.

PHILLIPS, K. "Introduction". In: RILKE, R. M. *Nine plays.* Nova York: Frederick Ungar Publishing Co., 1979.

PITZELE, M. S. "The apotropaic psychodrama and the Moreno scripts". *Group Psychotherapy, Psychodrama and Sociometry*, v. XXXII, 1979, p. 56-61.

PRAGER PRESSE. 2016. Disponível em: <https://en.wikipedia.org/wiki/Prager_Presse>. Acesso em: 27 dez. 2019.

PSYCHODRAMA. *Brockhaus Konversationslexikon.* 1902-1910. Disponível em: <http://www.peter-hug.ch/lexikon/psychodrama>. Ver também: "Friedrich Arnold Brockhaus". *Encyclopædia Britannica*, 2016. Disponível em: <http://www.britannica.com/biography/Friedrich-Arnold-Brockhaus>. Acesso em: 27 dez. 2019.

PSYCHODRAMA. *Oxford English Dictionary (OED).* 2013. Disponível em: <http://www.oed.com/view/Entry/153873?redirectedFrom=psychodrama#eid>. Acesso em: 27 dez. 2019.

PSYCHODRAMA. *Merriam-Webster.* 2016. Disponível em: <http://www.merriam-webster.com/dictionary/psychodrama>. Acesso em: 27 dez. 2019.

RILKE, R. M. *Sämtliche Werke – Dritte Band – Jugendgedichte.* Wiesbadin: Insel Verlag, 1959.

Moreno, o mestre

_____. *Nine plays*. Nova York: Frederick Ungar Publishing Co., 1979.

ROBBINS, J. J. Disponível em: <http://archives.nypl.org/uploads/collection/generated_finding_aids/mss2585.pdf >. Acesso em: 27 dez. 2019.

ROMAN, H. "Rilke's psychodramas". *The Journal of English and Germanic Philology*, v. 43, n. 4. Champaign: University of Illinois Press, out. 1944, p. 402-10.

ROZENBLIT, M. L. *The Jews of Vienna 1867-1914 – Assimilation and identity.* Albany: State University of Nova York Press, 1983.

SACHAR, H. M. *A history of the Jews in the modern world*. Nova York: Alfred A. Knopf, 2005.

SCHERR, M. *Jacob Levy Moreno in the refugee camp Mitterndorf a. d. Fischa – A historical research.* Klagenfurt: Universität Klagenfurt, 2010.

SCHERR, F. *Jakob Levy Moreno im Flüchtlingslager Mitterndorf a. d. Fischa – Eine Spurensuche.* Klagenfurt: Alpen-Adria-Universität Klagenfurt, 2010a.

SCHICK TEST. *E. Britannica,* 2016. Disponível em: <http://www.britannica.com/topic/Schick-test>. Acesso em: 27 dez. 2019.

SCHLOSS, D. F. *The persecution of the Jews in Rumanian.* Londres: D. Nutt, 270, Strand, W. C., 1885.

SCHOCHET, R. J. E. *Conceptos místicos en el jasidismo – Una introducción a los conceptos y doctrinas de la Cabala.* Buenos Aires: Editorial Kehot Lubavitch Sudamericana, 2007.

SCHORSKE, C. *The American Historical Review 66,* jul. 1961, p. 930-46.

_____. *Fin-de-siècle Vienna, politics and culture.* Nova York/Toronto: Vintage Books, 1981.

SCHÜTZENBERGER, A. A. *Précis de psychodrame – Introduction aux aspects techniques.* Paris: Editions Universitaires, 1970.

SEFARDIWEB DEL CSIC. (s. f.) Disponível em: <http://www.proyectos.cchs.csic.es/sefardiweb/node/49>. Acesso em: 27 dez. 2019.

STANISLAVSKY SYSTEM. *Encyclopædia Britannica,* 2016. Disponível em: <http://www.britannica.com/art/Stanislavsky-system>. Acesso em : 27 dez. 2019.

STEEL BAND CALLED RADIOFILM MAKES RECORDS OF BROADCASTS. *The New York Times,* 9 ago. 1925, p. 14.

STEGREIFTHEATER. 2016. Disponível em: <http://www.aeiou.at/aeiou.encyclop.s/s795543.htm>. Acesso em: 27 dez. 2019.

ST. GEORGE, J. S.; SCHWAGER, S.; CANAVAN, F. "A guide to drama-based training". *Employment Relations Today,* v. 25(4), n. 8, 1999, p. 73-81.

STORCK, K. *Seelenbilder – Dichtungen von Karl Storck – Mit ein Abhandlung über das Psychodrama.* Strasburg: Druck von Müller, Hermann & Cie., St. Leostrasse, 1894.

SUTHERLAND, J.-A. "The role of film and media in mental health". In: ANTHONY, K.; NAGEL, D. M.; GOSS, S. *The use of technology in mental health (applications, ethics and practice).* Springfield: Charles C Thomas – Publisher, 2010.

TOEMAN, Z. "A sociodramatic audience test" [Um teste sociodramático do público], 1945. In: MORENO, Z. T. *The quintessential Zerka,* 2006.

_____. "Clinical psychodrama: auxiliary ego, double, and mirror techniques". *Sociometry,* v. 9, n. 2-3, maio-ago. 1946, p. 178-83.

309

Sérgio Guimarães

_____. "History of the sociometric movement in headlines". *Sociometry, A Journal of Inter-Personal Relations* XII, 1-3, 1949, p. 255-59.

TO LECTURE ON YOUTH IN MODERN CIVILIZATION, The Brooklyn Daily Eagle, Nova York, 5 maio 1929.

UNIVERSITY OF VIENNA. *E. Britannica.* 2016. Disponível em: <http://www.britannica.com/topic/University-of-Vienna>. Acesso em: 27 dez. 2019.

VALVERDE, J. M. *Viena – Fin del imperio.* Barcelona: Editorial Planeta, 1990.

VANDERBOS, G. R. (ed.). *APA dictionary of psychology.* Washington D. C.: American Psychological Association, 2007.

WAISSENBERGER, R. "Entre rêve et réalité". In: CLAIR, J. *Vienne 1880-1938: L'apocalypse joyeuse.* Paris: Editions du Centre Georges Pompidou, 1986, p. 60-71.

WALDT, R. *Begegnung – J. L. Morenos Beitrag zu Martin Buber dialogischer Philosophie.* Viena: Facultad de Filosofía y Ciencias de la Educación, Universidad de Viena, 2006. Disponível em: <http://www.waldl.com/downloads/Moreno_Buber.pdf>. Acesso em: 27 dez. 2019.

WENK, C. A. *Raíces del sicodrama [sic] – La historia ignorada de sus fuentes.* Córdoba: César Wenk, 1987.

WILDHABER, H. *Morenos Wirken in Bad Vöslau von 1918 – 1925.* Klagenfurt: Universidad de Klagenfurt, 2006.

WITTMANN, C. F. "Prólogo". In: MEERHEIMB, R. *Psychodramen – Material für den rhetorisch-deklamatorischen Vortrag.* Leipzig: Drum und Verlag von Philipp Reclam, 1888.

WOLMAN, S. *Sociometry – A journal of inter-personal relations,* v. 1, n. 1-2, jul.-out. 1937, p. 220-54.

WORLD WAR I. *E. Britannica.* 2016. Disponível em: <http://www.britannica.com/event/World-War-I>. Acesso em: 27 dez. 2019.

WORLD WAR I. *E. Britannica.* 2016a. Disponível em: <http://www.britannica.com/event/World-War-I/Killed-wounded-and-missing>. Acesso em: 27 dez. 2019.

YATES, W. E. *Schnitzler, Hofmannsthal, and the Austrian theatre.* New Haven/Londres: Yale University Press, 1992.

ZIMMERMANN, F. "Was ist ein psychodrama?". In: HÄHNEL, F. *Neue Litterarische Blätter* Bremen: Verlag von J. Kühtmann's Buchhandlung (Gustav Winter), 1892.

ZWEIG, S. *The world of yesterday.* Lincoln/Londres: University of Nebraska Press, 1964.

www.gruposummus.com.br